Infância. Entre Educação e Filosofia

Coleção
Educação: Experiência e Sentido

Walter O. Kohan

Infância. Entre
Educação e Filosofia

2ª edição

autêntica

Copyright © 2003 Walter Kohan

COORDENADORES DA COLEÇÃO
Jorge Larossa
Walter O. Kohan

PROJETO GRÁFICO DA CAPA
Jairo Alvarenga Fonseca
(sobre pintura do artista chinês Ke Ming - s/n e s/d

EDITORAÇÃO ELETRÔNICA
Waldênia Alvarenga Santos Ataíde

REVISORA
Ana Elisa Ribeiro

Revisado conforme o Novo Acordo Ortográfico.

Todos os direitos reservados pela Autêntica Editora.
Nenhuma parte desta publicação poderá ser reproduzida,
seja por meios mecânicos, eletrônicos, seja via cópia
xerográfica, sem a autorização prévia da Editora.

AUTÊNTICA EDITORA LTDA.

Rua Aimorés, 981, 8º andar . Funcionários
30140-071 . Belo Horizonte . MG
Tel: (55 31) 3222 68 19
TELEVENDAS: 0800 283 13 22
www.autenticaeditora.com.br
e-mail: autentica@autenticaeditora.com.br

	Kohan, Walter Omar
K79i	Infância. Entre educação e filosofia / Walter Omar Kohan . 2. ed. – Belo Horizonte: Autêntica Editora, 2011 .
	264 p. — (Educação: experiência e sentido, 3)
	ISBN 978-85-7526-073-9
	1.Educação. 2.Filosofia da educação. I.Título. II. Série.
	CDU 37
	37.01

A Adriana, que sempre aposta no amor e na vida.
Aos nossos anos em Brasília, à nossas
amigas e amigos, que ajudaram a fazê-la menos árida, mais humana,
surpreendentemente acolhedora.

SUMÁRIO

9 *Apresentação*

13 *Introdução: experiência e verdade*

19 FILOSOFIAS CLÁSSICAS DA INFÂNCIA

25 *O mito pedagógico dos gregos (Platão)*

Os traços de um problema, 27; A infância como pura possibilidade, 34; A infância como inferioridade, 41; A infância como outro desprezado, 49; A infância como material da política, 55.

61 *A infância escolarizada dos modernos (M. Foucault)*

A invenção de uma infância, 63; A invenção de uma disciplina, 69; A invenção de uma instituição formadora, 76; A invenção de um professor-pastor, 81; A invenção de uma pedagogia, 90.

97 *A filosofia educa a infância? (M. Lipman)*

O *locus* da filosofia: a escola infantilizada, 98; Os limites de um perguntar, 104; A imagem de um pensar, 107; A infância educada, 109.

115 A INFÂNCIA EDUCA A FILOSOFIA

119 *Infância de um tempo (Heráclito)*

Infância de uma escuridão, 122; Infância de um ser, 128; Infância de um *lógos*, 133; Infância de umas palavras, 139; Infância de uma espera, 146.

151 *Infância de um filósofo (Sócrates)*

Infância de um enigma, 152; Infância de um perguntar, 160; Infância de um filosofar, 167; Infância de um politizar, 173; Infância de um cuidar, 177.

181 *Infância de um ensinar e aprender (J. Rancière)*

O que significa ensinar?, 184; Crítica da razão explicadora, 188; Acerca de Sócrates, 192; A igualdade como princípio, 197; O que significa aprender?, 199.

207 *Infância de um pensar (G. Deleuze)*

O que significa pensar? 212; A imagem dogmática do pensamento, 218; Pensar sem limites ou ultrapassar os limites do pensar? 223; A nova imagem: filosofia, 228; É possível ensinar a pensar? 232.

237 DA MAIORIDADE À MINORIDADE:
FILOSOFIA, EXPERIÊNCIA E AFIRMAÇÃO DA INFÂNCIA

Infância, experiência, história, linguagem, 239; Educação, filosofia e política da infância, 247.

255 *Referências*

APRESENTAÇÃO

Este livro tem como base uma tese apresentada e defendida para o concurso de professor titular de filosofia da educação na Faculdade de Educação da Universidade do Estado do Rio de Janeiro, em maio de 2002. Agradeço aos membros da banca desse concurso, Maria Célia M. de Moraes, Antônio Joaquim Severino, Dermeval Saviani, Miguel Arroyo e, em particular, à sua presidenta, Lílian do Valle, pelo cuidado e pela seriedade na leitura e na discussão deste texto: suas observações me permitiram ampliar as perspectivas ali afirmadas.

Escrevi a tese em Brasília, durante o verão de 2002, época gostosa na cidade, toda ela verde, de clima tão agradável; particularmente gostosa nessa ilha da fantasia que é a Colina da Universidade de Brasília. Como toda boa ilha, a Colina isola os seus habitantes do resto e, a partir de sua charmosa tranquilidade, pode passar a falsa impressão de que está tudo em ordem no Planalto Central.

Tinha então a melancólica sensação de que, se a escrita fosse bem-sucedida, esse seria muito provavelmente meu último verão em Brasília, como acabou sendo. E assim como alguns anos atrás não conseguia explicar por que estava indo morar em Brasília, agora também não conseguia explicar por que estava saindo. Como muitas decisões importantes, conseguimos entendê-las só algum tempo após havê-las tomado, se é que de fato chegamos a entendê-las.

Como em cada momento especialmente significativo tinham sumido, pelo menos temporariamente, os "por ques".

Escrevo esta apresentação com alguns meses no Rio de Janeiro, mas ainda com Brasília à flor da pele. Brasília, essa mistura de injustiça, aridez e desagregação, mas também de ousadia, acolhida e beleza. A Brasília, como a quase todas as coisas interessantes deste mundo, não se permanece indiferente: ou se a ama ou se a odeia. Pena que alguns não lhe deem sequer oportunidade de deixar-se amar. Eu aprendi a amá-la intensamente. Não sem contrastes, dores e lágrimas. Mas com a inesgotável energia do amor que só dão a vida e a morte brotadas da terra.

Consegui escrever a tese pela ajuda e generosidade da universidade pública brasileira e de muitos colegas e amigos. Era um verão de reposição de aulas, pela greve dos professores públicos de finais de 2001 e a compreensão de meus colegas de Departamento de Teoria e Fundamentos da Faculdade de Educação da Universidade de Brasília foi fundamental ao eximir-me de algumas tarefas de administração e gestão. Também meus orientandos do curso de Mestrado em Educação e os do I Curso de Especialização sobre Ensino de Filosofia foram muito compreensivos por não receber toda a atenção merecida. Colegas e amigos da área "Filosofia na Escola" como Álvaro Teixeira, Bernardina Leal e Wanderson Flor do Nascimento me ajudaram na elaboração e redação do trabalho para que o português não sofresse exageradamente com meus maus tratos. Em casa, Adriana deu mais uma prova de sua paciência e amor quase infinitos.

Antes e depois do concurso, amigos da Argentina, como Lila José, Luis Ángel Castello, Laura Agratti, Vera Waksman e Alejandro Cerletti pareciam estar escrevendo comigo. No Brasil, seria injusto não mencionar tantas pessoas que fizeram observações importantes, sobretudo em alguns congressos e seminários onde apresentei partes deste trabalho. Jorge Larrosa deu sua habitual acolhida calorosa e Rejane Dias me mostrou, mais uma vez, porque a Autêntica é uma editora singular.

Algumas partes do livro haviam sido anteriormente publicadas, com algumas modificações. Assim, uma versão preliminar do capítulo primeiro da primeira parte, sob o título "Infância e educação em Platão", foi publicada em *Educação e Pesquisa*, v. 29, n. 1, 2003; do capítulo terceiro da segunda parte, com o título "Sobre o ensinar e o aprender filosofia". In: A. Piovesan *et al.* (Orgs.) *Filosofia e Ensino em debate*. Ijuí, RS: Editora da UNIJUÍ, p. 175-192; do capítulo quarto da segunda parte, com o título "Perspectivas do Ensino de filosofia no Brasil". In: A. Fávero *et al.* (Orgs.) *Um olhar sobre o ensino de filosofia*. Ijuí, RS: Editora da UNIJUÍ, 2002, p. 21-40; e de partes do epílogo como "Uma educação da filosofia através da infância". In: *Ensino de Filosofia. Perspectivas*. Belo Horizonte: Autêntica, 2002, p. 233-42.

Para terminar uma apresentação tão formal, um desejo infantil. Sinto mais uma vez, na releitura final deste texto, a mesma sensação de outras vezes, o desejo de deixar para trás o escrito e partir para uma escrita nova, outra, distinta. Que a leitura deste livro sirva para inspirar novas, outras, distintas escritas.

Walter O. Kohan

Rio de Janeiro, fevereiro de 2003.

INTRODUÇÃO

Experiência e verdade

Eu jamais penso exatamente o mesmo pela razão de que meus livros são, para mim, experiências. Uma experiência é algo do qual a própria pessoa sai transformada. Se eu devesse escrever um livro para comunicar o que já penso, antes de haver começado a escrever, não teria jamais a coragem de empreendê-lo.

M. Foucault[1]

Este projeto nos leva a refletir, repensar sobre nossa vida, nossas idéias, conceitos, "certo", "errado", provocando dúvidas, questionamentos sobre nós mesmos, nossa postura diante da vida, nossa prática em sala de aula e na educação como um todo. E fica [...] a impossibilidade de continuar a ser o que se era.

Luisa[2]

Escrever este livro tem sido uma experiência. Talvez eu devesse dizer que assim está sendo, mas a iminência do final justifica o passado perfeito. Como toda introdução, a estamos

---

[1] M. Foucault. Entretien avec Michel Foucault. Entretien avec D. Tromabadori. In: *Dits et Écrits*. Paris: Gallimard, 1994/1978, p 41.

[2] Luisa, professora da escola classe 304 Norte, da rede pública de ensino, em Brasília, DF, participante do Projeto "Filosofia na Escola". Depoimento tomado do livro *Filosofia na Escola Pública*, organizado por W. Kohan, B. Leal e A. Teixeira. Petrópolis: Vozes, 2000, p. 180.

escrevendo por último. De modo que podemos permitir-nos esse tempo que tem ecos no presente. Saímos transformados desta escrita. Não somos os mesmos de quando começamos. No início, não sabíamos exatamente o que escrever, como fazê-lo. Tínhamos algumas intuições, certos escritos prévios e uma profunda inquietude a respeito do tema que iríamos abordar. A inquietude, posterior à experiência de escrita, multiplicou-se, aguçou-se, expandiu-se. Assim acontece com a experiência.

No início tínhamos também uma certa experiência intensa da infância. Além de minha quádrupla experiência de paternidade – ainda que eu não esteja em condições de explicar nem tenha aludido explicitamente a ela neste trabalho, tem nele uma incidência a que seria ingênuo me furtar –, nos últimos anos concentrei minhas inquietações em torno das possibilidades educativas da filosofia com crianças e de formas de pensar e praticar essas possibilidades. Busquei fazê-lo desde um registro filosófico, no sentido de habitar aquele amplo espaço polêmico, aberto, controverso, compartilhado por filósofos de distintas épocas e tradições, com mais interrogações do que certezas.

Estas inquietações encontraram seu marco institucional em um projeto de extensão, ensino e pesquisa intitulado "Filosofia na Escola", desenvolvido entre 1997 e 2001, sob minha coordenação, na Faculdade de Educação da Universidade de Brasília.[3]

Também este projeto se constitui em uma experiência, nos termos descritos por Foucault na primeira epígrafe: algo de que se sai transformado. Quando a experiência é coletiva, como neste caso, todos os que a atravessam – alguns mais, outros menos, alguns em uma direção, outros em outra – saem transformados, tanto quanto as relações entre eles e as de cada um consigo mesmo. O que se transforma é múltiplo: o que pensamos, a relação que temos com o que pensamos, o que sabemos, a relação que

---

[3] Pode-se consultar uma descrição mais detalhada deste projeto em W. Kohan, B. Leal, A. Teixeira (Orgs.). *Op. cit.*, 2000.

temos com o que sabemos, o que somos, a relação que temos com o que somos. Como muito bem o testemunha, na segunda epígrafe, a professora Luisa, da Escola Classe 304 Norte de Brasília, participante do projeto, a única coisa segura que permanece é a impossibilidade de continuar sendo o que se era.

"Filosofia na Escola" foi também uma experiência no sentido de que antes de iniciar o projeto não tínhamos um método estabelecido e consolidado, nem sequer objetivos muito precisos. Nada muito além de nossa intenção de trabalhar com base em alguns princípios bastante abertos, como a defesa da educação pública, o compromisso com a interrogação filosófica, a necessidade de abrir caminhos de transformação entre a escola e a universidade. Não apenas não tínhamos método como não podíamos tê-lo. Tal como o pensávamos, sua presença havia significado um obstáculo para a intensidade da experiência, algo que não podíamos colocar em risco.

Cada início de ano em que renovávamos o projeto, tínhamos a mesma sensação: estar começando de novo. Na verdade, esta situação era quase permanente, como se cada momento, cada reunião de trabalho, cada encontro de "formação", fosse um novo início. Não se pode negar os incômodos e obstáculos práticos dessa relação. Mas assim é com a experiência. Assim também ocorre com a filosofia, a educação e a infância, quando se deixam atravessar pela experiência. Disto também tratávamos no projeto: perfurar práticas e saberes fossilizados, cristalizados, estigmatizados.

O caso é que a experiência neste projeto transformou radicalmente, entre outras coisas, minha relação com a filosofia, com a educação e com a infância, temas principais deste livro. Também transformou o que penso sobre a relação entre esses três conceitos. A transformação, então, está no início e no fim desta escrita: pude começar a escrever porque já não era o mesmo que alguma vez fui em relação à filosofia, à educação e à infância; e também o fiz para que, ao término da escrita, já não pudesse seguir sendo o mesmo que eu era quando a havia iniciado, para que uma nova possibilidade surgisse na minha relação com a filosofia, a educação, a infância. A transformação está também no "durante", nos vaivéns, nas reelaborações, nas mudanças de ritmo e rumo, na impossibilidade de manter um certo índice inicial.[4]

Que uma escrita seja uma experiência exige falar também da difícil relação com a verdade e das relações entre experiência e verdade. Disse Foucault:

> Então (*A História da Loucura*) é um livro que funciona como uma experiência, para aquele que o escreve e para aquele que o lê, muito mais que como uma constatação de uma verdade histórica. Para que se possa fazer esta experiência através deste livro, é necessário que o que se disse seja verdadeiro, em termos de verdade acadêmica, historicamente verificável. Não pode ser tal como uma novela. Não obstante, o essencial não se encontra na série de constatações de uma verdade histórica, mas na experiência que este livro permite fazer. Pois bem, esta experiência não é nem verdadeira, nem falsa. Uma experiência é sempre uma ficção; é algo que não se fabrica a si mesmo, que não existe antes e que encontrará o existir depois. Esta é a difícil relação com a verdade, a maneira na qual esta última se encontra comprometida em uma experiência que não está atada a ela e que, até certo ponto, a destrói.[5]

A experiência e a verdade habitam espaços diferentes e possuem uma relação complexa. Uma experiência intensa, importante, desejável, supõe um compromisso com uma certa verdade acadêmica, histórica, que a antecede. A experiência de escrever este livro pressupõe essa forma de verdade. Mais ainda,

---

[4] Esta introdução é um testemunho dessa experiência de escrita. Conheci o texto de Foucault que a inspira na última fase de redação desta tese. Propiciaram-no a mim Maximiliano López e Fabiana Olarieta, alunos do curso de *Especialização sobre Ensino de Filosofia. Níveis Fundamental e Médio*, organizado pela área "Filosofia na Escola" da Universidade de Brasília.

[5] M. Foucault. *Op. cit.*, 1994/1978, p. 45.

dela necessita. Não estamos dispostos a depreciar ou a renunciar a uma tal verdade. Não obstante, a experiência da escrita a transcende, a esquiva, a evita e, em seu sentido mais importante, a coloca em questão, a ameaça, modifica nossa relação com essa verdade e, dessa forma, transforma aquilo que somos. Este é o valor principal de uma experiência de escrita: não contribuir para constatar uma pressuposta verdade, mas sim transformar a relação que temos conosco mesmos, ao transformar a relação que mantemos com uma verdade na qual estávamos comodamente instalados antes de começar a escrever.

O tema principal deste livro é a infância e seu sentido principal é transformar nossa relação com a infância por meio da filosofia e da educação: a relação de quem escreve uma experiência e a relação daqueles que leem essa experiência. Sua preocupação primordial é a prática educacional e um modo habitual de pensar as interfaces entre infância, filosofia e educação, particularmente no campo temático que denominamos Filosofia da Educação.

Dividimos este trabalho em duas partes. Na primeira parte, "Filosofias clássicas da Infância", estudaremos como se tem constituído historicamente um certo mito em torno da infância. Em um capítulo inicial, buscaremos as raízes de um modo dominante de pensar a infância em alguns *Diálogos* de Platão. Analisaremos ali as marcas principais do que constitui uma ideia da infância que tem sido fundadora em nossa tradição. Em um segundo capítulo, veremos como certos traços desta ideia consolidaram-se, cristalizaram-se e sofisticaram-se com a emergência de algumas instituições nas sociedades modernas europeias. Em um terceiro capítulo, "A filosofia educa a infância?", interessa-nos problematizar os caminhos e sentidos definidos pelo programa *Filosofia para crianças* para fazer da filosofia uma ferramenta escolar para democratizar as crianças. Analisaremos em que medida esse programa, apresentado como "inovação educativa", reveste um caráter bastante tradicional em seus modos de pensar a infância e a filosofia, bem como nos sentidos que propõe para uma educação filosófica.

Na segunda parte, "A infância educa a Filosofia", afirmaremos uma outra ideia de infância: a infância já não como idade cronológica, mas como uma possibilidade afirmativa do pensar, como uma metáfora da gênese de um novo pensar. Desdobraremos esta imagem em dois momentos: a filosofia grega clássica e a filosofia francesa contemporânea. Serão quatro formas "infantis" de pensar quatro expressões de filosofia. Vai ser a busca de um modo desacostumado de pensar algumas questões, no encontro com esses filósofos.

Da filosofia grega, escolhemos Heráclito e Sócrates. No primeiro, privilegiamos motivos de uma lógica do pensar que não se submete facilmente aos cânones estabelecidos pela lógica tradicional, um tempo infantil não linear e uma atitude inquietante e inquietadora: a espera à espreita. Em Sócrates, nossos motivos se concentram no sentido do perguntar, numa forma específica de pensar e afirmar as relações entre filosofia e política e, por fim, num modo não totalitário nem totalizador de pensar a educação.

Entre os contemporâneos, Jacques Rancière e Gilles Deleuze. O primeiro é motivo para pensar outra vez, de novo, o ensinar e o aprender e para considerar um princípio político de um ensinar e de um aprender filosóficos. Com Deleuze, destacaremos a percepção de uma imagem do pensamento que impede pensar e a afirmação irrestrita da criação como forma específica do pensar filosófico.

Finalmente, no epílogo, apresentaremos aquela imagem da infância que temos praticado na parte segunda deste livro. Estaremos, de alguma forma, propondo um certo conceito de infância que recrie a forma dominante de pensá-la: será uma infância da infância. Estudaremos ali, junto a G. Agamben, conexões entre os conceitos de infância, linguagem, experiência e história. Proporemos uma política da infância, que permita pensar uma educação e uma filosofia abertas e não totalitárias. Nesta parte do texto, abrimos à infância um porvir na filosofia e na educação ou, quem sabe, entre elas.

PARTE I

FILOSOFIAS CLÁSSICAS DA INFÂNCIA

> Sabemos, desde Platão, que uma política pensável é uma política justa. A dificuldade é a seguinte: a injustiça é clara, a justiça é obscura. Aquele que sofre injustiça é dela testemunha irrecusável. Mas quem testemunhará pela justiça?
>
> A. Badiou[1]

Esta primeira parte estuda uma primeira forma de relação entre filosofia e infância. Trata-se de uma tarefa "clássica" de filosofia da educação: pensar um conceito (a infância) que se encontra na base de muitos discursos pedagógicos. De modo mais específico, esta parte de nosso trabalho se inscreve no marco do que poderíamos denominar uma "história das ideias filosóficas sobre a infância", a qual se poderia caracterizar como uma história dos discursos que tomaram a infância como objeto, a partir deste registro específico de pensamentos ao qual damos o nome de "filosofia". A inserção deste estudo se dá, ainda, em três momentos também "clássicos" da história da filosofia ocidental: os gregos, a modernidade, os contemporâneos.

---

[1] A. Badiou. O que é pensar filosoficamente a política?. In: *Alain Badiou no Brasil*. Belo Horizonte: Autêntica, 1999, p. 8º.

No primeiro capítulo, nos propomos analisar a concepção de infância que atravessa alguns *Diálogos* de Platão, em particular *Alcibíades I, Górgias, A República* e *As Leis*. Depois de situar a infância na problemática mais ampla do pensamento de Platão, a caracterizamos, com base nestes textos, por meio de quatro traços principais: possibilidade, inferioridade, outro desprezado, material da política.

Sabemos, contudo, que se trata de uma análise limitada. Vale esclarecer que a questão que nos ocupa não é "como se pensou a infância na Antiguidade Clássica", mas "como a infância foi pensada em alguns *Diálogos* de Platão". A diferença não carece de significação. Por um lado, não temos a pretensão de dar conta, de forma acabada, da concepção platônica da infância. Por outro lado, estamos distantes de querer esgotar as diversas representações sociais sobre a infância entre os gregos do período clássico. A forma como uma época retrata um pensamento – nas artes, na literatura e nas mais diversas formas de sua produção social e cultural – é sempre muito mais complexa do que os pensamentos presentes em alguns textos de certos filósofos.[2]

Estes ambiciosos projetos requereriam uma atenção que não estamos aqui em condições de oferecer, a partir da temática escolhida. Eles nos desviariam exageradamente de nossos propósitos. Tampouco pretendemos levar Platão a algum tribunal. Buscamos apenas delimitar um problema e uma forma específica de enfrentá-lo. Platão está aqui pela beleza e pela força de seu pensamento sobre a infância, com a perspectiva de considerar sua produtividade no presente, isto é, com a possibilidade de estudar em que medida, pelo menos, traços dessa forma ainda hoje estão presentes no modo contemporâneo de pensar a educação da infância. Interessa-nos problematizar, mais especificamente ainda, a maneira dominante de pensar e realizar as possibilidades educativas da filosofia com crianças no mundo

---

[2] Para um trabalho com estas características pode-se consultar, com proveito, M. Golden. *Children and Childhood in Classical Athens*, 1990.

contemporâneo.[3] No terceiro capítulo desta primeira parte, desenvolveremos esta análise.

Antes, no segundo capítulo, nos ocuparemos, em primeiro lugar, da invenção da infância na modernidade ou, para dizê-lo de forma mais moderada, de uma importância e de uma atenção inéditas outorgadas à infância na história da cultura ocidental. A seguir, veremos como essa "atenção" inusitada à infância está acompanhada de uma série de dispositivos sociais que dela se ocupam: a disciplina, a escola, o professor, a pedagogia.

Assim, estaremos dando um salto gigantesco no tempo e no registro discursivo em análise. Passamos do século IV a.C. para décadas recentes: os anos 1960, 1970 e princípio dos 80, nos quais se desenvolvem os trabalhos de Ph. Ariès e M. Foucault, que ali estudamos. Também passamos do campo estrito da Filosofia da Educação (como chamar senão as análises de *A República* e de *As Leis*?) ao campo da história das mentalidades e das relações entre saber, poder e verdade que habitam Ariès e Foucault.

Certamente, poderíamos ter escolhido manter-nos no campo disciplinar da Filosofia da Educação. Afinal, por que não estudar a infância na modernidade a partir de autores como Montaigne, Rousseau ou Kant? Teria sido igualmente legítimo e interessante. Nossa decisão se baseia no intuito de mostrar que o campo da história das ideias filosóficas sobre a infância atravessa diversos espaços disciplinares e tem diversas possibilidades metodológicas, historiográficas, filosóficas. Nesse campo ainda incipiente, além

---

[3] Entendemos por pensar, segundo Foucault, "o que instaura, em diversas formas possíveis, o jogo do verdadeiro e do falso e que, por conseguinte, constitui o ser humano como sujeito do conhecimento; o que funda a aceitação ou o rechaço da regra e constitui o ser humano como sujeito social e jurídico; o que instaura a relação consigo mesmo e com os outros e constitui o ser humano como sujeito ético". [Preface to the History of Sexuality (1984). *DE*, IV, p. 579]. Esta concepção implica aceitar que não só nas práticas discursivas se abriga o pensamento, mas em "todas as formas de dizer, do fazer e do conduzir-se onde o indivíduo se manifesta e atua como sujeito do conhecimento, sujeito ético, sujeito consciente de si e dos outros" (*Ibidem,* p. 580).

de provincianismos disciplinares que não queremos referendar, Ariès e Foucault têm um espaço singular reservado.

O resultado deste exame é multifacetado e gera algumas tensões que não é necessário ocultar ou dissimular. Em algum sentido, a própria estrutura conceitual e argumentativa desta parte constitui uma ameaça a algumas das teses teóricas aqui mesmo apresentadas. Por exemplo, pode-se pensar que o tratamento da infância em Platão constitui uma mostra da falsidade da tese de Ariès que afirma a invenção moderna do sentimento de infância. Poderia-se-ia também perceber que a gênese, no pensamento platônico, de uma ideia da infância presente em propostas contemporâneas de educar as crianças pela filosofia constituiria uma continuidade que negaria o caráter descontínuo da história, enfatizado tanto por Ph. Ariès quanto por M. Foucault.

Quanto ao primeiro, é necessário enfatizar outra vez que os campos e perspectivas de análise são diferentes. Ariès situa a invenção da infância numa "história das mentalidades" que excede amplamente um registro discursivo como o dos *Diálogos* de Platão. Certamente essa diferença diminui a tensão, mas não a supera. Por isso, moderamos a tese central de Ariès. Concordamos em que o sentimento de infância que temos hoje, em boa parte herdado da modernidade, não existia como tal antes desse momento histórico. Porém, nosso primeiro capítulo permite também colocar em questão o fato de que não existira qualquer sentimento de infância antes da modernidade. O que se inventa, diremos com Ariès, não é a infância, mas uma infância, a moderna.

Quanto ao segundo, não aderimos a uma visão apenas continuísta ou descontinuísta da história. Consideramos que a história das ideias, dos pensamentos e das mentalidades está cheia de continuidades e descontinuidades. Entre as primeiras, os *Diálogos* de Platão talvez sejam apenas uma marca intermediária de um percurso muito mais longo de um conceito de infância semelhante. Entre as segundas, um novo sentimento de infância e novos conceitos de disciplina e do professor-pastor irrompem com força inédita na modernidade.

Isso poderá ser percebido na análise de uma tentativa de fazer da filosofia uma ferramenta educacional da infância, no terceiro capítulo desta parte. Também ali se encontra uma certa imagem da infância e de sua relação com a educação e a filosofia que nos interessa estudar.

A seguir, então, materiais que constituem pensamentos filosóficos sobre a infância. Nossos interlocutores: por um lado, Platão, filósofo da educação; por outro lado, Ph. Ariès e M. Foucault, historiadores da modernidade; finalmente, M. Lipman, filósofo contemporâneo da educação das crianças. Entre um e outros, formas de delinear uma ideia cuja produtividade nos interessa analisar na Filosofia da Educação de nosso tempo.

CAPÍTULO PRIMEIRO

O *mito pedagógico dos gregos* *(Platão)*

> Lavrar ata do fim dos poetas, convocar como vetor da ontologia as formas contemporâneas do *matema*, pensar o amor em sua função de verdade, inscrever as vias de um começo da política: esses são os quatro traços do platonismo.
>
> A. Badiou[1]

Os filósofos gregos do período clássico deram, de forma quase unânime, importância singular à educação. Sabemos, por exemplo, que os sofistas foram educadores profissionais. Eles teorizaram sobre o sentido e o valor de educar, ainda que seus principais escritos não tenham chegado até nós.[2] Entre eles, Antifonte diz, em um fragmento conservado, que a educação é o

---

[1] A. Badiou. *Manifiesto por la filosofía.* Madrid: Cátedra, 1990, p. 75.

[2] Cf. Platão. *Hípias Maior,* 282b-c. Entre os historiadores da educação grega, H.-I. Marrou (*Historia de la educación.* México: FCE, 1998/1981, p. 83-5) sustenta que o único traço em comum entre os sofistas era o seu caráter de pedagogos. Com os sofistas, enfrentamos um enigma em alguma medida similar ao de Sócrates (cf., neste trabalho, "Infância de um enigma", p. 152 ss.), porém acentuado: os principais testemunhos que conservamos vêm de um rival: Platão, com a agravante de que não temos apologias de seus discípulos, como no caso de Sócrates. Poderíamos imaginar a sorte de Sócrates na história do pensamento ocidental se só conservássemos o testemunho de Aristófanes?

principal para os seres humanos e que quando se semeia em um corpo jovem uma nobre educação, esta floresce para sempre, com chuva ou sem chuva.[3]

Mesmo que declarasse não ter sido mestre de ninguém, Sócrates reconhece ter formado jovens que continuariam sua tarefa e esse é justamente um dos motivos de sua condenação à morte.[4] O próprio Platão esteve preocupado do princípio ao fim de seus *Diálogos* com questões educacionais, talvez porque considerasse que a alma, quando vai para o Hades, não tem outra coisa que sua educação e seu modo de vida.[5] Em sua última obra, *As Leis*, afirma que é impossível não falar da educação das crianças[6] e que, diferentemente de outras questões tratadas para a *pólis*, o fará para instruir e para sugerir, não para legislar.[7] Acerca da educação, diz ali "O Ateniense", é uma *aporia* legislar e ao mesmo tempo torna-se impossível permanecer em silêncio.[8]

Este capítulo trata de como esse discurso educacional singular de alguns dos *Diálogos* de Platão – nos que habitam traços do que hoje chamamos Filosofia da Educação – foi demarcando um certo conceito de infância, proficuamente reproduzido e muito pouco problematizado no posterior desenvolvimento da Filosofia da Educação ocidental. À sua maneira, de forma explícita ou implícita, por meio de um discurso aporético e impossível

---

[3] DK, 87 B 60.

[4] Cf. Platão. *Apologia de Sócrates,* 33a-c; 39c-d, e, neste trabalho, "Infância de um filósofo", p. 167-173.

[5] *Fédon,* 107d.

[6] M. Golden, a quem devemos muitas das referências deste capítulo, faz notar que somente em contadíssimas ocasiões os gregos distinguem entre meninos e meninas nos testemunhos que se referem a crianças. Sua preocupação principal, ao falar delas, é caracterizá-las como um conjunto frente aos adultos. No que se segue, como Golden, quando nos referimos a crianças, incluímos meninos até a idade de ser admitidos como cidadãos (17-18 anos), e mulheres até seu casamento. Cf. M. Golden. *Children and Childhood in Classical Athens,* 1990, p. 3-4.

[7] *As Leis,* VII 788a.

[8] *Ibidem,* 788b-c.

de silenciar, por meio de alusões diretas ou metafóricas, Platão deu forma a um retrato específico da infância. A seguir, nos ocuparemos de delinear esse retrato.

Os traços de um problema

> Diôgenes Laêrtios tem suscitado objeções contra o filósofo que tem sido chamado O Divino, e que possui, segundo a opinião geral, a máxima claridade e transparência em sua linguagem, Platão, a quem desde a Antiguidade (embora sem razão na opinião de Nietzsche) se considera como o maior artista da linguagem entre os filósofos.
>
> Th. Adorno [9]

G. Deleuze e F. Guattari afirmam que entender um filósofo comporta compreender os problemas que esse filósofo traçou e os conceitos que criou para tentar resolver tais problemas.[10] Nossa tese é que a infância era parte indissociável de algo que constituiu um problema fundamental para Platão e que em seus *Diálogos* pode se reconstituir tanto os traços fundamentais de tal problema quanto a solução conceitual proposta por Platão.

O problema ao qual aludimos é concreto e situado: entender, enfrentar e reverter a degradação cultural, política e social da Atenas de seu tempo. Assim colocado, o problema não nos remete necessariamente à infância. Contudo, na visão de Platão há uma conexão direta entre as qualidades de uma *pólis* e as dos indivíduos que a compõem, qualidades que não estão dadas de uma vez por todas, mas que dependem fortemente do contexto onde se desenvolvem. Essa visão se apoia

---

[9] Th. Adorno. *Terminología filosófica*. Vol. I. Madrid: Taurus, 1976/1973, p. 38.

[10] G. Deleuze, F. Guattari. *O que é a filosofia?* São Paulo: Editora 34, 1993/1991, p. 40.

em uma percepção particular da história política que o precedeu, durante a qual naturezas juvenis excelsas, como as de seus companheiros de classe Alcibíades e Crítias, se converteram em políticos inescrupulosos e insanos. Na perspectiva de Platão, as consequências foram desastrosas para Atenas e se poderia ler boa parte de sua filosofia como uma tentativa de colocar as bases que permitissem construir uma ordem social radicalmente diferente àquela que deu lugar, pelo menos num nível protagonista, à intervenção de tais cidadãos.

Como enfrentar o problema da degradação dos jovens? O que fazer para canalizar as melhores naturezas para o melhor projeto político? A chave de interpretação de Platão para explicar o problema é educativa: estes jovens se corromperam porque não receberam a atenção e o cuidado que merece quem se dedicará a governar o conjunto. Sua aposta para resolvê-lo também o é: é necessário pensar outro cuidado, outra criança, outra educação, uma experiência infantil da verdade e da justiça, que preserve e cultive o que nessas naturezas há de melhor e o ponha a serviço do bem comum.

A visão platônica da infância se enquadra, então, em uma análise educativa com intencionalidades políticas. Platão não faz da infância um objeto de estudo em si mesmo relevante. Decerto, a infância não é, enquanto infância, um problema filosófico relevante para Platão.[11] A infância é um problema filosoficamente relevante enquanto se tenha de educá-la de maneira específica para

---

[11] Não há em seus *Diálogos* uma particular atenção em retratar as características psicológicas da infância. Neste capítulo não nos referimos a um conceito psicológico, mas filosófico da infância. B. Charlot (L'idée d'enfance dans la philosophie de Platon, 1977, p. 232 ss.) afirma que a teoria platônica da educação descansa mais sobre um fundamento metafísico que sobre uma análise da infância: sustenta que é uma teoria do devir da alma. Estamos de acordo em situar o fundamento da teoria platônica da educação em uma metafísica e não em uma psicologia, mas não estamos tão seguros em dissociar esta metafísica de uma ideia de infância que se desprende dos *Diálogos* de Platão e que encontra e dá sentido a suas propostas educacionais, ainda que não tenha sido apresentada com esse caráter.

possibilitar que a *pólis* atual se aproxime o mais possível da normatizada. Dessa maneira, Platão inventa uma política (no sentido mais próximo de sua etimologia) da infância, situa a infância em uma problemática política e a inscreve no jogo político que dará lugar, em sua escrita, a uma *pólis* mais justa, mais bela, melhor.

Antes de analisar a forma como Platão pensou a infância, nos interessa colocar algumas questões vindas da língua. Sabemos que a relação entre a história das palavras e a história dos pensamentos é extraordinariamente complexa, mas, em todo caso, não queremos deixar passar alguns esclarecimentos, pistas ou sugestões.

Platão se refere às crianças, basicamente, por meio de duas palavras: *paîs* e *néos*.[12] *Paîs* remete a uma raiz indo-europeia que toma a forma *pa/po* em grego e *pa/pu* em latim (a palavra latina equivalente a *paîs* é *puer*), cujo significado básico é 'alimentar' ou 'alimentar-se'. Da mesma raiz temática são, por exemplo, os termos *patéomai* ('comer'); *ápastos* ('sem comer', 'em jejum', em latim *impastus*); *patér* ('pai', 'o que alimenta', em latim *pater*); *paízo* (brincar como uma criança', 'divertir-se', 'fazer criancices'); *póa* ('pasto', em latim *pasto*); *poimém* ('pastor', 'o que leva para comer', em latim, *pastor*); *paidíon* ('jogo', 'diversão'); *paidiá* ('jogo', 'passatempo'); *paideía* ('cultura', 'educação'); *paideúo* ('formar', 'educar'); *paidagogós* ('o que conduz a criança', 'pedagogo').[13]

Em grego clássico, *paîs* tem uma denotação muito ampla, se refere a crianças e jovens de diversas idades, no caso dos meninos, até chegar à cidadania, e, no caso das mulheres, em que é

---

[12] Há, pelo menos, uma terceira palavra para referir-se à criança em grego, *téknon*, ligada ao verbo *tíkto* ('dar a luz'), que marca mais acentuadamente a filiação, e nos trágicos se encontra usada para reforçar o vínculo afetivo, geralmente, a propósito da mãe.

[13] Devo esta etimologia a A. Castello e C. Márcico. "Glosario etimológico de términos usuales en la praxis docente", 1998, no qual estão inspiradas e fundadas estas linhas e as que se seguem. Para a etimologia de *país*, cf. p. 19-21. Usualmente, se liga *país* a uma raiz que significa 'pequeno'. Cf. P. Chantraine. *Dictionnaire étymologique da langue grecque*, 1975, p. 850 e M. Golden. *Op. cit.*, 1985, p. 92-3.

menos frequente, até antes do matrimônio.[14] Na verdade, *paîs* usa-se mais com o sentido de filho ou filha (natural ou adaptado)[15] e menos com o sentido de crianças e, por extensão, como escravo ou escrava (jovens, de diversas idades até limites semelhantes aos do *paîs*).[16] Essa mesma associação está presente no termo latino *puer*. Ainda que seja chamativa, essa ampliação pode ter como base um tipo de vínculo afetivo que relacionava o escravo com seu senhor não totalmente dessemelhante ao que vinculava o pai com seu filho.[17]

---

[14] M. Golden. *Op. cit.*, 1990, p. 15.

[15] Neste sentido seu uso é extremamente amplo (designa, por exemplo, o membro subordinado de um casal de homens homossexuais, não importa sua idade) e não implica uma reação emocional intensa entre os membros de uma família ou do mesmo grupo social. Cf. M. Golden. 1985, p. 94-7.

[16] Esta extensão do significado de *paîs* é antiga. Já há exemplos em Ésquilo e Aristófanes (H. G. Liddel, R. Scott. *A Greek English Lexicon*, 1966, p. 1289).

[17] A. Castello e C. Márcico (*op. cit.*, 1998, p. 20) defendem este vínculo afetivo entre amos e escravos a partir de um tipo de relação que, na Antiguidade, dista muito do trato inumano de um império escravista europeu do século XVII ou XVIII. Por outro lado, há quem apoie a extensão semântica de "criança" a "escravo" na crença de que os escravos e crianças cumpriam papéis semelhantes na estrutura social ateniense (M. Golden. *Op. cit.*, 1985, p. 99-104). Segundo esta leitura, a associação entre crianças e escravos seria um caso específico de uma tendência mais geral de enfatizar similitudes mais que diferenças entre grupos sociais subordinados: a diferença realmente significativa em Atenas seria entre os homens adultos cidadãos e todos os outros grupos sociais. Golden ilustra sua interpretação com um costume significativo: quando um novo escravo entrava pela primeira vez a uma casa, tal como quando chegava um recém-nascido, os atenienses faziam uma cerimônia: davam a ele frutas secas e doces e provavelmente se pensaria que o escravo, como a criança, começava uma nova vida (p. 99, n. 25). A interpretação de Golden, mesmo sedutora, tem alguns problemas. Principalmente, deve-se ter em conta que *paîs*, aplicado a "escravo", não anula a *doûlos* nem a *andrápodon*, as palavras mais usuais para referir-se a um escravo, mas se aplica a um escravo jovem, da idade, precisamente, de *paîs*. Ou seja, a oposição homem livre/escravo se neutralizaria na idade que primaria antes mesmo que o *status* social, determinante na oposição *anér-doûlos*. Por outro lado, o costume a que alude Golden parece reforçar a interpretação de Castello e Márcico na medida em que escravos e filhos tinham rituais de acolhida semelhantes.

A outra palavra mais usada por Platão para designar a criança é *néos*, literalmente, 'jovem', 'recente', 'que causa uma mudança', 'novo'. É uma palavra mais jovem ligada a uma raiz de significado temporal *nu*, de onde vem, por exemplo, *nûn*, 'agora'.[18] Em usos antigos aplica-se não só às pessoas, mas a objetos e, mais raramente, a animais e a plantas. Só posteriormente se foi especializando em uma referência exclusivamente antropológica, mas conservando sua polivalência, que permite aplicá-la a crianças e jovens. Algumas palavras ligadas são: *neótes* ('juventude'); *neoterízo* ('tomar novas medidas', 'fazer uma revolução'); *neoterismós* ('inovação', 'revolução'). Nas línguas vernáculas, deu lugar a muitos compostos a partir do primeiro termo *neo-*.

Esses exemplos mostram que há, como fundo comum, uma associação muito forte entre os campos semânticos do alimento e da educação no mundo greco-romano. Outros dois exemplos ilustram claramente essa associação. Em grego, *tréphein* significa em sua origem 'espessar', e daí, 'coagular', 'coalhar'. Com esse sentido, subsiste na época clássica sob o conceito genérico de 'criar', 'nutrir', desenvolvido a partir de 'engordar', 'alimentar'. Por graduais translações de sentido, chega a significar 'educar', ainda que nunca chegue a ser o termo típico para referir-se ao que hoje entendemos por educar e esteja mais ligado ao âmbito da criação das crianças. Por exemplo, Platão situa a *trophé* (criação) como um período intermédio entre o nascimento e a *paideía* (educação).[19] Em latim, tanto *al.umnus* ('o que recebe o alimento', 'criatura' e como segunda acepção 'discípulo', 'o que aprende') como *ad.ol.escens* ('o que começa a ser alimentado', 'o que recebe os primeiros alimentos' e, como consequência, "cresce") e *ad.ul.tus* têm a ver com o verbo *al.o*, "al.imentar-se" e o substantivo *al.imentum*, "al.imento".

---

[18] P. Chantraine. *Op. cit.*, 1975, p. 746.

[19] Cf., por exemplo, *A República*, V 450c, *Alcibíades I*, 122b, *Críton*, 50e-51c.

Em grego clássico há outras palavras, algumas derivadas daquelas, para referir-se às crianças, mas não há nenhuma específica e exclusiva para alguma etapa ou idade em particular.[20] Curiosa e significativamente, tampouco há no mundo greco-romano um substantivo abstrato derivado desta raiz temática que signifique 'infância'. Em grego, a lógica da língua indicaria *paidía* ou *paideía*, mas daquele termo só se encontra algum raro exemplo[21] e este tem outra conotação, ligada também ao alimento ('cultura', 'educação'). Em latim existe *infantia*, mas é bastante tardio e designa literalmente a ausência de fala.[22]

Como explicar essa ausência? Não é fácil dizer. Ainda que a infância fosse uma etapa da vida legal e politicamente irrelevante, há muitos testemunhos de vários campos intelectuais que distinguem diversas etapas na infância, o que permite supor que essas distinções tinham alguma relevância social.[23] De qualquer modo, talvez a ausência de uma palavra para

---

[20] M. Golden (*op. cit.*, 1990, p. 14-16) dá vários exemplos e chega a esta conclusão.

[21] P. Chantraine cita somente um exemplo (Hp. *Prorrh.* 20,2) de *paidía* com o sentido de "infância" (*op. cit.*, 1975, p. 849).

[22] *Infans* está formado por um prefixo privativo *in* e *fari*, 'falar', dali seu sentido de 'que não fala', 'incapaz de falar'. Tão forte é seu sentido originário que Lucrécio emprega ainda o substantivo derivado *infantia* com o sentido de 'incapacidade de falar'. Mas logo *infans* – substantivado – e *infantia* são empregados no sentido de 'infante', 'criança' e 'infância', respectivamente. Deste sentido surgem vários derivados e compostos, na época imperial, como *infantilis*, 'infantil', e *infanticidium*, 'infanticídio'. Quintiliano (I, 1, 18) fixa a idade em que a criança é considerada como incapaz de falar até por volta dos sete anos e por isso *infans* pode designar a criança no sentido ordinariamente reservado a *puer*. Na verdade, há usos de *infans* referindo-se a pessoas de até, pelo menos, quinze anos, com o qual devemos entender que *infans* não remete especificamente à criança pequena que não adquiriu ainda a capacidade de falar, mas que antes refere-se aos que, por sua minoridade, não estão ainda habilitados para testemunhar nos tribunais: *infans* seria assim 'o que não pode valer-se de sua palavra para dar testemunho'. A palavra *infantes* também passa a designar muitas outras classes de marginais que não participam da atividade pública, como os doentes mentais.

[23] M. Golden. *Op. cit.*, 1990, p. 22.

marcar uma etapa possa sugerir a percepção da vida humana, pelo menos na literatura dominante que conhecemos, como uma totalidade indissociável ou, talvez, uma unidade que privilegia o comum e o todo em detrimento de fragmentos ou partes diferenciadas.

Em todo caso, registramos duas marcas chamativas na etimologia. Por um lado, a associação entre 'criança' e 'escravo jovem'. Por outro lado, a ausência de uma palavra específica para se referir à abstração 'infância'. Confiamos em que os sentidos dessa associação e dessa ausência possam ser enriquecidos no transcorrer deste capítulo.

Talvez não seja um detalhe que Platão, que se vale de palavras raríssimas e inclusive inventou muitas palavras para dar conta de conceitos ainda não pensados na cultura de seu tempo, não tenha tido a necessidade de fazer o mesmo com a infância. Contudo, como veremos a seguir, não parece justificado afirmar que a ausência de uma palavra específica significa que Platão não tenha pensado a infância. Pelo contrário, de diversas formas compõe um certo conceito complexo, difuso, variado de infância. Para uma melhor análise, dividiremos este tratamento em diversos planos que se entrecruzam: a) a primeira marca que distinguimos no conceito platônico de infância é a possibilidade quase total, e enquanto tal, a ausência de uma marca específica; a infância pode ser quase tudo; esta é a marca do sem-marca, a presença de uma ausência; b) a segunda marca é a inferioridade, frente ao homem adulto, cidadão e sua consequente equiparação com outros grupos sociais, como as mulheres, os ébrios, os anciãos, os animais; esta é a marca do ser menos, do ser desvalorizado, hierarquicamente inferior;[24] c) em

---

[24] Neste capítulo, quando nos referimos a adultos ou adultez, em Platão, deve-se entender o homem adulto, cidadão, nem escravo nem meteco. Não vamos tratar aqui, pela complexidade da questão, o problema destas e outras figuras da ausência e a exclusão, como as mulheres e anciãos. Para a exclusão das mulheres, pode-se ver com proveito A. Cavarero. *Nonostante Platone: Figure femminili nola filosofia antica*. Roma: Riuniti, 1990.

uma terceira marca, ligada à anterior, a infância é a marca do não importante, o acessório, o supérfluo e o que pode se prescindir, portanto, o que merece ser excluído da *pólis*, o que não tem nela lugar, o outro depreciado; d) finalmente, a infância tem a marca instaurada pelo poder: ela é o material de sonhos políticos; sobre a infância recai um discurso normativo, próprio de uma política que necessita da infância para afirmar a perspectiva de um futuro melhor. A seguir, vamos nos referir a cada uma dessas marcas.

A infância como pura possibilidade

> O vinho, com crianças e sem crianças, é verdadeiro.
>
> Platão[25]

Os diálogos de Platão não estão alheios ao sentido mais primário da infância que a associa a uma etapa primeira da vida humana. Como tal, a valorizam em função de seus efeitos na vida adulta.[26] Fazendo-se eco de um ditado popular, 'Crítias' afirma no *Timeu* que é admirável como permanecem na memória os conhecimentos aprendidos quando se é criança.[27] Na *Apologia,* 'Sócrates' disse temer muito mais aqueles acusadores que foram convencidos quando eram crianças, de que ele era um

---

[25] Platão. *Banquete*, 217e.

[26] Um mito de *O Político* apresenta uma exceção à infância como primeira etapa da vida. Narra este mito que o mundo se alterna ciclicamente em duas fases: quando o deus guia o universo, este segue o movimento circular que lhe é inerente, é o reinado de Zeus; em outros, o reinado de Cronos, o universo é abandonado pelo deus e marcha por si mesmo em sentido retrógrado. Neste período os mortais deixam de envelhecer e evoluem "no sentido contrário", para uma maior juventude até tornarem-se crianças, recém-nascidos e desaparecer sugados pela terra. Neste ciclo, os nascimentos são dos mortos que emergem sobre a terra. Nesta etapa, a infância é a "última" etapa da vida humana, pelo menos na terra. Cf. *O Político,* 268e ss.

[27] *Timeu,* 26b.

sábio que se preocupava com as coisas celestes e subterrâneas e que fazia mais forte o argumento mais débil, do que aqueles que só foram convencidos daquelas acusações em idade adulta.[28]

Não se trata de que, para Platão, a natureza humana se consolide e se torne imodificável a partir de certa idade. O discurso que Sócrates profere sobre o amor no *Banquete*, ouvido de uma mulher, Diótima de Mantineia, alerta que ainda que dissermos que as pessoas são as mesmas desde que nascem até morrerem, na verdade se gera uma nova pessoa (ou uma criança) a cada momento.[29] 'O Ateniense', em *As Leis*, diz que os jovens sofrem muitas mudanças todo o tempo, durante toda a sua vida.[30]

Contudo, alguns momentos da vida são vistos como tendo mais incidência que outros, no curso que ela toma. Também em *As Leis*, esse mesmo personagem lembra um refrão popular grego que diz "o começo é a metade de toda obra"[31] e afirma que um primeiro crescimento bom é o mais importante para uma boa natureza, tanto entre as plantas, entre os animais quanto entre os humanos.[32] Em uma obra anterior, 'Sócrates' diz a um jovem 'Alcibíades' que está em idade de ocupar-se de si mesmo, porém que isso seria muito difícil de fazer aos cinquenta anos.[33] Em outro *Diálogo*, 'Sócrates' se mostra preocupado com o jovem Clínias, temeroso de que, em função de sua idade, alguém se adiante e dirija a alma deste para outros misteres.[34] Em suma, ainda que Platão pense que a educação seja importante em toda a vida de um ser humano, também considera que o é muito mais nos momentos em que se forjam seus caracteres. Para explorar e justificar essa afirmação, adentremos *A República*.

---

[28] *Apologia de Sócrates,* 18b-c.

[29] *néos aeì gignómenos. Banquete,* 207d-e.

[30] *As Leis,* XI 929c.

[31] *Ibidem,* VI 753e.

[32] *Ibidem,* VI 765e.

[33] Alcibíades tem por volta de 20 anos na data dramática do *Alcibíades I.* Cf. 127e.

[34] *Eutidemo,* 275b.

Platão escreveu *A República* em vários momentos. Há um certo consenso entre os platonistas acerca de que o livro I constitui uma parte primeira e independente, mais própria de um período juvenil, dado seu marcado contraste com o resto do texto, sua semelhança estilística e estilométrica com outros diálogos da juventude, e também pela mudança de foco abrupta no início do livro II.[35] Este diálogo teria recebido o nome de *Trasímaco* e só em diversos períodos posteriores Platão teria chegado à composição final com a qual atualmente conhecemos o texto completo.[36]

No livro I, 'Sócrates' trava uma de suas clássicas discussões com vários interlocutores ('Céfalo', 'Polemarco' e 'Trasímaco') que são sucessivamente refutados em sua pretensão de definir o que é o justo. O final do livro I é aporético: 'Sócrates' diz a 'Trasímaco' que nada sabe após examinar, sucessivamente, se o justo é um mal e uma ignorância ou uma sabedoria e uma excelência e se a injustiça é mais vantajosa que a justiça.[37]

No começo do livro II, 'Gláucon', irmão de Platão na vida real, convence 'Sócrates' a retomar a discussão e defender a superioridade da justiça sobre a injustiça.[38] Depois que ele e 'Adimanto', também irmão "real" de Platão, apresentam os argumentos correntes daqueles que prefeririam a justiça à

---

[35] Cf. J. Annas. *An Introduction to Plato's* Republic, 1981, p. 16-17.

[36] Ao livro I teriam seguido os livros II-IV, logo os livros VIII-IX e. finalmente, os livros V-VII e X. J. Annas dá um interessante argumento sobre a prioridade e independência do livro I: em uma passagem do *Clitofonte*, 'Clitofonte' se queixa a 'Sócrates' de que enquanto 'Trasímaco' tem valiosas ideias sobre a justiça 'Sócrates' é meramente crítico e não afirmativo a respeito. Essa reação somente tem sentido se o livro I fosse um texto independente, e não faz o menor sentido a respeito de *A República* como um todo, na medida em que 'Sócrates' dá essa resposta a partir do livro II (cf. J. Annas. *Op. cit.*, 1981, p. 17).

[37] *A República,* I 354b-c.

[38] *Ibidem,* II 357a-358e.

injustiça,[39] 'Sócrates' transfere o campo da análise do indivíduo para a *pólis*, para facilitar a percepção da justiça em um espaço maior.[40]

A investigação leva 'Sócrates' a analisar as origens da *pólis*: os indivíduos não são autárquicos e têm necessidade uns dos outros. Começa, então, um desenho da primeira *pólis*.[41] Os traços iniciais de 'Sócrates', relativos apenas às necessidades básicas de uma *pólis*, recebem uma objeção de 'Gláucon': trata-se de uma *pólis* de suínos, já que não há nela nem prazeres nem comodidades. Sem rodeios, 'Sócrates' toma a objeção, passa a ampliar a *pólis* a uma *pólis* de prazer, mas adverte que enquanto aquela é sã e verdadeira esta é luxuosa e doente.[42] Entre outras coisas, a nova *pólis* gerará guerras com os vizinhos e necessitará de guerreiros-guardiões, inexistentes na anterior. A partir de uma analogia com os cães de raça, 'Sócrates' descreve as disposições naturais que devem ter tais guardiões: devem ser, enquanto corpo, agudos de percepção, rápidos e fortes, enquanto alma, irascíveis, suaves, amantes do saber e do aprender.[43]

Haverá, então, que se criar e educar aos guardiões de alguma maneira, diz 'Sócrates'.[44] Estamos diante de uma questão-chave. A educação não é um problema menor porque o exame da questão educacional poderá determinar a gênese, o ponto

---

[39] Basicamente, "eles demandam uma prova de que a justiça não é meramente proveitosa por trazer recompensas externas, mas de que ela é intrinsecamente boa, como estado interno da alma, ainda que um homem justo possa ser perseguido mais do que premiado" (F. M. Cornford. *The* Republic *of Plato*. New York: Oxford University Press, 1971, p. 41).

[40] *Ibidem*, II 368d-e.

[41] *Ibidem*, 369d-372e.

[42] *Ibidem*, 372e-374e. Muito se discute sobre o valor desta advertência. Cf. J. Annas. *Op. cit.*, 1981, p. 76 ss.

[43] *Ibidem*, 374e-376c.

[44] *Ibidem*, 376c. 'Sócrates' se ocupará da educação dos guardiões até III 412b.

de partida, a causa, da justiça e a injustiça na *pólis*.[45] 'Sócrates' propõe que a educação com a qual se forme os guardiões seja a mesma com a qual se educa há muito tempo os gregos: a ginástica para o corpo, a música para a alma.[46]

As crianças são educadas, em primeiro lugar, na música e logo depois na ginástica. Entre as primeiras atividades, inspiradas pelas Musas, se incluem as fábulas e relatos que as crianças escutam desde a mais tenra idade. Deverá escolher-se com muita diligência esses relatos, diz 'Sócrates', para que contenham as opiniões que os construtores da *pólis* julgam convenientes para formar as crianças.[47]

Não se permitirá que as crianças escutem qualquer relato. Não se permitirá que se lhes narrem, por exemplo, as principais fábulas por meio das quais têm sido educados todos os gregos, os poemas de Homero e Hesíodo, na medida em que afirmam valores contrários àqueles que se pretende que dominem a nova *pólis*. Esses relatos não representam os deuses e heróis tal como são e estão povoados de personagens que afirmam valores contrários àqueles com que se pretende educar os guardiões.[48]

De modo que se se quer extirpar a injustiça da *pólis*, diz 'Sócrates', ter-se-á que mudar os textos com os quais se tem educado sempre na Grécia. Antes de discutir quais relatos serão incluídos para substituir os tradicionais, 'Sócrates' afirma que se deverá ser extremamente cuidadoso na escolha dos primeiros textos com os quais as crianças entrarão em contato. Ele dá a seguinte razão:

---

[45] *Ibidem,* 376c-d. A importância da educação para a *pólis é* reafirmada em IV 423e-424c.

[46] "Parece difícil encontrar uma melhor", diz 'Sócrates', *Ibidem,* 376e.

[47] *Ibidem,* 377b-c.

[48] 'Sócrates' dá um extenso argumento com múltiplos exemplos sobre a inconveniência destes poemas desde II 377c até III 392c.

O mito pedagógico dos gregos (Platão)

E bem sabes que o princípio de toda a obra é o principal, especialmente nos mais pequenos e ternos; porque é então quando se forma e imprime o tipo que alguém quer disseminar em cada pessoa.[49]

Os primeiros momentos são os mais importantes na vida, diz 'Sócrates'. Por isso não se permitirá que as crianças escutem os relatos que contêm mentiras, opiniões e valores contrários aos que se espera deles no futuro. Porque se se pensa a vida como uma sequência em desenvolvimento, como um devir progressivo, como um fruto que será resultado das sementes plantadas, tudo o que venha depois dependerá desses primeiros passos. As marcas que se recebem na mais tenra idade são "imodificáveis e incorrigíveis".[50] Por isso deve-se cuidar especificamente desses primeiros traços, por sua importância extraordinária para conduzir alguém até a virtude.[51]

Nesses traços platônicos está retratada uma imagem da infância que ainda acompanha o pensamento educacional. É fundamental, diz-nos Platão, que nos ocupemos das crianças e de sua educação, não tanto pelo que os pequenos são, mas pelo que deles devirá, pelo que se gerará em um tempo posterior:

[Suficiente] é a educação e a criação, respondi; pois se bem educados, surgirão homens medidos que distinguirão claramente todas estas coisas e outras[...][52]

Neste registro, a infância é um degrau fundador na vida humana, a base sobre a qual se constituirá o resto. Como veremos, a educação da infância tem projeções políticas: uma boa educação garante um cidadão prudente. Esse primeiro degrau

---

[49] *Ibidem,* II 377a-b.

[50] *dusékniptá te kaì ametástata, Ibidem,* 378e.

[51] *pros aretèn, ibidem.*

[52] *A República,* IV 423e.

não tem características próprias muito definidas, está associado à possibilidade. É certo que há naturezas mais dispostas que outras para a virtude. Mas também é verdade que uma boa educação pode corrigir uma má natureza e que uma educação inadequada faz estragos nas melhores naturezas.

Enquanto primeiro degrau da vida humana, a infância representa também seu caráter de incompleta, sua falta de acabamento. Porém é verdade que, para Platão, a vida humana e o gênero humano como um todo são considerados como incompletos. A natureza dos seres humanos não está dada de uma vez por todas, mas vai se constituindo em função de certa educação que a transforma de geração em geração.[53] A *pólis* que começa bem, diz Platão, avança da mesma forma que um círculo. Uma criação e uma educação valiosas produzem boas naturezas e estas, valendo-se de tal educação, se tornam melhores que as anteriores e, assim, sucessivamente.[54]

A princípio, essa visão da infância parece extraordinariamente positiva, poderosa: dela pode devir quase qualquer coisa; dela, quase tudo pode ser. Contudo, essa potencialidade, esse ser potencial, esconde, como contrapartida, uma negatividade em ato, uma visão não afirmativa da infância. Ela poderá ser qualquer coisa. O ser tudo no futuro esconde um não ser nada no presente. Não se trata de que as crianças já são, em estado de latência ou virtualidade, o que irá devir; na verdade, elas não têm forma alguma, são completamente sem forma, maleáveis e, enquanto tais, podemos fazer delas o que quisermos.

---

[53] *Ibidem*, IV 424a-b. Não podemos entrar, neste texto, num estudo mais profundo da antropologia platônica, do ideal de homem que perpassa *A República* e outros *Diálogos*. Nosso interesse não é situar o conceito de infância numa perspectiva estritamente antropológica, mas acentuadamente político-educacional.

[54] *Ibidem*. B. Charlot fundamentou de que maneira a concepção platônica se diferencia da concepção moderna da natureza, assim como mostrou a complementaridade entre educação e *eugenia* aludida nesta passagem. Cf. B. Charlot. *Op. cit.*, 1977, p. 240-2.

Em uma passagem de *As Leis*, a última obra de Platão, diferente em diversos aspectos de *A República*, mas com temáticas afins, 'O Ateniense' conta a 'Clínias' uma história de dentes semeados e guerreiros nascidos deles e comenta o seguinte:

> [...] é, decerto, um grande exemplo para o legislador de que alguém pode persuadir as almas dos jovens daquilo que se proponha; de modo que o único que tem que descobrir em sua investigação é de que coisa deve-se persuadi-los para produzir o maior bem da *pólis*.[55]

Podemos persuadir aos jovenzinhos do que se nos ocorra. O único problema é descobrir o "maior bem" para a *pólis* para depois convencê-los de que atuem segundo ele. Os jovenzinhos não farão senão o que lhes dissermos. Nessa passagem se condensam os principais motivos que destacaremos na última parte deste capítulo: temos que pensar nos jovens em função do bem da *pólis*, porque deles pode devir outra *pólis* que a atual, porque eles são o material de um sonho que podemos forjar à nossa vontade e que eles nos ajudarão, mansamente, a realizar. A seguir, vamos analisar outra marca da infância: a inferioridade.

A infância como inferioridade

> Chamamos "complexo de Platão" ao dispositivo que metamorfoseia os atores em prisioneiros permanentes. O cérebro sumiço à publicidade mentirosa que elogia a excelência da moradia, seja qual for, não sai de uma masmorra senão para ingressar em outra, igualmente sufocante. Não o percebem, já que o mito procede à ablação prévia de seu senso crítico. Mais exatamente, o mito supõe sua existência. Naturalmente, o relato de Platão

---

[55] *As Leis*, II 663e-664a.

careceria dos traços do ilusionismo filosófico se não asse-
gurasse a educação dos extrogloditas, aos que se inculca,
dose após dose, a capacidade de distinguir e de julgar.

A. Glucksmann[56]

Junto a essa visão da infância como o que pode ser quase
tudo, nos textos de Platão há outra visão dela como aquela fase
da vida inferior à adultez masculina, tanto no aspecto físico quanto
no espiritual.[57] A obra em que esse relato aparece mais nítido, e
também mais descarnado, é seu último texto, recém-referido, *As
Leis*. Ali se afirma que as crianças são seres impetuosos, incapazes
de ficarem quietos com o corpo e com a voz, sempre pulando e
gritando na desordem, sem o ritmo e a harmonia próprias do
homem adulto,[58] e de temperamento arrebatado.[59] As crianças sem
seus preceptores são como os escravos sem seus donos, um rebanho que não pode subsistir sem seus pastores.[60] Por isso, devem
ser sempre conduzidas por um preceptor.[61] Não devem ser deixadas livres até que seja cultivado "o que nelas há de melhor".[62]

Também ali se afirma que a criança é a fera mais difícil
de manejar porque, por sua potencial inteligência ainda não

---

[56] A. Glucksmann. *El undécimo mandamiento*. Barcelona: Península, 1993, p. 195.

[57] M. Golden afirma que esta concepção era dominante entre os gregos em geral.
Diz, literalmente, que as crianças eram vistas como "fisicamente débeis, moral-
mente incompetentes e mentalmente incapazes" (*op. cit.*, 1990, p. 5). Cita, entre
muitos outros, uma passagem em que Isócrates discursando sobre o rei de
Chipre, Evágoras, o elogia por possuir, desde criança, beleza, força física e
prudência, mas afirma que, quando cresceu, essas virtudes se desenvolveram
muito mais ainda, e apareceram outras como valor, sabedoria e justiça, como se
estas não pudessem aparecer em idades jovens. (Isócrates, *Evágoras* IX, 22-3)

[58] *As Leis,* II 664e-665a.

[59] *Ibidem,* II 666a.

[60] *Ibidem,* VII 808d.

[61] *Ibidem,* VII 808e.

[62] *Ibidem,* IX 590e-591a.

canalizada, é astuta, áspera e insolente.[63] Nesta passagem, além da inferioridade aparece, outra vez, a ideia de potencialidade associada à criança, tal como vimos em *A República*. Nisso a criança se diferencia do escravo. Essa potencialidade, quer diferencia a criança do escravo, não a torna melhor enquanto projeta o que para Platão há de inferior no ser humano e na ordem social que o abriga: a desordem, a falta de harmonia, a desproporção.

'O Ateniense' estipula que uma criança, enquanto homem livre que será (no futuro), deve aprender diversos saberes, e enquanto escravo que é (no presente), pode e deve ser castigado por qualquer homem livre que se encontre com ela.[64] Assim descrita a natureza infantil, sua criação e sua educação buscará acalmar esta agitação e desenvolver seus potenciais em ordem e harmonia. A tarefa principal dos encarregados da criação das crianças é "dirigir em linha reta suas naturezas, sempre em direção para o bem, segundo as leis".[65]

Em um âmbito judicial, as crianças, como os escravos, só poderão dar testemunho em processos de assassinato quando um adulto responda por eventuais juízos por falso testemunho.[66] Quando se trata de legislar seus direitos, Platão diz que se uma criança quer ser afastada da família por seu pai, terá direito a voz em um juízo com todos os seus parentes. Se a maioria da família está de acordo em expulsá-la e nenhum outro cidadão quer adotá-la, ela deverá, então, ser enviada para as colônias. Sustenta, também, que se algum ancião é considerado demente, se lhe despojará de todos os seus bens e passará o resto de sua vida como se fosse uma criança.[67]

A infância também aparece associada a outros estados inferiores, como quando serve como analogia para a embriaguez.

---

[63] *Ibidem,* VII 808d.

[64] *Ibidem,* VII 808e.

[65] *Ibidem,* VII 809a.

[66] *Ibidem,* XI 937b.

[67] *Ibidem,* XI 929a-e.

Com efeito, Platão diz que quando alguém se embriaga, desaparecem inteiramente suas sensações, suas lembranças, suas opiniões e seus pensamentos, "a mesma disposição da alma de quando era uma criança pequena".[68] Aqui aparece outra vez, nitidamente, a imagem da infância como ausência, vazio. Em estado de embriaguez, um adulto, como uma criança, carece de atividade sensorial e intelectual: é menos dono de si mesmo do que nunca, o mais pobrezinho de todos os homens. O embriagado é uma criança pela segunda vez, como o ancião.[69] Ao legislar para quem despoja aos deuses, trai a *pólis*, ou corrompe suas leis, se refere a quem poderia fazer essas ações como louco ou enfermo; trata-se de alguém ultrapassado em velhice ou "tomado pela infantilidade, o que em nada se diferencia dos estados anteriores".[70]

Essa visão da infância está presente em um diálogo de juventude, o *Alcibíades I*, um texto que muitos filósofos da Antiguidade consideraram uma excelente introdução à filosofia em geral e à filosofia platônica em particular.[71] O *Alcibíades I* pode ser dividido em três grandes seções: na primeira, 'Sócrates' e 'Alcibíades' discutem sobre a inserção deste último na vida política de Atenas e a respeito de seu saber sobre os assuntos da política;[72] na segunda, analisam-se as diferentes formas de relacionar-se com o conhecimento e as implicações políticas de cada relação analisada;[73] na terceira, propõe-se uma análise filosófica do *conhece-te a ti mesmo* délfico.[74]

---

[68] *As Leis,* I 645e.

[69] *As Leis,* I 646a. 'O Ateniense' parece estar recitando um dito popular, que assemelhava os anciãos às crianças. Cf. M. Golden. *Op. cit.*, 1990, p. 6.

[70] *As Leis,* IX 864d.

[71] Por exemplo, Albino, Jámblico, Proclo e Olimpiodoro assim o consideram. Com argumentos pouco consistentes, alguns platonistas contemporâneos duvidaram da autenticidade deste texto que analisa, filosoficamente, a importância do *conhece-te a ti mesmo*. Cf. a notícia introdutória de M. Croiset em Platão. *Oeuvres Complètes*. Paris: Les Belles Lettres, vol. I, 1970, p. 49 ss.

[72] *Alcibíades I,* 103a-113c.

[73] *Ibidem,* 113d-127e.

[74] *Ibidem,* 128a-135e.

No início, 'Sócrates' questiona a 'Alcibíades' que, desde criança, não duvidara sobre o justo e o injusto, mas que falara desses assuntos com segurança e presunção. "Acreditavas saber, apesar de ser criança, sobre o justo e o injusto", recrimina-o. "Como poderias sabê-lo", 'Sócrates' censura a 'Alcibíades', "se não havias tido tempo de aprendê-lo ou descobri-lo?"[75] Na infância não é possível saber sobre o justo e o injusto; é o tempo da incapacidade, das limitações no saber e, também, no tempo; é a etapa da falta de experiência; é a imagem da ausência do saber, do tempo e da vida.

Na parte intermediária do *diálogo*, 'Sócrates' examina como a criação e a educação dos persas e espartanos, rivais políticos, se diferencia da dos atenienses. O final desse exame marcará a necessidade de que Alcibíades conheça-se a si próprio – algo que não tinha feito ainda – enquanto suas possibilidades e limites.[76] 'Sócrates' argumenta para 'Alcibíades' que se ele quer ter algum sucesso na vida política, deve antes se ocupar de si mesmo.[77]

'Sócrates' toma como exemplo os Persas. A primeira diferença está ao nascer. Quando nasce um filho de um rei persa, toda a Ásia o festeja. Os atenienses, queixa-se 'Sócrates', não comemoram os nascimentos, não lhes dão importância, não lhes oferecem a menor atenção. Quando nasce um ateniense, nem os

---

[75] *Ibidem,* 110a-110c. 'Alcibíades' responde que aprendeu do povo, ao que 'Sócrates' responde com um argumento sobre a incompetência do povo para ensinar o que, segundo ele, o próprio povo não sabe.

[76] Como veremos, uma vez que 'Sócrates' mostrou a pobreza relativa da criação e da educação de Alcibíades, a sentença délfica "conhece-te a ti mesmo" parece ter ali o valor de um "situa-te, e reconhece teus limites". Cf. *Alcibíades I,* 124b ss.

[77] Deste texto comentou Foucault: "o cuidado de si aparece como uma condição pedagógica, ética e também ontológica, para chegar a ser um bom governante. Constituir-se em sujeito que governa implica que se tenha constituído em sujeito que se ocupa de si". ("L'éthique du souci de soi comme pratique de la liberté", *DE*, IV, p. 721-2).

vizinhos ficam sabendo.[78] Tampouco valorizam a criação (*trophê*) dos pequenos. Enquanto os persas disponibilizam os melhores eunucos para cuidar dos recém-nascidos e aos sete anos colocam aos pequenos em contato com os cavalos e os levam à caça, os atenienses colocam uma escrava de pouco valor para cuidar do recém-nascido;[79] aos quatorze, os persas os confiam aos seus quatro melhores homens: o mais sábio, o mais justo, o mais prudente e o mais corajoso.[80] A um só tempo, o pedagogo de Alcibíades foi Zópiro, o mais inútil entre os escravos de Péricles.[81] No final das contas, entre os atenienses a ninguém interessa o nascimento, a criação e a educação, salvo a um amante.[82]

Nessa passagem, a figura da infância é, como a vergonha, uma metáfora da inferioridade. A juventude de Alcibíades é uma das razões pelas quais a mãe do rei persa se surpreenderia ao tentar rivalizar-se com Ataxerxes.[83] Do mesmo modo que Alcibíades sentiria vergonha frente à opulência dos persas, se sentiria

---

[78] *Ibidem,* 121c-d. A queixa de Sócrates não pode ser tomada literalmente. M. Golden frisa que havia, entre os Atenienses, ao menos um rito cerimonial para a aceitação social do recém-nascido. Celebrava-se entre cinco e sete dias depois do nascimento e incluía, pelo menos, um sacrifício, reunião familiar e decoração na porta da casa (coroa de olivas para o menino; lã para a menina). As famílias mais pobres davam o nome ao recém-nascido nesta mesma cerimônia. As famílias das classes mais altas ofereciam, no décimo dia do nascimento, uma segunda cerimônia mais festiva e aberta a mais convidados para dar o nome ao pequeno (cf. M. Golden. *Op. cit.*, p. 23-4). Como interpretar a queixa de Sócrates? Talvez pelo peso relativo que estas cerimônias teriam em uma e outra sociedade ou, simplesmente, pelo caráter que as mesmas haviam adquirido em Atenas, caráter que provavelmente desagradava Sócrates por atender o que ele considera luxuoso, superficial e acessório e desatender o que considera principal.

[79] *Ibidem,* 121d.

[80] *Ibidem,* 121e. São estas as quatro excelências dos guardiões de *A República*. Cf. IV 441c-445b.

[81] *Ibidem,* 122b.

[82] *Idem.*

[83] *Ibidem*, 123c-e.

uma criança diante da prudência, modéstia, destreza, benevolência, magnanimidade, disciplina, valor, constância, disposição, competitividade e honra dos espartanos.[84]

Em muitos outros *Diálogos*, a infância ocupa um espaço semelhante de inferioridade. Em *A República*, diz-se que as crianças, ao nascer, participam sobretudo do desejo; que algumas nunca participam da razão e muitas o fazem somente bastante mais tarde;[85] nas crianças, como nas mulheres e nos escravos, domina o inferior: paixões, prazeres e dores;[86] crianças e mulheres admiram o matizado e o artificioso.[87] No *Teeteto*, as crianças são alinhadas com as mulheres e as bestas como exemplos de indivíduos de uma classe que diferem entre si em sua relação com a saúde.[88] Em vários lugares e de diversas formas, Platão diz que as crianças não têm razão, compreensão ou juízo.[89] Por exemplo, para referir-se a um argumento óbvio, simples ou sem importância, muitas vezes, afirma-se que é próprio de uma criança; nesses casos, o adjetivo "infantil" é sinônimo de pueril, ingênuo, débil.[90] No *Lisis*, 'Ctésipo' ri de 'Hipotales' porque este não é capaz de dizer à sua amante nada que uma criança não possa dizer.[91] No *Filebo*, os prazeres, como crianças, têm pouca inteligência.[92] Diz-se de 'Cármides' que era um caso excepcional, por não ser feio quando recém-nascido.[93]

---

[84] *Ibidem*, 122c.

[85] *A República*, IV 441a.

[86] *Ibidem*, IV 431c.

[87] *Ibidem*, VIII 557c.

[88] *Teeteto*, 171e.

[89] *Górgias*, 464d-e.

[90] Cf. *Críton*, 46d; *Górgias*, 470c, 471d; *Banquete*, 204b. No *Eutidemo*, 'Sócrates' diz de algo que parece tão óbvio que "até uma criança o entenderia" e explica o assombro de 'Clínias' ante esse saber por ser alguém "jovem e ingênuo", *néos te kaì euéthes* (*Eutidemo*, 279e). Cf. também *Eutidemo*, 301c.

[91] *Lisis*, 295c.

[92] *Filebo*, 65d; cf. 14d.

[93] *Cármides*, 154b.

Em outras ocasiões, 'Sócrates' associa as crianças ao engano, a ser contraditório (dizer uma coisa e sua negação) ou ser inconsistente (dizer uma coisa e fazer outra): por exemplo, sustenta que um pintor pode enganar as crianças como os tolos fazendo a aparência passar por verdade.[94] Outra vez, depois de mostrar a 'Críton' que escapar da prisão suporia uma enorme inconsistência diante o que havia dito em sua vida, lhe pergunta se deveriam ignorar essa inconsistência e assim "em nada se diferenciariam das crianças".[95] No *Górgias*, censura 'Cálicles' por tratá-lo como uma criança por dizer coisas com sentidos contrários[96] e afirma que os oradores que tratam de agradar os cidadãos sem atender o interesse público, os tratam como crianças.[97] Em outro *Diálogo*, 'Sócrates' afirma que na infância não temos conhecimento,[98] que não sabemos nada sobre a *pólis* nem sobre o passado,[99] e lhe parece incrível que 'Eutidemo' e 'Dionisiodoro' tenham conhecimentos desde crianças.[100] Em outros casos, usa a criança como a imagem de alguém temeroso ante a dor[101] e diante da morte.[102] Também se afirma nos *Diálogos* que a percepção das crianças é limitada: só percebem superfícies, e não as profundidades.[103]

Em suma, nos diferentes sentidos e capacidades físicas e intelectuais que, para Platão, constituem uma pessoa, ele considera a criança inferior ao homem adulto, cidadão de Atenas. Não se trata de acusar Platão de insensível, adultocêntrico ou

---

[94] *A República,* X 598c.

[95] *Críton,* 49a-b.

[96] *Górgias,* 499b-c.

[97] *Górgias,* 502e.

[98] *Teeteto,* 197e.

[99] *Timeu,* 23b.

[100] *Eutidemo,* 294e.

[101] *Górgias,* 479a.

[102] *Fédon,* 77e.

[103] *A República,* IX 577a.

de violentar os direitos das crianças. Esse não parece um eixo de análise interessante. As realidades históricas são complexas demais para permitir juízos tão superficiais. Simplesmente, estamos querendo delinear o modo como Platão pensou a ideia de infância, para depois analisar a produtividade desse pensamento na forma contemporânea de pensar a infância. Esse modo tem como parâmetro de medida um modelo antropológico de homem adulto, racional, forte, destemido, equilibrado, justo, belo, prudente, qualidades cuja ausência ou estado embrionário, incipiente, torna as crianças e outros grupos sociais que compartilham desse estado inferiores, na perspectiva de Platão.

A infância como outro desprezado

> O trabalho de Platão – a "invenção" da metafísica – teria consistido antes em lançar definitivamente ao exterior da representação a todas aquelas *cópias* que não se conformam a seu modelo inteligível, que degradam e ameaçam a integridade da idéia.
>
> J. L. Pardo[104]

Sócrates conversa com jovens em muitos dos primeiros *Diálogos* de Platão e afirma na *Apologia* que para ele é a mesma coisa conversar com pessoas de diversas idades.[105] Contudo, Platão não destinou nenhum lugar especial para o diálogo filosófico com jovens nos projetos educativos de *A República* e de *As Leis*. Ao invés disso, em *A República*, propõe impedir que os jovens entrem em contato com a dialética.[106] Afirma que, aos guardiões, devem ser ensinadas,

---

[104] J. L. Pardo. *La metafísica*. Barcelona: Montesinos, 1989, p. 26.

[105] *Apologia de Sócrates,* 33a.

[106] *A República,* VII 536e-537a. Além do mais, o conceito de filosofia variou substancialmente em *A República* a respeito do conceito socrático de filosofia, e passou a designar um conhecimento a ser aprendido pelos guardiões que governarão a *pólis*.

desde a infância, geometria, cálculo e toda a educação propedêutica. Esta primeira educação da alma deve ser lúdica, espalhada entre os jogos, e não forçada, já que nenhum saber permanece nela por força. Chegado aos trinta anos, se escolherá alguns entre os mais aptos para colocá-los em contato com a dialética; antes se o impedirá pelos perigos dela: os jovens de Atenas costumam tomá-la como um jogo, levianamente, apenas para contradizer, sem crer em nada, desacreditando-se a si mesmos e à filosofia.[107]

Esse descrédito da filosofia está presente em outros *Diálogos* de Platão. No *Fédon*, 'Cebes' afirma que em Tebas, sua *pólis*, todos estariam de acordo com que os filósofos merecem a morte.[108] No *Teeteto*, 'Sócrates' admite, referindo-se provavelmente a si mesmo, que os que dedicam muito tempo à filosofia parecem oradores ridículos nos tribunais, comparados com quem habitualmente frequenta esses espaços. Para falar dos filósofos, recorda de uma anedota sobre Tales que causou o riso de uma jovem escrava (*therapainis*), ao cair num poço enquanto contemplava as estrelas. Desde então, essa piada acompanha os que se dedicam à filosofia.[109] Em *A República*, a má fama se diversifica e agrava: 'Adimanto' argumenta com 'Sócrates' que aqueles que não abandonam a filosofia depois de abraçá-la para completar sua educação na juventude são, em sua maioria, pessoas estranhas (*allokótuous*) ou perversas; só os mais razoáveis entre eles são inúteis à *pólis* e este é o mal menor que os filósofos provocam.[110]

De todos, quem apresenta o argumento mais contundente contra a filosofia é 'Cálicles' no *Górgias*, reafirmando essa associação entre filosofia e infância, afirmada por 'Adimanto'.[111]

---

[107] *Ibidem*, VII 537e-539b. Cf. *Filebo,* 14d.

[108] *Fédon,* 64b-c.

[109] *Teeteto,* 174a-b.

[110] *A República,* VI 487c-d.

[111] Um argumento semelhante oferece Isócrates. Cf. *Antídosis*, 266 ss. e *Panatenaico,* 26 ss.

'Cálicles' entra na conversa enfurecido pelo trato que 'Sócrates' deu a 'Górgias' e a 'Polo', seus dois interlocutores anteriores. Ele pergunta a Sócrates se fala sério ou está brincando. 'Sócrates' responde que ambos compartilham um mesmo afeto porém diferem com relação ao objeto desse afeto: enquanto ele ama Alcibíades e a filosofia, Cálicles ama Demos e o povo ateniense (ou seja, ele ama a filodemia, a retórica e a política).[112] 'Cálicles' responde com a clássica contraposição entre natureza e lei.[113] Argumenta que 'Sócrates' refutou seus interlocutores anteriores perguntado em um plano diferente do que eles respondiam. Segundo 'Cálicles', 'Polo' argumentava, por exemplo, que é pior sofrer injustiça do que cometê-la no plano da natureza e 'Sócrates' o levava ao plano da lei onde o que acontece é o contrário. A seguir, 'Cálicles' faz uma apologia à natureza (onde "o forte domina o fraco") e uma ácida crítica à lei ("obra dos fracos e da multidão"). Depois de sua apologia à natureza, ele diz:

> Pois assim é a verdade, e o reconhecerás se, abandonando a filosofia, diriges tua atenção a coisas de maior importância. A filosofia, amigo Sócrates, é certamente uma ocupação grata, quando alguém se dedica a ela com medida nos anos juvenis, mas quando se atende a ela mais tempo do que o devido, é a corrupção dos homens. Porque ainda que se esteja bem dotado intelectualmente, quando se faz filosofia até a idade avançada, necessariamente seremos inexperientes em tudo aquilo que devemos conhecer bem, para ser alguém reputado e bem considerado.[114]

A proximidade "natural" entre filosofia e infância se explica nessa passagem pela inadequação social de ambas: quando somos jovens podemos permitir essa diversão e dedicar-nos a

---

[112] *A República*, VI 481c-d.

[113] *phýsis* e *nómos, ibidem*, 482e.

[114] *Górgias*, 484c-d.

coisas sem importância, mas se dedicamos toda a vida à filosofia seremos inexperientes (*apeíron*) para manejar os assuntos mais importantes, que são os assuntos da vida pública da *polís*; desconheceremos as leis, não saberemos tratar os outros cidadãos, em público e no campo privado, não seremos, neste caso, esclarecidos nem bem-considerados (*émpeiron*). É isso que sucede a Sócrates. A filosofia, como a infância, está ligada à falta de experiência. O filósofo é tão ridículo e infantil nos assuntos públicos como os políticos o são nas conversas filosóficas.[115] 'Cálicles' avança um pouco mais na comparação:

> Está muito bem se ocupar da filosofia na medida em que serve para a educação e não é feio filosofar enquanto se é jovem; mas quando se é velho, o fato torna-se vergonhoso, Sócrates, e eu não experimento a mesma impressão ante os que filosofam do que ante os que falam mal e brincam. Com efeito, quando vejo brincar e balbuciar uma criança, que por sua idade deve ainda falar assim, me causa alegria e me parece gracioso, próprio de um ser livre e adequado à sua idade. De modo contrário, quando escuto uma criança falar com clareza, parece-me algo desagradável, irrita-me o ouvido e o julgo próprio de um escravo. De outro lado, quando se ouve um homem falar mal ou o vemos brincando, fica ridículo, degradado e digno de açoites. Esta mesma impressão experimento também a respeito dos que filosofam. Certamente, vendo a filosofia em um jovem, tenho comprazer, me parece adequado e considero que este homem é um ser livre; pelo contrário, o que não filosofa me parece servil e incapaz de ser estimado, jamais digno de algo belo e generoso. Mas, por outro lado, quando vejo um homem de idade que ainda filosofa e que não renuncia a isto creio, Sócrates, que este homem deve ser açoitado.[116]

---

[115] *Ibidem,* 484d-e.

[116] *Ibidem,* 485a-d.

De um lado a filosofia, a educação, o falar mal, o balbuciar, o brincar; de outro lado, o homem adulto, a política, o falar bem, o falar com clareza. Por natureza, a filosofia e a educação estão juntas e são próprias de uma idade tenra, como o falar mal, o balbuciar e o brincar. Para 'Cálicles', o problema não está na filosofia ou na infância, em termos absolutos. Pelo contrário, quando acontecem juntas em uma etapa da vida, são proveitosas: "está bem se ocupar da filosofia na medida que serve para a educação (*paideías*)", afirma 'Cálicles'. A filosofia vale como entretenimento e formação de algumas disposições. O problema, em sua opinião, é quando as coisas não respondem a seus tempos naturais. A liberdade ou a escravidão, a complacência ou os açoites, os risos ou a fúria de 'Cálicles' virão da manutenção ou da quebra dessa linha divisória, de seguir a natureza ou de violentá-la. De modo que, para 'Cálicles', a infância e a filosofia podem estar juntas porque ambas são, por natureza, coisas sem importância.

Platão responderá repetidas vezes a esse argumento com uma estratégia semelhante: no plano do que é, a filosofia é inútil, porque a *pólis* está sem rumo, perdida, desordenada, com os valores invertidos. No plano do que deve ser, os filósofos se ocupam do mais importante: o governo da *pólis*.

No *Teeteto*, 'Sócrates' considera que mesmo que os filósofos pareçam inúteis, eles foram criados como homens livres. Os hábeis retóricos, por outro lado, como escravos: de almas pequenas e não retas, são servos do tempo e de seus discursos.[117] Em uma citada passagem de *A República*, 'Sócrates' responde às objeções de 'Adimanto' com a "Alegoria do Navio": no relato, quem maneja uma embarcação não tem nenhum conhecimento do ofício, todos ali comem e bebem até empanturrarem-se, se regem pelo prazer e não pelo saber: consideram inútil o "verdadeiro" piloto, que julga ser necessário ter em conta as estações, o estado do tempo, o movimento dos astros e outras coisas tais

---

[117] *Teeteto*, 172c-173b.

para conduzir adequadamente a embarcação.[118] Em um navio como este, afirma 'Sócrates', os filósofos são certamente inúteis, mas não são responsáveis por isso, já que o natural seria que os homens que têm necessidade de governo fossem em busca de quem tem capacidade para fazê-lo.[119]

No *Górgias*, 'Sócrates' responde dizendo que ele, o filósofo, é um dos poucos, se não o único ateniense que se dedica à "verdadeira" arte da política.[120] O que se faz na *pólis* é sofística e retórica, não política. Tal qual o "verdadeiro" piloto do navio em *A República*, o verdadeiro político se preocupa com o bem e não com o prazer.[121] 'Sócrates' considera uma hipotética acusação e um eventual juízo contrário na *pólis* por meio da seguinte imagem:

> Se me ocorre o mesmo que eu dizia a Polo, que serei julgado como o seria, diante de um tribunal de crianças, um médico acusado por um cozinheiro. Pensa, com efeito, de que modo poderia defender-se o médico posto em tal situação: "Crianças, este homem os causou muitos males; aos menores de vocês, ele os destroça cortando e queimando seus membros, e os faz sofrer enfraquecendo-os, sufocando-os; dá a vocês as bebidas mais amargas e os obriga a passar fome e sede; não como eu que os fartarei com toda a sorte de manjares agradáveis". O que crês que poderia dizer o médico posto neste perigo? Ou melhor, se dissesse a verdade: "Eu fazia tudo isso, crianças, por sua saúde". O quanto crês que protestariam tais juízes? Não gritariam com todas as suas forças?[122]

Neste caso, 'Sócrates' compara os políticos com crianças que julgam o médico verdadeiro. O acusam de causar-lhes

---

[118] *A República*, VI 488a-489a.

[119] *Ibidem*, 489b-c.

[120] *Górgias*, 521d. Analisaremos com mais detalhe desdobramentos desta passagem em "A infância de um politizar", p. 173 ss.

[121] *Ibidem*.

[122] *Górgias*, 521e-522a.

muitos males. Não percebem que o médico de verdade cuida da saúde de seus pacientes e não de seu prazer. Como tampouco os políticos de Atenas percebem que o verdadeiro político busca o bem e não o prazer. Nesta imagem do julgamento, as crianças ocupam o mesmo lugar que ocupavam os bêbados e os gulosos que tomavam o controle da embarcação na "alegoria do navio". São os que não têm domínio nem controle sobre si.

Assim, 'Sócrates' responde a 'Cálicles' com sua mesma moeda: "as crianças são vocês". As crianças são sempre os outros. Este talvez seja o único ponto em que 'Sócrates' e 'Cálicles' coincidem. Discordam sobre quase tudo: sobre a filosofia, sobre a política, a retórica, o bem, o prazer. Mas em uma coisa coincidem: "as crianças são vocês, os outros". As crianças são a figura do não desejado, daqueles que não aceitam a "minha" verdade, do rival desqualificado, de quem não compartilha uma forma de entender a filosofia, a política, a educação e por isso deve ser vencido, azotado, expulso da *pólis*. As crianças são, para 'Sócrates' e para 'Cálicles', portanto, para Platão, uma figura do desprezo, do excluído, o que não merece entrar naquilo de mais valioso disputado por Platão, teoricamente, com os sofistas: a quem corresponde o governo dos assuntos da *pólis*, *tà politikà*.

A infância como material da política

> Por ser nossa função de fundadores, disse eu, forçaremos as melhores naturezas a alcançar esse conhecimento que antes afirmamos ser o maior de todos.
>
> Platão[123]

Tanto no *Alcibíades I,* quanto no *Górgias*, *A República* e *As Leis*, as discussões que alcançam a infância e a educação adquirem

---

[123] Platão. *A República*, VII 519c.

sentido em função de sua significação política. No *Alcibíades I*, a análise comparativa da educação de Alcibíades diante da dos rivais persas e espartanos permite avaliar as possibilidades de suas ambições políticas. No *Górgias*, depois de deixar desarticulados 'Górgias', 'Polo' e 'Cálicles', 'Sócrates' acaba o *Diálogo* com um mito que reafirma que a questão inicial, "como se deve viver", deve ser respondida por uma chave política, em termos de se precaver de cometer injustiça mais do que padecer dela e que o melhor modo de vida consiste em praticar e exortar os outros a praticar a justiça e todas as outras virtudes.[124] Em *A República*, tantos cuidados na criação e na educação dessas pequenas criaturas se justificam porque eles serão os futuros guardiões da *pólis*, seus governantes. Deve-se pensar nisso ao desenhar sua educação. Em *As Leis*, os legisladores se ocupam da educação no meio de uma pormenorizada análise que busca esgotar, até os mínimos detalhes, a vida na *pólis*.

Voltemos a *A República*. Como sabemos, essas crianças com cuja educação se preocupa Platão serão, no futuro, reis que filosofem e filósofos que governem, de modo justo, a *pólis*.[125] O legislador se preocupa, sobretudo, com sua criação (*trophê*), a etapa imediatamente posterior ao nascimento, por ser a mais trabalhosa de todas e também com sua educação.[126] O princípio para organizar a vida entre os guardiões é proverbial: "comuns as coisas dos amigos".[127] Entre eles, homens e mulheres, não haverá posses individuais de nenhuma ordem: nem materiais nem espirituais. Os bens, os companheiros e os filhos também serão comuns,[128] caso se queira fomentar a maior unidade possível (que digam "é meu" e "não é meu" sobre o mesmo), cultivar o interesse de cada um pelo todo (o comum, a comunidade) por sobre suas partes (uma hipotética família

---

[124] *Górgias,* 527a-e.

[125] Cf. *A República,* V 473c-e.

[126] *A República,* V 450c.

[127] *koiná tà tōn philōn. A República,* IV 423e ss.; V 450c ss.

[128] *A República,* IV 421c ss.; V 457d.

O mito pedagógico dos gregos (Platão)

ou propriedades individuais) e a um só tempo produzir governantes "dos mais excelsos".[129]

A procriação entre os guardiões e a criação de suas crianças está rodeada de uma série de intrigas e mistérios justificados pelo legislador para manter e melhorar a "qualidade humana" da *pólis*.[130] Mentiras e enganos diversos, sorteios espúrios, festas orquestradas são planejadas com a intenção de permitir mais procriações entre guardiões do que entre as classes "inferiores", sem que estas o saibam. Uma vez nascidos os pequenos, homens e mulheres, especialmente designados para isso, se ocuparão deles em uma casa especial, em um bairro específico da *pólis*, prévio ocultamento secreto dos que nascem com alguma deformidade.[131]

Ali, nos primeiros anos, as crianças serão indistintamente alimentadas pelas mães no período de amamentação, sem que se reconheçam seus filhos. Os jogos infantis serão regulamentados rigorosamente para que as crianças apreciem desde pequenas a estima e o apego pelas leis. A música e a ginástica serão praticadas segundo critérios igualmente estritos, cuidando para que não se introduza inovação nenhuma perante a ordem estabelecida pelos fundadores da *pólis*.[132]

Encontramos nesse esquema os dois elementos básicos que definem uma clássica pedagogia formadora.[133] Por um lado, educa-se para desenvolver certas disposições que se encontram em estado bruto, em potência, no sujeito a educar; por outro lado, educa-se para conformar, para dar forma, nesse sujeito, a um modelo prescritivo, que foi estabelecido previamente. A educação é entendida como tarefa moral, normativa, como o ajustar o que é a um dever ser.[134] Na medida em que a normatividade

---

[129] *Ibidem*, V 459e.

[130] *Ibidem*, V 459c ss.

[131] *Ibidem*, V 460c.

[132] *Ibidem*, IV 424b-e; V 460c-d.

[133] J. Larrosa. *La experiencia de la lectura*, 1996, p. 21.

[134] *Ibidem*, p. 423-5.

que orienta a educação de *A República* é um modelo de *pólis* justa, trata-se também ou, sobretudo, de uma normatividade e de uma tarefa políticas.

Segundo esse modelo, é alguém externo, um outro, o educador, o filósofo, o político, o legislador, o fundador da *pólis*, quem pensa e plasma para os indivíduos educáveis o que quer que estes sejam. É a ideia de educação como modelar a outro. Modelá-lo, formá-lo. Dar-lhe uma forma. Qual forma? No caso de Platão é, em uma última instância, a forma das Formas; são as Ideias, os *a priori*, os modelos, os paradigmas, os em si transcendentes, entidades que são sempre do mesmo modo, indivisíveis, perfeitas, que indicarão a normatividade da formação. Assim formados, com a forma das Formas, com o conhecimento dessas realidades inteligíveis, as crianças chegarão a ser os filósofos que governem adequadamente a *pólis* e, dessa maneira, nos permitirão conformar a *pólis* que desejamos produzir.

Neste registro, as crianças não interessam pelo que são – crianças –, mas porque serão os adultos que governarão a *pólis* no futuro. Nós, os adultos do presente, os fundadores da *pólis*, os que sabemos da ausência de certezas e os riscos desse chegar a ser, queremos o melhor para elas. Isto é, a uma só vez, o que nós consideramos melhor, o que não pudemos ser, mas queremos fazer com que elas sejam. Tentaremos, inclusive, acompanhá-las, ajudá-las nesse caminho. Para isso, as educaremos, desde a mais tenra idade. O faremos com nossas melhores intenções. Neste acompanhar os novos (*hoi néoi*), encontra sentido a educação formadora: na passagem de um mundo velho que já não queremos para um mundo novo – novo para nós, claro, velho para os novos –, que os outros trarão com nossa ajuda; ou que nós traremos com a ajuda deles.

Assim, a educação de *A República* – como toda a educação formadora em sentido clássico – não resiste à tentação de apropriar-se da novidade dos novos, à tentação de fazer da educação uma tarefa eminentemente política e da política o sentido final de uma educação, a partir de uma lógica da política determinada com independência da vontade dos novos. Educa-se para politizar os novos, para fazê-los participantes de uma *pólis* que se define, previamente, para eles. As relações entre política e educação são carnais: educa-se a serviço de uma política a um só tempo em que a ação política persegue, ela mesma, fins educativos. Por isso a educação é tão decisiva para Platão, porque é sua melhor ferramenta para alcançar a *pólis* sonhada.

Possibilidade, inferioridade, outro rechaçado, material da política. Marcas sobre a infância deixadas por um pensamento. Marcas de uma Filosofia da Educação. Marcas que situam a infância em uma encruzilhada entre a educação e a política. Primeiras marcas da infância na Filosofia da Educação. Antigas marcas da infância. Marcas distantes. Primeiras? Antigas? Distantes?

CAPÍTULO SEGUNDO

A infância escolarizada dos modernos (M. Foucault)

Se Foucault é um grande filósofo, o é porque se valeu da história em proveito de outra coisa; como dizia Nietzsche, obrar contra o tempo e assim, sobre o tempo, em proveito de outra coisa. Pois o que manifesta de que maneira o atual é novo, segundo Foucault, é o que Nietzsche chamava o intempestivo, o inatual, esse acontecer que se bifurca com a história, esse diagnóstico que pega o relevo da análise por outros caminhos. Não se trata de predizer, mas de estar atento ao desconhecido que chama a nossa porta.

G. Deleuze[1]

No capítulo anterior, traçamos uma concepção de infância que atravessa alguns dos *Diálogos* de Platão. Depois de situar a infância na problemática mais ampla do pensamento de Platão, a caracterizamos por meio de cuatro traços principais: possibilidade, inferioridade, outro desprezado, material da política. Assim é pensada a infância nos textos analisados. Essas são as marcas que constituem um pensamento platônico sobre a infância.

---

[1] G. Deleuze. ¿Qué es un dispositivo? In: E. Balbier, G. Deleuze *et. al.* (Orgs.). *Michel Foucault, filósofo.* Barcelona: Gedisa, 1990, p. 160.

Neste segundo capítulo, para enriquecer as possibilidades de indagação propostas, faremos uma mudança de época e de registro de análise. Deixaremos momentaneamente os gregos, abandonaremos por um instante os filósofos da educação, mas só em um sentido técnico ou estreito da expressão. Vamos nos deslocar até a modernidade. Até o campo da história das sensibilidades, das mentalidades e do pensamento. O faremos com a ajuda de dois mestres de uma aproximação filosófica da história: Ph. Ariès e M. Foucault.

Nossas intenção e perspectiva se mantêm: estamos em busca de pensamentos que sirvam de material histórico para pensar o presente. Interessa-nos problematizar dois registros: um, mais amplo, o de um pensar dominante acerca da infância, na Filosofia da Educação de nosso tempo; outro, mais específico, o das possibilidades educacionais de filosofia com crianças. Cremos ser importante para esta análise incluir as marcas modernas de algumas ideias que atravessam certos modos de pensar essas possibilidades no presente.

Por que Ariès e Foucault? Porque seus trabalhos são complementares na medida em que geram, a partir de perspectivas diferentes, elementos teóricos para problematizar aquele modo dominante de pensar a infância. Há um foco coincidente com relação à época de estudo, o período que abarca, *grosso modo*, os séculos XVI a XVIII, ainda que ambos, em particular Ariès, se interessaram bastante também pelos séculos anteriores e seus estudos chegaram até o século XIX. A ênfase em suas análises é parcialmente diferente: enquanto Ariès ajusta o foco nos sentimentos e mentalidades da vida privada, em alguma medida menos interessado em seus alcances sob a órbita do Estado, Foucault se interessou por estudar todos os âmbitos onde se exerce o poder. E, ainda que tenha buscado "refletir filosoficamente sobre a história dos saberes como material histórico",[2] ou para dizê-lo em outras palavras suas, "fazer a história das relações

---

[2] M. Foucault. Le style de l'histoire (1984). In: *DE*, IV, p. 652.

que o pensamento mantém com a verdade",[3] neste capítulo nos concentraremos, em particular, em sua análise que se ocupa de um tipo de interferência do Estado na vida privada. A seguir, então, a infância como sentimento e como saber e poder, no jogo de relações entre o pensamento e a verdade, será em um e outro caso, assunto privilegiado de nossa atenção.

A invenção de uma infância

> Meu problema é saber como se pôde fazer a questão do infantil ser tão problemática, que podia e devia ser pensada e falada, e mesmo funcionar como um discurso com função e estatuto de verdade [...], até se tornar uma experiência fundamental – ao lado das experiências da criminalidade, da doença, da loucura, da sexualidade – dos sujeitos da sociedade ocidental moderna [...].
>
> S. Corazza[4]

O trabalho já clássico de Ph. Ariès sobre a infância dividiu as águas entre os historiadores da psicologia social.[5] Pelo menos, os historiadores da infância não mais puderam afirmar impunemente uma noção a-histórica da infância ou, em todo caso, passaram a dever enfrentar os argumentos de Ariès, que se tornou referência obrigatória para acólitos e profanos. As teses centrais de Ariès são duas: a primeira é que nas sociedades europeias, durante a época medieval, não havia um sentimento ou consciência de "infância". Nessas sociedades, o que hoje

---

[3] M. Foucault. Le souci de la vérité (1984). In: *DE*, IV, p. 669.

[4] S. Corazza. *História da infância sem fim*. Ijuí, RS: UNIJUÍ, 2000, p. 31.

[5] Neste texto nos valemos da segunda edição de *L'Enfant et la vie familiale sous l'ancient regime*, de 1973, que inclui um novo prólogo do autor para a primeira edição de 1960. A citaremos em sua versão em português, *História social da criança e da família*, 1981/1960.

chamamos de infância estava limitado a esse período relativamente curto, mais frágil da vida, em que uma pessoa ainda não pode satisfazer por si mesma suas necessidades básicas.

Segundo essa tese, em um longo período que vai até um momento difuso entre os séculos XVII e XVIII, aqueles a quem hoje chamamos de crianças eram adultos menores ou em menor escala de tamanho. Essa afirmação se vê corroborada pelos produtos culturais da época. Até o século XIII, a arte medieval desconhecia a infância.[6] Gradualmente as obras artísticas incluem cada vez mais quem hoje chamamos de crianças, retratadas como pequenos adultos, adultos "em miniatura".

As crianças, tal como as compreendemos atualmente, eram mantidas pouco tempo no âmbito da família. Tão logo o pequeno pudesse abastecer-se fisicamente, habitava o mesmo mundo que os adultos, confundindo-se com eles. Nesse mundo adulto, aqueles que hoje chamamos crianças eram educados sem que existissem instituições especiais para eles. Tampouco existia, nessa época, a adolescência ou a juventude: os pequenos passavam diretamente de bebês a homens (ou mulheres) jovens. Não havia, naqueles tempos, nenhuma ideia ou percepção particular ou específica de natureza da infância diferente da adultez.[7]

Esse registro se confirmaria com a língua. Com efeito, no francês da época, só havia três palavras para referir-se às idades: infância, juventude e velhice (*enfance, jeunesse* e *vieillesse*). A palavra infância não tinha o sentido restritivo que tem hoje, mas deixava muito mais indeterminada a idade da pessoa aludida. Em testemunhos dos séculos XIV, XVI e XVI se denomina *enfant* pessoas de 13, 15, 18 e 24 anos.[8] A juventude significava "força de

---

[6] Ph. Ariès. *Op. cit.,* 1981/1960, p. 50 ss.

[7] *Ibidem,* p. 10-11.

[8] *Ibidem,* p. 41-2. Só no século XVII, *enfance* passa a ter um sentido semelhante ao atual.

idade", "idade média". Não havia lugar para a adolescência na linguagem nem no pensamento.[9]

Uma série de práticas sociais como jogos, ocupações, trabalhos, profissões e armas, não estava determinada para idade alguma.[10] As crianças eram vestidas como homens e mulheres tão logo pudessem ser deixadas as faixas de tecido que eram enroladas em torno de seu corpo quando pequenas.[11] Não existia o atual pudor frente às crianças a respeito de assuntos sexuais.[12]

Até o século XVII, predomina o que Ariès chama de "infanticídio tolerado" junto a um sentimento de indiferença, "com relação a uma infância demasiado frágil, em que a possibilidade de perda é muito grande".[13] Embora o infanticídio fosse legalmente proibido e punido, era uma prática corrente, sob a forma de um acidente. A vida das crianças tinha um valor semelhante ao que tem hoje a vida dos fetos em nossas sociedades ocidentais, sobretudo naquelas em que se proíbe o aborto, mas se admite ter um bom número de espaços clandestinos para praticá-lo. No século XVIII há mudanças demográficas substantivas: passa-se de uma alta fertilidade e alta mortalidade infantil a uma baixa fertilidade e baixa mortalidade infantil. Isso, sugere Ariès, não pode ser explicado apenas pelos progressos da medicina e da higiene.[14] Para entender esse processo, Ariès introduz uma outra tese.

---

[9] Cf. a seguinte conclusão de Ph. Ariès no Capítulo "As idades da vida", de *História social da criança e da família*: "Tem-se a impressão, portanto, de que, a cada época corresponderiam uma idade privilegiada e uma periodização particular da vida humana: a 'juventude' é a idade privilegiada do século XVII, a 'infância', do século XIX, e a 'adolescência', do século XX". (*Ibidem*, p. 48)

[10] *Ibidem*, p. 55-56.

[11] *Ibidem*, p. 69.

[12] Entre outros, certos temas se repetiam na sociedade tradicional: brincava-se com o sexo dos pequenos; na literatura há abundantes cenas de pequenos urinando; com frequência aparece a circuncisão na iconografia religiosa; *Ibidem*, p. 125 ss.

[13] *Ibidem*, p. 57.

[14] *Ibidem*, p. 17-18.

A segunda tese, complementar à primeira, é que a partir de um longo período, e, de um modo definitivo, a partir do século XVII, se produz uma mudança considerável: começa a se desenvolver um sentimento novo com relação à "infância". A criança passa a ser o centro das atenções dentro da instituição familiar. A família, gradualmente, vai organizando-se em torno das crianças, dando-lhes uma importância desconhecida até então: já não se pode perdê-las ou substituí-las sem grande dor, já não se pode tê-las tão em seguida, precisa-se limitar o seu número para poder atendê-las melhor.[15]

A criança se torna uma fonte de distração e relaxamento para o adulto, que começa a expressar e tornar cada vez mais ostensivos tais sentimentos.[16] A arte também oferece esse reflexo com os novos retratos de crianças sozinhas e outros em que a criança se torna o centro da composição.[17] O Estado mostra um interesse cada vez maior em formar o caráter das crianças. Surgem assim uma série de instituições com o objetivo de separar e isolar a criança do mundo adulto, entre elas, a escola.[18] A criança adquire um novo espaço dentro e fora da instituição familiar.[19]

O trabalho de Ariès deu lugar a uma intensa polêmica, em particular nos anos 1970 e 80.[20] As principais críticas feitas a Ariès são três: a) questiona-se a tese de que a infância é uma invenção moderna, que ela não existisse na Idade Média e na Renascença; b) critica-se seu romantismo, seu olhar nostálgico do

---

[15] *Ibidem,* p. 11-12.

[16] *Ibidem,* p. 158.

[17] *Ibidem,* p. 65.

[18] *Ibidem,* p. 11.

[19] Ph. Ariès centrou as consequências sociais deste processo em: a) a polarização da vida social em torno da vida da família e a profissão; e b) a desaparição, salvo alguma exceção, da antiga sociabilidade. *Ibidem,* p. 12

[20] Para um resumo da polêmica nos 1970 e início dos 80, cf R. Vann. The Youth of Centuries of Childhood, 1982.

passado; c) objeta-se sua metodologia de trabalho, em particular seu tratamento dos registros artísticos, literários e culturais utilizados como base empírica. Com relação à questão que nos ocupa, a invenção da infância, diversos estudos oferecem testemunhas de que, pelo menos desde o século XII, reconhece-se socialmente a adolescência, algo negado por Ariès.[21]

O próprio primeiro capítulo deste livro poderia ser usado como argumento de que já entre os Gregos existia um sentimento de infância.[22] Contudo, não pretendemos discutir historiograficamente o texto de Ariès. Pensamos que a singular polêmica surgida a propósito de seu trabalho leva a moderar suas teses, mas de forma alguma a ignorá-las. Consideramos seu trabalho pioneiro e ainda não superado em pelo menos duas dimensões: a) a ideia de que a percepção, periodização e organização da vida humana é uma variante cultural e que a forma como uma sociedade organiza "as etapas da vida" deve ser sempre objeto de pesquisa histórica; b) na modernidade europeia, senão a invenção, pelo menos uma fortíssima intensificação de sentimentos, práticas e ideias em torno da infância ocorreu como em nenhum outro período anterior da história humana.

Um dos critérios para valorizar um trabalho acadêmico é perceber sua produtividade. Nesse sentido, o trabalho de Ariès abriu espaços para campos inexplorados e inspirou inumeráveis trabalhos que, desde diversos registros discursivos e referenciais teóricos, propuseram-se estudar a produtividade social desse sentimento moderno da infância. Por exemplo, A. Nandy estudou sua extensão, muito além da vida privada, e incluso da vida pública

---

[21] Para uma relação dos diversos trabalhos que o mostram, cf. Vann. *Op. cit.*, 1982, p. 288-9.

[22] Já fizemos esta advertência na introdução desta parte do trabalho. Embora tenhamos esclarecido ali que os registros de análise são diferentes, alguém poderia pensar no trabalho de Golden (*Op. cit.*, 1990), que citamos abundantemente e faz um uso de testemunhas muito mais amplo, como prova de tal sentimento na Antiguidade.

em um Estado e postulou que um sentimento análogo se encontrava na base do colonialismo europeu moderno.[23] Assim como no contexto da instituição familiar, a criança deveria ser conduzida e iluminada pelo modelo do "pai", no marco das relações entre Estados, algumas nações deveriam ser submetidas ao "cuidado e proteção" de outras, as mais "desenvolvidas", para seu crescimento adequado.[24] No século XVII, a leitura de relatos de Cristóvão Colombo diverte tanto quanto a doçura de uma menina.[25]

Contudo, onde talvez o sentimento de infância tenha tomado mais força tenha sido em uma instituição nova, com complexos dispositivos de poder em um marco de confinamento e reclusão: a escola. Para entendermos a produtividade social da escola, estudaremos, a seguir, a concepção foucaultiana de poder disciplinar.

---

[23] A. Nandy. *Reconstructing Childhood: A Critique of the Ideology of Adulthood*, 1987.

[24] O marco de referência de Nandy (*Ibidem*, p. 57-9) é o colonialismo britânico na Índia, mas suas conclusões excedem amplamente esse marco. As Américas, em particular a América Latina, estão cheias de associações a metáforas infantis, dentro de certa concepção ontologizante e/ou psicologista que considera a América e o americano não desde sua historicidade, mas desde "o ser". Nessa perspectiva, diversos autores, inspirados numa filosofia da história hegeliana ("El fundamento geográfico de la historia universal". In: *Lecciones de Filosofía de la historia universal*. Madrid: Revista de Occidente, 1940) apontam o "ser de América" como defectivo, infantil, incompleto, promessa de futuro, natureza pura, falta de madurez, *natura naturata* cuja única possibilidade de desenvolvimento lhe vem de fora, "um ainda não" quanto às possibilidades de ser. Em correspondência eletrônica, Adriana Arpini e Rosa Licata me fizeram notar que essa visão atravessa tanto os autores de uma ideologia antiamericanista quando os americanistas. Por exemplo, entre os não americanistas, J. Ortega y Gasset ("Hegel y América" (1928). In: *Obras Completas*. Madrid: Revista de Occidente, 1946, Vol. II) e, entre os americanistas, A Caturelli (*América Bifronte. Ensayo de ontología y de filosofía de la historia*. Buenos Aires: Troquel, 1961) reproduzem essa visão. No interior do pensamento latino-americano, estas visões psicologistas e ontologizantes foram superando-se desde os anos 1960. Cf. neste sentido, A. Roig. *Teoría y crítica del pensamiento latinoamericano*. México: Fondo de Cultura Económica, 1981.

[25] Relato de Mme. De Sévigne *apud* Ph. Ariès. *Op. cit.*, p. 158-9.

A invenção de uma disciplina

> O que é, afinal, um sistema de ensino senão uma ritualização da palavra; senão uma qualificação e uma fixação dos papéis para os sujeitos que falam; senão a constituição de um grupo doutrinário ao menos difuso; senão uma distribuição e uma apropriação do discurso com seus poderes e seus saberes?
>
> M. Foucault[26]

Etimologicamente, o termo *disciplina* deriva do vocábulo latino idêntico. Segundo os estudiosos da língua, o grupo semântico é obscuro e de formação enigmática.[27] Alguns afirmam que a palavra é a forma abreviada de uma mais extensa, *discipulina*, na qual se encontraria a raiz *"pu-"*, que dá lugar em latim a *puer*, 'criança'.[28] Mas não há qualquer certeza disso. A palavra *disciplina* está certamente ligada ao verbo *discere*, que significa 'aprender'. Ao mesmo verbo estão ligadas palavras como *discipulus*, 'quem aprende', 'o aluno', 'o aprendiz', 'discípulo',[29] *dediscere*, 'desaprender', e *doctus*, 'quem já aprendeu'. Em seus primeiros usos, *disciplina* significa ensino, educação, disciplina e, sobretudo, disciplina militar (*disciplinae militae* e *disciplina rei militaris*). Num segundo sentido, posterior, significa "ensino", "matéria ensinada", no mesmo sentido do grego *máthema*.[30] Os dois significados originários de *disciplina* se mantêm em português e em outras línguas vernáculas: a) poder (como quando dizemos "disciplina militar" ou "tenho

---

[26] M. Foucault. *A ordem do discurso*. São Paulo: Loyola, 1999, p. 44-5.

[27] A. Ernout, A. Meillet. *Dictionnaire étymologyque de la langue latine. Histoire de mots*. Paris: Klincksieck, 1951, p. 315.

[28] K. Hoskin. Foucault a examen, 1993, p. 34.

[29] A. Castello, C. Márcico. Glosario etimológico de térmiros usuales en la praxis docente, 1998, p. 19.

[30] Cf., neste trabalho, "O que significa aprender?", p. 199 ss.

problemas de disciplina com minha turma"); b) saber (como quando nos referimos a "disciplinas" tais como Filosofia, Música ou Educação Física). Aplicada a uma criança, a *disciplina* evoca um duplo processo de saber e poder: apresentar determinado saber à criança e produzir estratégias para mantê-la nesse saber.[31] De modo que, desde a etimologia até os usos atuais do termo, a disciplina – o saber e o poder – e a infância estão juntas.

Mas não só o estão na etimologia e no uso. O termo *disciplina* sintetiza, para M. Foucault, um modo como, de forma predominante, se exerce poder nas sociedades europeias durante os séculos XVII e XVIII.[32] A categoria disciplina é a criação conceitual de Foucault, uma invenção teórica que permite pensar como funcionam algumas instituições modernas, quais são os mecanismos que regulam – o estatuto e o regime que adquirem – as relações entre o saber e o poder nas sociedades que abrigam tais instituições onde circulam crianças:

> A "disciplina" não pode se identificar com uma instituição nem com um aparelho; ela é um tipo de poder, uma modalidade para exercê-lo, que comporta todo um conjunto de instrumentos, de técnicas, de procedimentos, de níveis de aplicação, de alvos; ela é uma "física" ou uma "anatomia" do poder, uma tecnologia.[33]

A disciplina é, então, um modo de exercer o poder, uma tecnologia de poder que nasce e se desenvolve na modernidade. Assim, o poder disciplinar é exercido em diversos espaços sociais:

---

[31] K. Hoskin. *Op. cit.*, 1993, p. 34.

[32] M. Foucault. *Vigiar e Punir*, 1997/1975, p. 184. Observe-se que dizemos "um modo que se exerce poder" e não "o modo" ou "o Poder", com maiúsculo. Para Foucault, o poder consiste em relações e não existe fora desse exercício relacional (cf., entre outros, "Le jeu de Michel Foucault" (1977), *DE*, III, p. 302; "Précisions sur le pouvoir. Réponses à certaines critiques" (1978), *DE*, III, p. 631; "The Subject and the Power", 1983a, p. 219-220.)

[33] M. Foucault. *Vigiar e Punir*, 1997/ 1975, p. 189.

em instituições especializadas (como os cárceres ou os institutos corretivos), em instituições que a usam como instrumento essencial para um fim determinado (as casas de educação, os hospitais), em instituições que preexistem a ela e a incorporam (a família, o aparato administrativo), em aparatos estatais que têm como função fazer reinar a disciplina na sociedade (a polícia).

A pergunta que mais interessa a Foucault no que diz respeito ao poder é "como ele se exerce?".[34] Foucault enfrenta o que denomina de concepções tradicionais de poder: a "hipótese repressiva" ou sua representação "jurídico-discursiva".[35] Essas formas concebem o poder como uma forma de dizer "não" a partir dos aparatos ideológicos do Estado. Essa é a postura do marxismo dominante na universidade francesa nos anos 1970: supõe-se um certo sujeito prévio cuja relação com a verdade e cujas condições econômicas e políticas estão mascaradas e oprimidas pela ideologia dominante. O poder seria, nesta visão, um elemento negativo que impede uma relação plena com a verdade e um sistema econômico e político socialista. A condição para tal estado é a revolução do proletariado, que as classes sociais hoje exploradas "tomem o poder" e invertam as atuais relações de classe dominantes.[36]

Essas análises têm, a partir da ótica foucaultiana, vários problemas. Por um lado, supõem um sujeito originário, idêntico e absoluto como fundamento de sua análise; por outro lado, não percebem como as condições econômicas e políticas não

---

[34] Talvez seja necessário insistir que "o poder não se dá, não se troca nem se retoma, mas se exerce, só existe em ação [...], o poder não é principalmente manutenção e reprodução das relações econômicas, mas acima de tudo uma relação de força. Questão: se o poder se exerce, o que é este exercício, em que consiste, qual é a sua mecânica?" (M. Foucault. "Genealogia e poder". In: *Microfísica do poder*, 1999/1976, p. 175).

[35] Cf. *A vontade de saber*, 1999/1976, p. 19 ss; 100; "Corso del 14 gennaio 1976". In: *DE*, III, p. 175 ss.; "As malhas do poder" (1976). In: *DE*, IV, p. 184-6.

[36] M. Foucault. *A verdade e as formas jurídicas*, 1999/1974, p. 26-7.

são um véu para o sujeito, mas aquilo por meio do que este se constitui; além do mais, colocam alguns sujeitos dentro do poder e outros fora, como se tais dicotomia e exterioridade fossem possíveis; por último, elas não conseguem perceber a força produtiva, afirmativa, do poder.[37]

Ao contrário, para Foucault, o poder não é algo que se toma, algo que se tem ou se conquista, mas algo que se exerce. Com efeito, não existe o Poder por um lado e os indivíduos por outro, mas indivíduos exercendo poderes no que ele chama de a arte do governo. 'Governo' não quer dizer, nesta ótica, aparato estatal, mas o modo como se dirige, em qualquer âmbito, a conduta dos indivíduos. Governar, diz Foucault, é estruturar o possível campo de ação dos outros.[38] De modo que o exercício do poder é um modo como certas ações estruturam o campo de outras possíveis ações.[39] Assim, se afirma o caráter produtivo, não apenas repressivo do poder.

Como se exerce, especificamente, o poder disciplinar? Por meio de uma série de dispositivos (um jogo de elementos heterogêneos e variáveis que abarcam o dito e o não dito: discursos, instituições, organizações arquitetônicas, decisões regulamentares, leis, medidas administrativas, enunciados científicos, proposições filosóficas, morais, filantrópicas, que ocupam, em um momento histórico determinado, uma posição estratégica dominante),[40] que estruturam o que os outros podem fazer com a função principal de "dirigir condutas".

---

[37] *Ibidem*, p. 27 e *A vontade de saber*, 1999/1976, p. 86-87.

[38] "The Subject and the Power", 1983a, p. 221.

[39] *Ibidem*, p. 222.

[40] "Le jeu de M. Foucault" (1977). In: *DE,* III, p. 299-301. G. Deleuze fez uma extraordinária leitura da noção foucaultiana de dispositivo em "¿Qué es un dispositivo?". In: E. Balbier, G. Deleuze et al. (Orgs.). *Michel Foucault, Filósofo.* Barcelona: Gedisa, 1990, p. 155-163. Deleuze interpreta os dispositivos como um conjunto de linhas que traçam diversas dimensões: curvas de visibilidade e curvas de enunciação "máquinas para fazer ver e para fazer falar"),

A infância escolarizada dos modernos (M. Foucault)

Disso se desprende que a função principal do poder disciplinar é normalizadora, isto é, inscreve as possíveis ações em um determinado campo ou espaço a partir de uma normatividade que distingue o permitido e o proibido, o correto e o incorreto, o são e o insano. Trata-se de micropoderes, multidirecionais, heterogêneos. As técnicas principais dos dispositivos disciplinares são "instrumentos simples": a vigilância hierárquica, a sanção normalizadora e o exame.[41]

A vigilância hierárquica funciona como uma máquina indiscreta. Está composta de técnicas que se baseiam no jogo do olhar: técnicas que permitem ver sem ser visto e que induzem efeitos de poder a partir de seu próprio emprego técnico, sem importar o que se vê ou se deixa ver. A arquitetura já não só se ocupa do que será visto a partir de fora ou se vigiará de dentro para fora, mas do que possibilita um controle interno, o que permite tornar visíveis os que estão dentro: o acampamento militar é o modelo das cidades operárias, hospitais, asilos, prisões e casas de educação[42]. Assim o explica Foucault:

> As instituições disciplinares produziram uma maquinaria de controle que funcionou como um microscópio do comportamento; as divisões tênues e analíticas por elas realizadas formaram, em torno dos homens, um aparelho de observação, de registro e de treinamento.[43]

Com o crescimento da economia, a vigilância cresce e se especifica cada vez mais. Torna-se indispensável em todas as instituições. O mesmo acontece nas escolas paroquiais. Alguns

---

linhas de força que penetram as coisas e as palavras ("a dimensão do poder"), linhas de objetivação e linhas de subjetivação ("linhas de fuga" que se subtraem às relações de força estabelecidas como saberes constituídos), p. 155-7.

[41] M. Foucault. *Vigiar e Punir*, 1997/1975, p. 153.

[42] *Ibidem,* p. 154.

[43] *Ibidem,* p. 156.

alunos especialmente selecionados passam a cumprir novas funções: devem observar quem abandona sua cadeira, quem fala e não atende, quem se comporta mal na missa e inúmeras detalhadas atividades não permitidas; só alguns poucos deles cumprem funções pedagógicas, e não de vigilância. Gradualmente, as funções pedagógicas e de vigilância se unem, até alcançar um dispositivo que integra três procedimentos: ensino específico, aquisição de conhecimentos por meio de exercício da atividade pedagógica e uma observação recíproca e hierarquizada.[44]

Por sua parte, a sanção normalizadora reúne cinco traços: 1) castiga-se os detalhes mais insignificantes e coloca-se valor punitivo a elementos técnicos aparentemente neutros: há uma micropenalidade do tempo (atrasos, ausências, interrupções das tarefas), da atividade (falta de atenção, descuido, falta de zelo), da maneira de ser (descortesia, desobediência), dos discursos (conversas, insolência), dos corpos (atitudes "incorretas", gestos impertinentes, sujeira), da sexualidade (falta de pudor, indecência);[45] 2) o que se castiga são os desvios, tudo o que não se submete a uma regra que tem uma referência tanto jurídica quanto natural;[46] 3) os castigos têm uma finalidade corretiva, procuram corrigir os desvios;[47] 4) as sanções são quantificadas e os comportamentos qualificados segundo uma lógica binária (bom/mau, adequado/inadequado, etc.);[48] 5) a sanção se organiza em torno de um sistema de prêmios e castigos.[49] No conjunto desses traços, a sanção normaliza, compara, diferencia, hierarquiza, homogeneíza e exclui.

Por último, o exame é uma técnica que combina a hierarquia que vigia e a sanção que normaliza. Trata-se de uma técnica altamente ritualizada que normaliza qualificando, classificando e

---

[44] *Ibidem*, p. 158.

[45] *Ibidem*, p. 159-160.

[46] *Ibidem*, p. 160.

[47] *Ibidem*, p. 160-1.

[48] *Ibidem*, p. 161-2.

[49] *Ibidem*, p. 162-3.

castigando. Está amplamente estendida: nos hospitais, nos asilos, nas escolas, na contratação de mão de obra.[50]

Nos dois séculos que antecederam a Revolução Francesa, verifica-se, na Europa ocidental, uma transição progressiva na forma predominante com que se expressam os dispositivos disciplinares. Primeiro, se exercem em instituições fechadas, organizadas em torno de funções negativas: deter o mal, interromper as comunicações, suspender o tempo. Depois, surge o panoptismo, sua forma mais sutil e versátil, a vigilância generalizada, onicompreensiva; esta forma despersonaliza e acelera o exercício do poder, o torna mais eficaz, mais penetrante, menos visível.[51] Vê-se mais sem ser visto. A ampliação progressiva do poder disciplinar no corpo social, a consolidação das sociedades disciplinares, durante os séculos XVII e XVIII, permite a passagem gradual de uma forma a outra.[52] Assim, o panoptismo sintetiza, para Foucault, o predomínio e a extensão a todo o corpo social de uma nova "anatomia política", que mostra como se pode desenclausurar o poder disciplinar das instituições de reclusão e estendê-lo, de forma difusa, múltipla e polivalente, atravessando a sociedade "sem lacuna nem interrupção".[53]

Assim, esse deslocamento dos dispositivos disciplinares está acompanhado também de diversos processos mais profundos: 1) Inverte-se a função das disciplinas, de uma função neutralizante, do mal ou de outros perigos, a uma função positiva, produtora; por exemplo, enquanto no século XVII se justifica o desenvolvimento das escolas para evitar os males da ignorância dos pobres que não podiam instruir seus filhos, ao contrário, na segunda metade do século XVIII, se as justifica para fortalecer os corpos, para disponibilizar à criança fazer trabalhos mecânicos, dá-lhes um caráter firme; "as disciplinas funcionam cada

---

[50] *Ibidem,* p. 164-5. Vamos analisar o exame com mais detalhe no próximo item.

[51] Para as cartas originais de J. Bentham e outros comentários, cf. T. T. da Silva (Org.). *O panóptico.* Belo Horizonte: Autêntica, 2000.

[52] *Vigiar e Punir,* 1997/1975, p. 189-190.

[53] *Ibidem,* p. 184.

vez mais como técnicas que fabricam indivíduos úteis".[54] 2) Os mecanismos disciplinares se dispersam, saem da clausura das instituições fechadas; por exemplo, as escolas cristãs não só formam crianças dóceis, mas também vigiam os costumes e o modo de vida de seus pais;[55] 3) Alguns mecanismos de disciplina se estatizam; o exemplo mais claro é a organização de uma polícia centralizada.[56]

O panoptismo mostra a onipresença do poder: está em todas as partes, vem de todas as partes.[57] O poder se exerce sempre a partir de inúmeros pontos, no jogo de relações móveis (nunca fixas), não igualitárias (as forças têm sempre um peso distinto), imanentes (não são exteriores a outro tipo de relação, por exemplo, econômicas, sexuais, epistemológicas), ao mesmo tempo intencionais (supõem fins e objetivos) e não subjetivas (não são o produto de uma opção ou decisão de um indivíduo ou um grupo de indivíduos), e que geram pontos de resistência igualmente móveis e transitórios (sempre que se exerce o poder se exerce também um contrapoder).[58]

A invenção de uma instituição formadora

> Não são apenas os prisioneiros que são tratados como crianças, mas as crianças como prisioneiras. As crianças sofrem uma infantilização que não é delas. Neste sentido, é verdade que as escolas se parecem um pouco com as prisões, as fábricas se parecem muito com as prisões.
>
> M. Foucault[59]

---

[54] *Ibidem*, p. 185-6.

[55] *Ibidem*, p. 186-7.

[56] *Ibidem*, p. 187-9.

[57] *A vontade de saber*, 1999/1976, p. 89.

[58] *Ibidem*, p. 89-92.

[59] M. Foucault, G. Deleuze. Os intelectuais e o poder". In: M. Foucault. *Microfísica do Poder*, 1999/1972, p. 73 (a fala é de G. Deleuze).

Entre as instituições disciplinares, nos interessa especialmente a escola. A intencionalidade formadora da escola tem sido reconhecida de forma crescente: os profissionais de educação afirmam, de forma explícita, que se interessam, sobretudo, pela "formação" de seus visitantes; que a escola se propõe não só, ou não especificamente, transmitir conhecimentos, mas antes que outras coisas, formar pessoas, produzir certos tipos de subjetividades. De forma mais implícita, mas não menos evidente, a escola é a instituição onde, para dizê-lo em palavras foucaultianas, "a disciplina constitui o eixo da formação do indivíduo".[60]

De todas as técnicas do poder disciplinar, o exame é a mais especificamente educacional e escolar.[61] Com efeito, a escola é um "aparelho de exame interrupto que acompanha em todo o seu comprimento a operação do ensino", uma comparação perpétua que permite medir e sancionar.[62] O exame garante a passagem de conhecimentos aos alunos e, ao mesmo tempo, permite tomar deles saberes que cada um reserva para o docente. Suas três características mais importantes são: 1) inverte a economia da visibilidade no exercício tradicional do poder (o examinador se torna invisível e o examinado permanentemente visível); 2) faz entrar a individualidade no campo documental (dissemina um "poder documental": o exame é acompanhado de sistemas de registro, métodos de identificação, sinalização e descrição); 3) faz de cada caso um caso (o caso é o indivíduo tal como se o pode descrever, julgar, medir, comparar com outros e a quem se tem que classificar, excluir, normalizar, etc.).[63] Assim sintetiza Foucault a função do exame:

> Finalmente, o exame se acha no centro dos processos que constituem o indivíduo como efeito e objeto de poder, como efeito e objeto de saber. É ele que, combinando

---

[60] G. Noyola. *Modernidad, disciplina y educación*, 2000, p. 113.

[61] K. Hoskin. *Op. cit.*, p. 35.

[62] M. Foucault. *Vigiar e Punir*, 1997/1975, p. 166.

[63] *Ibidem*, p. 166-171.

vigilância hierárquica e sanção normalizadora, realiza as grandes funções disciplinares de repartição e classificação, de extração máxima das forças e do tempo, de acumulação genética contínua, de composição ótima das aptidões. Portanto, de fabricação da individualidade celular, orgânica, genética e combinatória. Com ele se ritualizam aquelas disciplinas que se pode caracterizar com uma palavra dizendo que são uma modalidade de poder para o qual a diferença individual é pertinente.[64]

Quanto mais anônimo e funcional se torna o poder disciplinar, tanto mais se exerce sobre sujeitos cada vez mais individualizados. Essa individualização e esse isolamento deram-se historicamente de forma pausada e gradativa. Dos instrumentos do poder disciplinar, o exame contribui para a individualização das pessoas de modo firme e como nenhum outro instrumento. Na escola, diz Foucault, a criança está mais individualizada do que o adulto,[65] processo que se consolida a partir de uma profunda alteração em certas instituições sociais. Com efeito, até o século XIII, os colégios são apenas asilos para estudantes pobres, e só a partir do século XV, eles se convertem em instituições de ensino.[66] Sua maior abrangência e sua crescente divisão interna acompanham o crescente sentimento social a respeito da infância.[67] Como consequência, de forma cada vez mais ampla e sofisticada, a educação das crianças já não é mais feita no meio dos adultos, em contato direto com a vida.[68]

Num dos seus últimos textos, Foucault reforçou a ideia de que nas escolas, não apenas as relações de poder, mas também as habilidades para lidar com as coisas e as fontes e mecanismos

---

[64] *Ibidem,* p. 171.

[65] *Idem.*

[66] P. Ariès. *Op. cit.*, 1981/1960, p. 169-171.

[67] *Ibidem,* p. 169-171.

[68] *Ibidem*, p. 11.

A infância escolarizada dos modernos (M. Foucault)

de comunicação constituem sistemas regulados e ajustados.[69] A disposição do espaço, as formas meticulosas de regular a vida interna da instituição, a distribuição de pessoas e funções constituem um bloco compacto de capacidade-comunicação-poder. Nas escolas, os indivíduos não fazem qualquer coisa, em qualquer momento, em qualquer lugar. Os espaços são cuidadosamente delimitados, o tempo é marcado por um cronograma preciso, regular e regulado, os aprendizados são organizadas em etapas, de forma tal a exercitar em cada período, um tipo de habilidade específica. Um conjunto de formas reguladas de comunicação (lições, questionários, ordens, exortações, sinais codificados de obediência) e um conjunto de práticas de poder (clausuramento, vigilância, recompensas e punição, hierarquia piramidal, exame) conformam o campo do que é possível perceber, dizer, julgar, pensar e fazer na instituição escolar. Nas palavras de Foucault:

> Um cada vez melhor processo não vigiado de regulação – cada vez mais econômico e racional – se tem buscado com avidez entre as atividades produtivas, fontes de comunicação e do jogo de relações de poder.[70]

É importante destacar que esses blocos compactos não caem verticalmente, de cima para baixo. Eles são multidirecionais. Não são os professores que "oprimem" os alunos, nem os diretores que submetem os professores, mas todos eles são sujeitados no interior desses maciços conjuntos de capacidade-comunicação-poder. Certamente, nem todos ocupam a mesma posição relativa nessa rede e, portanto, estarão afetados de diversas formas por ela, mas não deve entender-se esse processo em termos de "opressão" ou "tirania" de uns contra outros. A escola sujeita os indivíduos – professores, alunos, diretores, orientadores educacionais, pais, servidores – a esses consistentes

---

[69] M. Foucault. The Subject and the Power, 1983a, p. 218.

[70] *Ibidem,* p. 219.

mecanismos que ao mesmo tempo em que objetivam esses indivíduos (por um jogo de verdade que lhes é imposto,[71] os tomando como objetos silenciosos de modos de investigação que pretendem alcançar o estatuto de ciência, de práticas que dividem, e de formas de vida que se volvem sobre si mesmas), os subjetivam (pelo mesmo jogo de verdade que os faz falar sobre si, conhecer-se e contribuir na produção de uma verdade e uma consciência de si).[72]

De modo tal que o que um sujeito é não está dissociado da experiência de si mesmo que é induzido a ter numa instituição como a escola. Nesse sentido, os mencionados blocos de capacidade-poder-comunicação condicionam, pelo menos, cinco dimensões da experiência de si que é possível se obter numa escola: a) perceptiva (aquilo que é possível perceber de si); b) discursiva (aquilo que é possível dizer de si); c) moral (aquilo que é possível julgar de si, segundo as normas e valores dominantes); d) cognitiva (aquilo que é possível pensar de si); e e) de governo (aquilo que é possível fazer consigo mesmo).[73] O que percebemos, dizemos, julgamos, pensamos e fazemos numa escola está imerso num complexo jogo de práticas discursivas e não discursivas que geram as condições para que tenhamos uma certa experiência

---

[71] Um jogo de verdade é "um conjunto de regras segundo as quais, em relação com certos assuntos, o que um sujeito pode dizer depende da questão do verdadeiro e do falso." (M. Foucault. "Foucault" (1984). In: *DE*, IV, p. 632). A verdade não é algo a descobrir, é um "conjunto de procedimentos regulados pela produção, lei, repartição, circulação e funcionamento dos enunciados". M. Foucault. "Entretien avec Michel Foucault" (1976). In: *DE*, III, p. 159.

[72] "The Subject and the Power", 1983a, p. 208.

[73] Esta conceitualização está inspirada numa semelhante, proposta por J. Larrosa (*Tecnologías del yo y Educación*, 1995, p. 292-323), embora difira parcialmente dela. Aí, distinguem-se cinco dimensões: ótica, discursiva, moral, narrativa e prática. Com a dimensão perceptiva me proponho alargar explicitamente a esfera dos sentidos; concentro as dimensões discursiva e narrativa numa só, designo a dimensão do fazer como de governo para chamar a atenção sobre a autogovernamentabilidade como a forma específica de estruturar o campo da própria ação, e incorporo uma dimensão relativa ao âmbito do pensar sobre si.

de nós mesmos; em outras palavras, para que sejamos aquilo que estamos sendo.

Dessa forma, numa escola se joga muito do que uma criança é. Mas esse jogo (as regras que permitem jogar) não se dá nos saberes que ali se aprendem ou na cidadania que dizem estar-lhe ensinando. O ponto mais energético do jogo está na constituição do próprio modo de ser, na forma que toma a criança no interior de uma série de estratégias reguladas de comunicação e práticas de poder que permitem produzir um certo "eu". Essa forma poderá ter muitos perímetros e diferentes contornos, mas todos eles estarão contidos na forma "criança", que, de alguma maneira, os dispositivos do poder disciplinar disseminam. A formação das crianças na escola moderna procura atingir a todas elas, da mesma maneira, com a mesma forma.[74]

Ser sujeito escolar é jogar um jogo no qual se é jogador e jogado ao mesmo tempo. O jogo da verdade praticado na escola moderna não dá espaço a um sujeito qualquer. O que um indivíduo é e não é, o que ele sabe e não sabe de si, é objeto de intervenções, tendentes à constituição de um tipo específico de subjetividade. Nas escolas, os indivíduos têm experiências de si que modificam sua relação consigo mesmos numa direção precisa. São experiências demarcadas por regras e procedimentos que incitam subjetividades dóceis, disciplinadas, obedientes. A escola moderna não é a hospitaleira da liberdade, embora precise dela para acolher o exercício do poder disciplinar e não a mera submissão do outro.

A invenção de um professor-pastor

A questão é determinar o que deve ser o sujeito, a qual condição ele está submetido, qual estatuto ele deve ter, qual posição

---

[74] Para a concepção de Foucault do sujeito como forma, cf. "L'éthique du souci de soi comme pratique de la liberté" (1984). In: *DE*, IV, p. 718-9.

> ele deve ocupar no real ou no imaginário, para devir sujeito legítimo de tal ou qual tipo de conhecimento; em resumo, se trata de determinar seu modo de "subjetivação".
>
> M. Foucault[75]

Os textos dos anos 1970 de Foucault estão impregnados pela análise do poder. O objetivo principal de *Vigiar e Punir* (1975) é traçar uma genealogia de como se exerce o poder disciplinar em algumas instituições da modernidade. Depois de publicar o primeiro volume da *História da sexualidade* (1976), onde analisa os discursos, poderes e saberes produzidos sobre a sexualidade,[76] Foucault interessou-se de forma muito mais notória pelas implicações de exercício de poder na constituição da subjetividade. Por outro lado, concentrou-se em estudar como foi comparativamente exercido o poder entre os antigos, os medievais e os modernos, em formas tais como o poder pastoral e as recém-mencionadas técnicas de si. Finalmente, enfatizou as relações entre poder, liberdade e ética, procurando conceber outras formas de subjetividade por meio de práticas reflexivas de liberdade.

Num ensaio publicado dois anos antes de sua morte,[77] Foucault chega a dizer que é o sujeito, e não o poder, o tema principal de suas pesquisas. Sugere que o primeiro o levou ao segundo. Estudou a questão do poder porque, para compreender a constituição da subjetividade nas sociedades modernas, era necessário entender as relações de poder nas quais os indivíduos estavam inseridos.[78] Para Foucault o termo "sujeito" tem dois sentidos:

---

[75] M. Foucault. Foucault. In: *DE*, IV, p. 632.

[76] Cf. *A vontade de saber*, 1999/1976, p. 17-18. Nesse contexto, traça uma "analítica do poder" em "Método", *Ibidem*, p. 88-97.

[77] M. Foucault. The Subject and the Power, 1983a, p. 208-226. O texto foi originalmente publicado em 1982.

[78] Nos anos 1970, a história e a teoria econômicas proviam boas ferramentas para a análise das relações de produção, e a Linguística e a Semiótica bons instrumentos para o estudo das relações de significação. No entanto, não

> Há dois sentidos da palavra sujeito: sujeito a algum outro pelo controle e pela dependência; e atado à sua própria identidade pela consciência ou conhecimento de si. Os dois sentidos sugerem uma forma de poder que subjuga e faz sujeito a.[79]

O problema do sujeito como o entende Foucault poderia ser colocado da seguinte forma: como chegamos a ser aquilo que somos? Qual é a anatomia da constituição da subjetividade nas sociedades modernas? Para Foucault essas perguntas têm alguma semelhança com a empreitada kantiana: trata-se de delinear uma ontologia crítica de nós mesmos. Mas, à diferença de Kant, a investigação não busca as condições transcendentais de constituição da subjetividade, mas as condições históricas e genealógicas: procura constatar por meio da emergência de quais mecanismos singulares, no meio de quais jogos de forças, e de quais dispositivos específicos, nalgum momento descontínuo da história, procede aquilo que nos constitui no que somos.[80] Este trabalho genealógico pode exercer-se em três domínios: com relação à verdade que constitui os indivíduos em sujeitos de conhecimento; com relação ao poder pelo qual nos constituímos como sujeitos atuantes sobre outros; com relação à ética por meio da qual nos constituímos

---

existia uma teoria sobre o poder, mais do que aqueles estudos baseados em modelos legais, com uma concepção apenas repressiva do poder. Essas teorias apenas dão conta de um aspecto do poder, aquele segundo o qual o poder é uma força que diz *não*, mas não reconhecem a positividade do poder, a sua capacidade afirmativa, todo o que ele produz. Eis ali a necessidade de uma teoria do poder que auxilie a compreensão de sua produtividade na constituição da subjetividade nas instituições modernas. Como uma forma de subsidiar a compreensão da questão do sujeito (cf. M. Foucault. *Op. cit.*, 1983a, p. 209).

[79] *Ibidem*, p. 212.

[80] "Nietzsche, la généalogie, l'histoire" (1971). In: *DE* II, p. 146-8.

como agentes morais. Em certo sentido essas três linhas delimitam três momentos nos trabalhos de Foucault.[81]

Em seus últimos escritos, Foucault traça a anatomia da constituição da subjetividade nas sociedades modernas a partir de uma análise do exercício do poder pastoral. Antes, notemos que, em grego, pastor se diz *poimén* e, no latim, *pastor*. As duas palavras vêm do mesmo radical temático indo-europeu que tem a forma *pa/po* no grego e pa/*pu* no latim, com o significado básico de 'alimentar' ou 'alimentar-se', às quais estão ligadas palavras como *paîs* em grego e *puer* em latim, as duas com o significados de 'criança'. O pastor é, portanto, quem alimenta, 'aquele que leva de comer'. Compartilha este radical temático *paideía* ('produto do alimento', 'educação'). De modo que, na etimologia, pastor, infância e educação têm uma origem comum.[82]

O poder pastoral é uma velha forma de poder que torna os indivíduos sujeitos, nos dois sentidos antecipados. Esta técnica reconhece raízes em diversas culturas antigas, mas teve um desenvolvimento particular com os hebraicos. Ela não é meramente instrumental, não está isenta de racionalidade; ao contrário, ela é uma forma de racionalidade política, um modo de pensar e exercer as relações de poder. Entre os hebraicos, o poder pastoral tem as seguintes características principais[83]:

1. O pastor exerce seu poder sobre um rebanho mais do que sobre uma terra (diferentemente de outras culturas, como a grega, nos hebraicos, a relação do pastor com seu rebanho é originária e fundamental);

---

[81] M. Foucault. On the Genealogy of Ethics, 1983b, p. 237. Ali Foucault afirma que *O Nascimento da Clínica* e *A ordem do Discurso* se inscrevem na primeira linha, *Vigiar e Punir*, na segunda e *A história da sexualidade* na terceira.

[82] Cf., neste trabalho, "Os traços de um problema", p. 27-34.

[83] Fazemos uma síntese de duas apresentações de M. Foucault: "The Subject and the Power", 1983a, p. 214-5 e "Politics and Reason" (1979). In: *Politics, philosophy, culture. Interviews and other writings 1977-1984*, 1988, p. 61-63.

A infância escolarizada dos modernos (M. Foucault)

2. O pastor agrega, guia e conduz o seu rebanho (o rebanho existe apenas pela presença imediata e a ação direta do pastor; sem pastor não há rebanho);

3. O pastor assegura a salvação num outro mundo de cada um dos membros do rebanho e do rebanho em seu conjunto (o pastor tem um desígnio para seu rebanho e se ocupa de que cada um dos seus membros o alcance);

4. O pastor está disposto a sacrificar-se para salvar o rebanho (tudo o que ele faz, o faz em benefício de seu rebanho; o pastor vela o tempo todo por cada um dos membros do seu rebanho, até quando eles dormem; está todo o tempo atento a cada um deles);

Nesta tecnologia de poder, o cristianismo dos primeiros séculos introduz significativas transformações em, pelo menos, quatro planos[84]:

1. O pastor deve assumir a responsabilidade não só do destino do rebanho e de cada um dos seus membros, mas de todas as ações deles, de todo o bem e o mal que eles são susceptíveis de produzir; o pecado de qualquer membro do rebanho é imputável ao pastor; estabelece-se um vínculo moral entre o pastor e cada um dos atos dos seus protegidos, até nos menores detalhes;

2. A relação entre o pastor e o rebanho é uma relação de dependência absoluta, tanto individual quanto grupal; relação de submissão pessoal na qual a obediência é uma virtude;

3. O pastor necessita, para cuidar do rebanho, conhecer acabadamente cada um dos seus membros: ele precisa saber suas necessidades materiais; o que cada um faz em público, seus pecados; e, por último, não pode cuidar deles sem que eles revelem a verdade sobre eles mesmos, seus mais íntimos segredos; ele deve conhecer o que se passa no interior da alma de cada

---

[84] *Ibidem*, p. 68-71.

um, para o que o cristianismo apropria-se de dois instrumentos essenciais do mundo helênico: o exame e a direção da consciência;

4. Todas as técnicas anteriormente sinalizadas, o exame, a confissão, a direção da consciência e a obediência, têm como objetivo induzir os membros do rebanho à sua "mortificação" no mundo terreno: uma sorte de renúncia constante a este mundo e a si mesmos.

Como produto dessas modificações, essa técnica cristã introduz um estranho jogo que nem os gregos nem os hebraicos tinham imaginado:

> Um estranho jogo, cujos elementos são a vida, a morte, a verdade, a obediência, os indivíduos e a identidade; um jogo que parece não ter relação alguma com aquele da cidade que sobrevive através do sacrifício dos seus cidadãos. Ao conseguir combinar estes dois jogos – o jogo da cidade e do cidadão e o jogo do pastor e do rebanho – naquilo que chamaríamos de Estados Modernos, nossas sociedades se revelaram verdadeiramente demoníacas.[85]

O Estado adapta a tecnologia pastoral às suas necessidades. O faz por meio de toda uma série de práticas refletidas e conscientes de sua singularidade, que estão testemunhadas em diversos corpos doutrinais, entre os quais Foucault privilegia a "Razão do Estado" e a "Teoria da Polícia".[86] O primeiro é o governo de acordo com a potência do Estado e tem como finalidade acrescentar essa potência de forma extensiva e competente. Por sua vez, a polícia não é tanto uma instituição ou mecanismo do Estado quanto uma técnica de governo própria a ele que, além de assegurar o vigor do Estado, assegura e controla as diversas atividades compartilhadas (trabalho, produção, troca, comodidades) pelos indivíduos.

---

[85] *Ibidem*, p. 71.

[86] *Ibidem*, p. 73-4.

Com seus instrumentos e técnicas, o Estado adapta aos seus fins o poder pastoral cristão. Ele mantém o que lhe serve e muda o que não lhe resulta proveitoso. Por exemplo, lhe interessa assegurar a salvação das pessoas, mas não num outro mundo, no céu, senão neste mundo, na terra; esta salvação adota diversos significados, nomes e instrumentos: saúde, bem-estar, segurida, proteção contra acidentes. O Estado mantém a figura dos encarregados de administrar o poder pastoral, mas os administradores se diversificam: passam a ser instituições públicas como a polícia e a escola, instituições privadas como as sociedades filantrópicas e também escolas de ordens religiosas específicas, e corpos mistos como a medicina, que envolve iniciativa privada, como laboratórios e empresas de serviços, e pública, como hospitais e postos de saúde; finalmente, ele desenvolve formas específicas e sofisticadas de conhecer o ser humano em duas dimensões: uma globalizante e quantitativa, relativa à população, e outra analítica, concernente aos indivíduos.[87] Desta forma, na sua apropriação do poder pastoral, o Estado valeu-se de procedimentos totalizadores e, simultaneamente, de técnicas individualizadoras.[88] Por esta via, esta tecnologia de poder especifica-se, em suas instituições, numa série de micropoderes, que são modos peculiares de praticar uma mesma forma de racionalidade política.[89]

Uma das figuras privilegiadas na adoção do poder pastoral pelo Estado Moderno, nas instituições educacionais, é a figura do professor-pastor. Ele assume a responsabilidade pelas ações e o destino de sua turma e de cada um dos seus integrantes. Ele se encarrega de cuidar do bem e do mal que possam acontecer dentro da sala de aula. Ele responde por todos os pecados que

---

[87] M. Foucault. *Op. cit.*, 1983a, p. 215.

[88] M. Foucault. *Op. cit.*, 1983a, p. 213. Foucault desenvolve em detalhe essa afirmação no caso do primeiro projeto da razão de Estado ("Politics and Reason" (1979). In: *Op. cit.*, 1988, p. 74 ss.).

[89] Disse Foucault que depois de Kant um dos papéis da filosofia tem sido o de vigiar os abusos no exercício do poder da racionalidade política (*Ibidem*, p. 58).

possam ser cometidos no "seu" espaço. Embora assuma modalidades leves e participativas, entre o professor e a turma há uma relação de submissão absoluta; sem o professor os alunos não saberiam o que fazer, como aprender, de qual maneira comportar-se; eles não saberiam o que está bem e o que está mal, como julgar a atitude de um colega, a falta de esforço de si mesmos para cumprir uma tarefa. Para cumprir adequadamente a sua missão, o professor necessita conhecer o máximo possível dos alunos; fará diagnósticos de suas emoções, capacidades e inteligências; conversará com seus pais para saber detalhes iluminadores de seu passado e de seu presente; ganhará a confiança de cada aluno para que ele lhe confie seus desejos, angústias e ilusões. Por último, lhe ensinará que sem alguma forma de sacrifício ou renúncia de si e do mundo seria impossível desfrutar de uma vida feliz e de uma sociedade justa.

O professor ocupa, dessa forma, uma posição estratégica na disseminação do poder disciplinar na escola. Mas não se trata de fazer do professor o vilão da história. Ele também é, em muitos sentidos, rebanho dos orientadores, dos conselheiros e dos diretores que, por sua vez, são também rebanho dos administradores, dos supervisores, e dos macrogestores, e assim por diante. Ele também está preso ao controle e à dependência dos outros. Ele está igualmente submetido a uma autoconsciência de que sua posição específica dificilmente lhe permitirá ver e não ter. Na verdade, não se trata de uma história de vilões nem de uma emboscada de alguns indivíduos contra outros indivíduos, senão de dispositivos intencionais, mas não pessoais que sujeitam os diversos participantes da instituição escolar em função da posição relativa que cada um deles ocupa nela.

Importa destacar, outra vez, que esta técnica de exercício do poder não está isenta de racionalidade nem é uma violência meramente instrumental.[90] Mais do que isso, ela pressupõe e

---

[90] *Ibidem,* p. 84.

precisa de indivíduos livres, pois sem liberdade não há exercício do poder, mas estados de dominação, pura determinação física.[91] Para o Foucault do último período, liberdade e poder não se opõem, mas se necessitam, o poder apenas se exerce sobre indivíduos livres e a liberdade sempre se dá no jogo de certas relações de poder. O poder é algo diferente da dominação.[92] Embora existam entre eles algumas semelhanças (igual ao poder, a dominação é algo que se exerce, e também não existe em singular: na sociedade capitalista não há uma dominação global, mas múltiplas dominações), há uma diferença profunda em termos de liberdade. A dominação se exerce num Estado onde as relações de poder estão fixas, assimétricas, e onde não há mais do que uma limitadíssima liberdade.[93] O poder se exerce para determinar a conduta de outro, mas nunca de forma exaustiva ou coercitiva.[94]

O exercício do poder pressupõe a prática da liberdade. Esta liberdade não é exercida por indivíduos soberanos ou autônomos, constituídos previamente, mas por indivíduos que, na trama das relações de poder que os atravessam, podem perceber outras coisas, diferentemente daquelas que estão percebendo; dizer outros discursos, diferentemente daqueles que estão dizendo; julgar de outra forma, diferentemente de como estão julgando; pensar outros pensamentos, diferentemente daqueles que estão pensando; fazer outras práticas diferentemente daquelas que estão fazendo; ser de outra forma, diferentemente de como estão sendo.

Este campo em que as relações de poder e as práticas de liberdade se entrecruzam é também o campo da resistência, da recusa, da liberação, entendida como a construção de práticas cada vez mais reflexivas de liberdade a partir de uma rejeição da

---

[91] M. Foucault. L' éthique du souci de soi comme practice de la liberté (1984). In: *DE*, IV, p. 720-1.

[92] *Ibidem,* p. 709-711.

[93] M. Foucault. Soberania e Disciplina (1976). In: *Microfísica do Poder,* 1999, p. 181.

[94] M. Foucault. Politics and Reason (1979). *Op. cit.,* 1988, p. 83.

individualidade imposta pelo poder pastoral.[95] Eis a tarefa da filosofia: colocar em questão e enfrentar os estados de dominação para ampliar o campo da liberdade.[96] Se as formas de subjetivação dominantes nas escolas são formas de estruturar a liberdade praticada nelas, o trabalho filosófico, político e educacional será uma prática libertadora, não no sentido de restaurar alguma suposta natureza ou identidade perdida, alienada ou mascarada, mas no sentido de liberarmo-nos daquilo que somos para exercer a liberdade de ser de alguma outra forma.[97]

A invenção de uma pedagogia

> A crítica que Foucault formula contra o moral testemunha uma evidente irritação pela confusão do normal e do moral, pela passagem de uma moral da virtude a uma moral da normalidade proposta como progresso. Ridículo do homem atual, que se faz na maior das solidões, como se fosse a última vez, a mais grave das perguntas: sou normal?
>
> M. Morey[98]

Talvez seja hora de voltarmos à infância. O que todos esses conceitos utilizados por Foucault – conceitos tão diversos e complexos como sujeito, saber, poder, verdade, poder

---

[95] M. Foucault. "The Subject and the Power".1983a, p. 216.

[96] "Na sua versão crítica – entendo crítica no sentido largo do termo –, a filosofia é justamente o que coloca em questão todos os fenômenos de dominação a qualquer nível e sob qualquer forma em que se apresentem – política, econômica, sexual, institucional." ("L'éthique du souci de soi comme practice de la liberté" (1984). In: *DE,* IV, p. 729).

[97] *Ibidem,* p. 709-711.

[98] M. Morey. "Sobre el estilo filosófico de Michel Foucault. Una crítica de lo normal." In: E. Balbier, G. Deleuze *et al.* (Orgs.). *Michel Foucault, filósofo.* Barcelona: Gedisa, 1990, p. 121.

disciplinar, poder pastoral, técnicas de si, liberdade, libertação – têm a ver com a infância? Em que sentido as análises de Ariès e Foucault contribuem em nossa busca por um momento originário dos modos presentes de pensar as relações entre filosofia e educação e as atuais tentativas por educar a infância por meio da filosofia?

Ariès afirma que o sentimento de infância que surge ao longo dos séculos XVI, XVII e XVIII se exprime de duas formas diferenciadas. Fala, inclusive, de dois sentimentos: na vida privada da família, ele é caracterizado pela "paparicação", se expressa por meio da distração e da brincadeira, e a criança é vista como divertida e agradável. Fora da família, entre os moralistas do século XVI, a infância nascente é sinônima de imperfeição, leviandade, fragilidade e ela deve ser conhecida, disciplinada e corrigida.[99]

Com a invenção ou a intensificação dos sentimentos em torno da infância, a educação passa a ser, como de certa forma queria Platão, uma questão de Estado. Não se pode deixar a educação das crianças nas mãos do acaso ou da vida privada das famílias. Vimos, com M. Foucault, como a criação da instituição escolar caminha junto a complexos dispositivos disciplinares que gradualmente disseminam sua produtividade por todo o corpo social e como essas funções, que primeiro são expressas de forma corretiva, aos poucos adquirem uma forma produtiva. As instituições disciplinares – entre elas, mas não somente, a escola – desenvolverão estratégias cada vez mais sofisticadas que irão levando sua forma de exercer o poder muito além dos seus próprios muros.

A feminista Sh. Firestone interessou-se especialmente em destacar como esses diferentes processos advindos da invenção da infância afetaram de modo diferente as meninas de todas as classes sociais e os meninos das classes trabalhadoras.[100] Sua tese

---

[99] Ph. Ariès. *Op. cit.*, 1981/1960, p. 162-3.

[100] Sh. Firestone. *The dialectic of sex. The case for feminist revolution,* 1970.

é que, ainda que sofressem por igual o que Firestone chama, em sua terminologia marxista, de a "ideologia da adultez", os efeitos não eram os mesmos. Umas e outros não iam à escola, para ambos não havia brincadeiras e tampouco foram desenhados vestidos ou bailes especiais como foram feitos para os meninos das classes sociais dominantes. Firestone faz notar que, neste caso, o seu papel servil no mundo social podia manter-se sem necessidade de excluí-los do mundo adulto.[101] Firestone mostra também como a dependência e opressão das mulheres e das crianças se entrelaçam e reforçam mutuamente com o incremento da dependência das crianças e dos laços das mulheres à maternidade no marco da família nuclear moderna.[102]

Foucault torna essas análises um pouco mais complexas. Ele mostra algumas outras repercussões da "invenção" da infância durante os séculos XVIII e XIX. As relações entre adultos e crianças reorganizam-se em todas as instituições: na família, nas escolas e nas instâncias de higiene pública.[103] O papel das crianças na família traz novas regras para as relações entre pais e filhos. Não é apenas uma questão de sorrisos e brincadeiras. A família se ocupa como nunca antes em cuidar da saúde dos filhos. As novas leis morais se concentram na higiene, na amamentação direta pelas mães, na vestimenta cuidada e pulcra, em exercícios físicos para um bom desenvolvimento do corpo, e toda uma série de cuidados afetivos que estreitam os laços entre pais e filhos. Surge uma nova conjugalidade que se organiza não tanto para unir dois adultos, senão para servir de matriz a esse futuro adulto de que os pais cuidam como nunca.[104]

---

[101] Como consequência paradóxica, crianças das classes trabalhadoras estavam menos expostas aos novos dispositivos disciplinadores da infância.

[102] Sh. Firestone. *Op. cit.*, 1970, p. 89.

[103] "Non au sexe roi" (1977). In: *Microfísica do Poder*, 1999, p. 232.

[104] Cf. M. Foucault. La politique de la santé au XVIIIe siècle (1976). In: *DE*, III, p. 19-20.

A infância escolarizada dos modernos (M. Foucault)

Fora da família, a situação é ainda mais complexa. Com o advento da psiquiatria no século XIX, a infância será uma figura do patológico, do anormal. As análises de Foucault a respeito de um caso de 1867 mostram que o discurso psiquiátrico para justificar a internação de um acusado de perversão afirma que ele teve uma interrupção no seu desenvolvimento, que nele prima a infantilidade.[105] Os psiquiatras afirmam que ele age e pensa como uma criança. Sua sexualidade, seu comportamento, sua inteligência, sua consistência moral são considerados infantis.[106] Isso justifica a condenação.

Desse modo, a infância é colocada como fonte da patologia. Assim, ela aparece como uma condição para a generalização da psiquiatria: a infância é o filtro para analisar os comportamentos e basta encontrar um vestígio qualquer de infantilidade para que uma conduta seja psiquiatrizável.[107] As consequências dessa infantilização da patologia, diz Foucault, não podem ser menosprezadas: a partir dela serão submetidas de pleno direito à inspeção psiquiátrica todas as condutas das crianças. Desta forma, a psiquiatrização vai permitir a imobilização da vida, da conduta, dos desempenhos em torno da infância.[108]

Na verdade, não seria adequado dizer "dentro" ou "fora" da família, "dentro" ou "fora" da psiquiatria. Os efeitos citados atravessam essas e outras instituições. Um outro movimento em torno da infância ligado aos anteriores é a pedagogização do sexo da criança. Diz-se que o sexo durante a infância

---

[105] Trata-se do caso de Charles Jouy que primeiro teria obrigado uma menina (Sophie Adam) a masturbá-lo no mato em presença de outra menina e, outro dia, quase chegou a estuprá-la ("Aula de 19 de março de 1975". In: *Os anormais*. 2001, p. 372-3). Foucault sugere que também poderiam encontrar-se casos bem anteriores no mesmo século XIX.

[106] "Aula de 19 de março de 1975". In: *Os anormais*, 2001, p. 383.

[107] *Ibidem*, p. 387-8.

[108] *Ibidem*, p. 384.

é natural (quase todas as crianças se entregam a uma atividade sexual) e ao mesmo tempo antinatural (traz perigos físicos e morais). Como consequência, diversas instituições, a família, a medicina, a escola devem combater esse gérmen perigoso.[109]

Por último, naquilo que mais atinge a temática deste trabalho, a invenção da infância – ou a intensificação dos sentimentos em torno dela – na modernidade leva também à invenção da pedagogia moderna. É verdade, muito antes da modernidade existiram crianças, ideias sobre a infância, práticas e saberes pedagógicos em torno dela. Precisamente, no capítulo anterior tentamos demarcar traços dessa ideia e desses saberes em certos *Diálogos* de Platão. Mas o que não existia previamente era a pedagogia como ciência, como moral e como política do conhecimento, como uma série de discursos interessados em estudar e conhecer as crianças, seu corpo, seus desejos, seus brinquedos, seu pensamento, suas capacidades intelectuais, acoplada a uma outra série de práticas discursivas e não discursivas em que esses saberes se entrecruzam com dispositivos de poder e de comunicação tendentes a produzir um tipo específico de criança, uma forma particular de subjetividade infantil.

A pedagogia moderna, como a infância, não surge de um dia para outro e, como sinalizou Narodowski, na modernidade a pedagogia contribui para a construção da infância tanto quanto a infância para a construção da pedagogia.[110] Entre a ideia de infância e os saberes e poderes produzidos ao seu redor há uma

---

[109] *A vontade de saber*, 1999/1976, p. 99. Esta pedagogização do sexo das crianças esteve acompanhada de uma profusão de discursos (cf. *ibidem*, p. 21-36). Assim o diz Foucault em outro texto: "Se vocês prestarem atenção a como as coisas são desdobradas, o que foi escrito, todas as instituições que são desenvolvidas, constatarão que se fala apenas de uma coisa, na pedagogia concreta, real, dos séculos XVIII e XIX: da sexualidade da criança." ("La torture, c'est la raison" (1977). In: *DE*, III, p. 396).

[110] M. Narodowski. *Infancia y Poder. La conformación de la pedagogía moderna*, 1994, p. 24. Nesta obra, o autor faz uma análise detalhada do surgimento da pedagogia moderna, particularmente as ideias de autores como Comenius e La Salle.

relação de mútua imbricação. Se, por um lado, a invenção desta infância é a condição para o surgimento desses saberes e poderes subjetivantes e objetivantes das crianças, o que seja uma criança irá sendo definido na encruzilhada desses saberes disciplinares e poderes pastorais, sendo que a escola é, talvez, o espaço institucional onde esses saberes e poderes se inscrevem de forma mais sistemática, constante e rigorosa no corpo das crianças e seus professores. Como diz Foucault, "a escola torna-se o local de elaboração da pedagogia".[111] Um dos resultados desta elaboração é que, embora possam ser analiticamente diferenciados, a criança já não poderá ser pensada como separada do aluno.

No próximo capítulo analisaremos uma proposta que se inscreve nesta particular junção desenvolvida na modernidade. Nos referimos a um dispositivo complexo denominado *Filosofia para crianças*, criado pelo filósofo norte-americano Matthew Lipman. Levar a filosofia à escola é sua meta.

---

[111] M. Foucault. *Vigiar e Punir*, 1997/1975, p. 166.

CAPÍTULO TERCEIRO

A filosofia educa a infância?
(M. Lipman)

> *Não conceber a filosofia religiosamente.* Abraçar uma filosofia por necessidades religiosas significa compreendê-la mal. Busca-se uma nova fé, uma nova autoridade; mas quem quer fé e autoridade, as encontra mais cômoda e seguramente nas religiões tradicionais.
>
> F. Nietzsche[1]

Nos primeiros capítulos, destacamos dois momentos numa história das ideias filosóficas sobre a infância. No primeiro capítulo, vimos marcas que constituem uma visão platônica da infância. No segundo capítulo, estudamos, junto a Ph. Ariès e M. Foucault, de que forma, na modernidade, se constitui uma série de dispositivos e instituições sociais que fazem da educação da infância uma questão de Estado. Esses dois momentos constituem formas já consolidadas de relacionar-se com a infância, em nossa cultura ocidental.

Neste capítulo analisaremos alguns aspectos teóricos do programa *Filosofia para crianças* (FpC) do filósofo norte-americano

---

[1] F. Nietzsche. Fragmentos póstumos: finais de 1876/verão de 1877. In: *Humano, demasiado humano*. Madrid: Akal, 1996, p. 415. Grifo no original.

Matthew Lipman.[2] Trata-se de uma proposta tipicamente apresentada como de "inovação" pedagógica. Em contextos educacionais em crise permanente, como os nossos, "inovar", trazer o novo, é uma necessidade existencial, e "inovador", um adjetivo sempre elogioso e apetecido. Entre nós, assistimos periodicamente à emergência deste ou daquele salva-vidas, novidades-soluções quase mágicas que irão reverter o deteriorado presente.

Entre nós, essas soluções são geralmente importadas dos grandes centros da Europa e dos Estados Unidos. Nas últimas duas décadas, FpC foi apresentada como uma dessas soluções mágicas. Se as aulas fossem "convertidas numa comunidade de investigação"[3], reza o slogan, a experiência educacional adquiriria outro sentido para alunos e professores. Assim, a pedagogia se reveste de liturgia religiosa: a reforma educacional passa por uma conversão: as aulas deixariam de ser o que são (espaços de transmissão vertical de conhecimentos, dominados pelo individualismo e pela ausência de reflexão, diálogo e sentido) para serem espaços deliberativos, baseados num pensar coletivo logicamente fundado e razoavelmente estabelecido. A prática dialógica da filosofia seria a chave dessa conversão. A seguir questionaremos em que medida FpC é algo novo, diferente do que nela mesma se chama de "educação tradicional".

O locus *da filosofia: a escola infantilizada*

Segundo Lipman, as escolas são centros de preparação para uma vida cidadã. Lipman pensa a escola da mesma forma que o

---

[2] Em outros trabalhos temos exposto *in extenso* os principais elementos teóricos e metodológicos de *Filosofia para crianças*. Dentre outros, cf. W. Kohan. *Filosofia para crianças*, 2000 e Fundamentos para compreender e pensar a tentativa de Matthew Lipman. In: KOHAN, Walter Omar, WUENSCH, Ana Míriam. (Orgs.). *Filosofia para crianças. A tentativa pioneira de Matthew Lipman*. Petrópolis, RJ: Vozes, 1999, p. 84-134.

[3] Para o conceito de comunidade de investigação, cf. A. Sharp, 1991, *passim*.

fazia J. Dewey e o movimento que deu origem ao que, no Brasil, conheceu-se como escolanovismo. Trata-se de uma visão idealizada e iluminista. Lipman parece não perceber o caráter disciplinador da escola, a forma como nela se combinam diversas técnicas e dispositivos já estudados[4] para formar corpos dóceis, subjetividades conformes aos mecanismos de controle que ela contribui para disseminar.[5]

A maneira como Lipman percebe a função do professor ilustra essa percepção. Ele o diz claramente: os professores devem ser modelos para os alunos.[6] Eles devem modelar um participante ideal da "comunidade de investigação", aquele que se compromete e entusiasma com o diálogo filosófico e, a uma só vez, facilita e possibilita o questionamento dos alunos. O professor cuida, sobretudo, do respeito entre os investigadores e da observância das regras e dos procedimentos da investigação, cuida que eles sigam a lógica no seu raciocínio e nos seus juízos. Quanto ao conteúdo do diálogo, ao docente cabe um caráter de árbitro da discussão que quanto menos participa dela, melhor se desempenha. O ideal de professor é quem se dilui no bom funcionamento da comunidade; é aquele do qual um dia os alunos

---

[4] Cf. "A invenção de uma disciplina" e "A invenção de uma instituição formadora", p. 69-81.

[5] Não há, nos textos teóricos de Lipman qualquer análise histórica da instituição, mesmo nos livros em que os títulos sugeririam tal perspectiva. O caso mais claro é *Philosophy Goes to School*, 1988.

[6] Na proposta pedagógica de Lipman, a ideia de "modelo" adquire um papel fundamental: segundo acabamos de ver, Sócrates é um modelo de educador; as instituições sociais se movem em função do modelo da democracia; a comunidade de investigação é um modelo de todas e cada uma das atividades na sala de aula; as *Novelas* são modelos de boas discussões e diálogos entre crianças e entre crianças e adultos; seus personagens são modelos que propagam estilos paradigmáticos de pensar e investigar; os exercícios e planos de discussão dos *Manuais* são modelos para a prática filosófica; o docente na sala de aula deve modelar um investigador [...] e a filosofia é o modelo de investigação para as outras disciplinas. Cf. M. Lipman. *Op. cit.*, 1988, p. 20, 84, 99-100, 104, 147 e M. Lipman, A. M. Sharp, F. Oscanyan. *Philosophy in the classroom*, 1980, p. 15 ss.

podem prescindir porque terão internalizado o modelo que ele explicitava no começo.

Os professores, sem trânsito institucional pela filosofia, recebem, no início de seu trabalho com FpC, cursos de formação intensivos na prática do filosofar e, uma vez em sala de aula, têm a supervisão de filósofos profissionais "experientes" na arte de facilitar a filosofia e no conhecimento de sua história. A tensão não se deixa esconder: um programa que diz superar a filosofia tradicional, que afirma apostar na sensibilidade filosófica como condição primeira da prática docente, acaba solicitando os serviços de uma formação clássica; um programa que diz valorizar o docente acaba submetendo-o duplamente: a uma textualidade já pronta que ele deve aplicar e a uma autoridade externa, a do *expert*, que determinará a qualidade filosófica dessa aplicação.

Em FpC, estão os filósofos e os professores. Uns e outros. Os *experts* e os profanos. De um lado, os criadores, formadores e supervisores. De outro, os formados, supervisionados, aplicadores. O esquema parece um velho conhecido da pedagogia. As pegadas são tradicionais: necessidade de *experts*, falta de valorização real do professor, consolidação de sua exterioridade perante a filosofia e os próprios fins de sua prática escolarizada. Curioso "diálogo" democrático. Que resposta virá senão a aplicação técnica de ferramentas ideadas e criadas por outro? Como perguntar, de verdade, as perguntas de outro? Como assumir uma postura filosófica nessas condições? Como não uniformizar as perguntas emergentes? Como não incomodar e incomodar-se com a emergência do novo?

A esse respeito, FpC se diferencia pouco de outras estratégias das políticas educacionais oficiais que bombardeiam os professores com constantes "reciclagens" de cursos e materiais didáticos "novidadosos" que transformarão a prática educativa. Em ambos os casos, o professor não tem peso algum em decisões políticas, filosóficas e metodológicas fundamentais para sua própria prática. As diferenças são sutis e, em algum sentido,

A filosofia educa a infância? (M. Lipman)

desfavoráveis frente a outros dispositivos: o meio, a filosofia, parece mais "nobre", mas também mais abstrato, complexo e alheio que outras tecnologias; os recursos didáticos de FpC são menos atraentes, vistosos e multimidiáticos.

Em FpC, o bom professor é um pastor filosófico, alguém que mede seu bem em função do bem de seu rebanho. Se bem-formado no programa, ele "sacrifica" seu interesse filosófico em função do interesse dos alunos. Sua função é a de cuidar do desenvolvimento moral e intelectual de todos e cada um dos membros do seu grupo. Para seu melhor desempenho, ele se tornará invisível, irreconhecível. Será participativo e dialógico até o ponto de permitir que seus alunos façam as regras de conduta que eles mesmos controlarão. Sua maior conquista será tornar-se desnecessário.

Assim, pelo menos sob a forma de FpC, a filosofia parece cumprir uma função disciplinar na escola. Ela está a serviço dos valores de ordem: democracia, tolerância, razoabilidade. Mais ainda, a sua presença consumaria e aperfeiçoaria o exercício de tal poder disciplinar, na medida em que lhe outorgaria um elemento que lhe era ausente: o desenvolvimento do pensar e do julgar dos novos cidadãos. Assim, ele se tornou mais eficaz e imperceptível: passou de externo e imposto a ser interno, desejado e consensual. O que antes poderia ser visto como imposição autoritária agora é consenso democrático.

Talvez seja necessário "atualizar" a dominância social do poder disciplinar. Algumas coisas mudaram nas sociedades capitalistas desde os trabalhos de Foucault nos anos 1970 e 1980. Elas apresentam outras marcas que acentuam e diversificam suas estratégias constitutivas de subjetividade. Nas comunicações, a internet, o celular, os *reality shows*, virtualizam o espaço da comunicação pessoal. No mundo da produção, as montadoras e empresas de serviços substituem as fábricas. O mercado regula tudo com nitidez crescente. Seu inimigo já não é mais o comunismo mas, o terror, o novo "outro" a exterminar. As diferenças são nítidas: o inimigo já não pode ser mais assimilado a um estado, a uma terra, a uma nacionalidade. A luta contra o terror não reconhece fronteiras.

Em educação assiste-se também a uma reconfiguração do papel do Estado. Ele transfere ao mercado atribuições de gerador e gestor das políticas educacionais e se concentra em funções dominantemente avaliativas e de contenção social. Por meio de diferentes dispositivos examinadores, hierarquiza, divide, premia, castiga, fomenta a competitividade entre as diferentes instituições educativas que, públicas ou privadas, são tratadas segundo a mesma lógica empresarial. Mas o Estado educacional não é só avaliador. Por meio de programas ditos "sociais" (bolsa escola, alfabetização solidária, merenda escolar) faz da política educacional também espaço de assistência e contenção ante o "perigo" que prenuncia o aumento da exclusão e das diferenças sociais.

Assim, os centros de clausura modernos – entre eles a escola – se encontram numa crise generalizada e as constantes reformas às quais são submetidos não fazem mais do que prolongar sua agonia: em educação, trata-se mais do que de uma reforma, de uma liquidação.[7] O Estado quer se livrar – via descentralização, municipalização, etc. – de qualquer função gestora. A liquidação tende a um regime de maior controle. O controle é contínuo, a comunicação instantânea (Internet, TV Escola, Informatização das Escolas de Ensino Médio) em espaços fisicamente menos diferenciados, mais abertos (Educação à distância, Programas de Formação de Professores em Serviço). Passa-se de uma formação por segmentos (primária, secundária, terciária) a uma formação contínua, permanente, inacabada.[8]

Neste contexto, uma filosofia como a proposta por Lipman, que se propõe constituir-se em disciplina do pensar, em guardiã da lógica, do juízo e da competência, dificilmente conseguirá ser mais do que um novo instrumento de controle social. Ela não

---

[7] G. Deleuze. *Conversações*, 2000/1972-1990, p. 215-8.

[8] *Ibidem,* p. 220-4.

parece em condições de pôr em questão o espaço que habita no pensamento e na sociedade. Ao contrário, ela parece contribuir para consolidar um regime que, mais frequente do que seria de se esperar, a recebe com complacência.[9]

Pensamos, ao contrário, que um dos sentidos principais de se praticar a filosofia na escola é colocar em questão a própria instituição escolar e os dispositivos de subjetivação que ela afirma. Se a filosofia se propõe ser um pensar transformador – das formas de pensamento e subjetividade dominantes –, não poderá ocupar esse espaço sem questionar as práticas que contribuem para que se pense da forma como se pensa e para que se seja aquilo que se é. Parece ser essa uma condição para que a filosofia contribua para conformar qualquer espaço de resistência à lógica e à política de pensamento e de subjetividade dominantes no espaço escolar.

Uma tal filosofia abrirá lugar à indisciplina do pensar, a um pensamento que afirme o valor de interrogar o que a escola parece não querer interrogar, que coloque como problema os modos inter/trans/pluri/disciplinares, que pense e afirme formas de exercer o poder menos hierárquicas, autoritárias e discriminadoras que as imperantes, que dê espaço a subjetividades mais livres, imprevisíveis, menos controladas. Estas não parecem questões priorizadas pela filosofia de FpC.

Vamos analisar a concepção de filosofia afirmada em FpC. Num primeiro momento, problematizaremos o papel que Lipman outorga ao perguntar na investigação filosófica.

---

[9] Quando suficientemente "explicada", FpC tem sido bem-vinda nos diversos países da América Latina e da Europa do Leste que levam adiante reformas educativas politicamente afins. Na Argentina, inclusive, o programa FpC chegou a ser recomendado para o trabalho com os temas transversais no ensino fundamental, na última Lei Federal de Educação. Em vários países do Leste europeu, o programa tem o apoio da Fundação Soros, com a anuência dos respectivos Ministérios de Educação. Segundo Lipman, esse apoio é uma chave para a expansão do programa (cf. M. Lipman. An interview with Matthew Lipman, 1999a, p. 161).

Depois, consideraremos a forma como responde à pergunta "o que significa pensar?".

Os limites de um perguntar [10]

Qual o sentido do perguntar em filosofia? Talvez como em nenhum outro saber, as perguntas filosóficas têm o sentido de um perguntar-se, de colocar a própria subjetividade em questão. O seu sentido principal não é encontrar algum saber "externo" ao sujeito da pergunta. Tal sentido se desdobra na pergunta, num compromisso vital com a interrogação que a pergunta coloca, no próprio movimento do pensar que ela provoca. Por isso, em filosofia é impossível perguntar no lugar do outro, fazer perguntas pelo outro. Precisaríamos para isso ser esse outro. Quando se repete a pergunta do outro sem encarná-la, em sentido estrito não se está perguntando nada, muito menos se está perguntando alguma coisa. Apenas se reproduz uma inquietude alheia.

Assim sendo, se queremos propiciar a experiência da filosofia à escola, é preciso que crianças e professores perguntem e se perguntem. Que eles tracem seus problemas, inventem seus sentidos e sigam uma linha problematizadora. Se eles não se colocam em questão, se o seu perguntar não se origina na sua própria inquietação, nos signos que lhes são significativos; se ele não se prolonga no seu próprio pensar, então estarão apenas mimetizando uma interrogação externa. Não basta dizer que as "suas" perguntas serão o ponto de partida do diálogo filosófico. Há que se gerar condições para que essas perguntas não somente reproduzam as nossas perguntas ou, ainda, "as" perguntas "da" filosofia. Para que essas perguntas tenham uma relação mais próxima ao que eles podem ser.

---

[10] Temos apresentado alguns dos questionamentos a seguir em "Some Questions to/within Philosophy for Chidren". *Ethik und Sozialwissenschaften*. v. 12, n. 4, 2001, p. 443-446. Lipman respondeu estes questionamentos nesse mesmo número, em "Responses to My Critics", p. 473-4.

Lipman reconhece a importância do perguntar como "a borda principal da investigação filosófica: ela abre a porta para o diálogo, para a autocrítica e para a autocorreção", na medida em que é um "institucionalizar e legitimar a dúvida".[11] Mas esse perguntar se inscreve na metodologia do "resolver problemas", calcado no paradigma deweyano de investigação científica.[12] Assim, a investigação leva a que uma situação problematizada deixe de ser tal. Sob essa fachada investigativa se obturam os modos e sentidos transformadores da filosofia.

Não se trata do sabido jargão de que em filosofia somente contam as perguntas ou de que não exista qualquer pretensão de responder a essas perguntas. A relação da filosofia com os saberes é complexa: ela se nutre deles, os valoriza, se apoia neles, mas não procura aumentá-los, enriquecê-los enquanto saberes de soluções aos problemas que ela mesma coloca. Que o saber filosófico tem forma de pergunta significa que coloca em questão os saberes socialmente afirmados em outros campos – como a política, a arte, a religião, a ciência –, indagando seus pressupostos, suas condições de possibilidade, a legitimidade da verdade que eles afirmam e disseminam. Os problemas em filosofia são insolúveis, não porque não tenham solução, mas porque a sua intensidade excede sempre a de qualquer solução que seja oferecida. Aquela intensidade não incomoda a filosofia. Ao contrário.

A intensidade do problematizar filosófico está ligada ao próprio *páthos* que o impulsiona. Com efeito, o perguntar filosófico alimenta-se de uma insatisfação inspirada, sobretudo, em duas fontes: num estado de coisas que, qualquer que seja, exige ser problematizado pelo seu caráter de estado, instituído, estabelecido, e na

---

[11] M. Lipman. Philosophy for Children. Some Assumptions and Implications, 2002, § 29.

[12] Essa metodologia se baseia no paradigma oferecido por Dewey em *Como pensamos?*, e Lipman a desenvolve em doze passos. Afirma que "aceitar este paradigma é, em boa medida, equivalente a aceitar um pressuposto de filosofia para crianças". Cf. M. Lipman. *Op. cit.*, 2002, § 42.

própria lógica do pensar que, quando é filosófico, não se acalma ante a incessante busca de sentido que os problemas impulsionam. A filosofia não unifica, não totaliza, não sistematiza.

O problematizar filosófico é histórico, como a subjetividade que o gera e acolhe. Os problemas filosóficos também o são. Eles mudam constantemente e a filosofia não pode ser localizada num corpo abstrato de ideias "complexas", "genéricas", "importantes mas mal-formadas", como sugere Lipman. Até podemos usar as mesmas palavras em diversas épocas, palavras como, por exemplo, verdade, liberdade, justiça. Mas isso pouco significa, na medida em que seu significado e seu sentido variam substantivamente em cada contexto.

De modo que vale perguntar-se em qual medida a história da filosofia reconstruída *à la* Lipman – por conceitos e problemas considerados abstratos, atemporais e gerais – é uma forma interessante de apresentar a filosofia às crianças. Em outras palavras, que relação com os conceitos e problemas propicia tal reconstrução? Que compreensão da história dos problemas filosóficos pressupõe? Qual a sua potencialidade problematizadora?

Lipman considera que os conceitos filosóficos são comuns, centrais e controversos e que há "ideias principais" predeterminadas com a função de guiar a deliberação "democrática" de alunos e professores. Esta lógica atenta contra o desdobrar-se do perguntar filosófico. Lipman já sabe de antemão os problemas da filosofia, suas perguntas, em suma, o que é e o que não é filosófico. Mas o que determina se um problema é ou não filosófico depende sempre de um marco doador de sentido ao problema, marco no qual a subjetividade que traça o problema desempenha um papel principal. Sem ela, o problema se esvazia de sentido e não se pode determinar a presença ou a ausência de qualquer sentido filosófico. Esta lógica fere decisivamente a dimensão aberta, intransferível, de toda experiência de interrogação. O perguntar se apresenta externo aos seus praticantes, como se fosse formular, consagrado, desencarnado.

A imagem de um pensar

Qual é a concepção do pensar que sustenta a filosofia de Lipman?[13] Há pelo menos três questões polêmicas: primeiro, define o pensar como uma habilidade; segundo, estabelece hierarquias no pensar (pensar de ordem superior, pensar ordinário, etc.); terceiro, moraliza o pensar (bom pensar).[14]

Lipman considera o pensar um conjunto de habilidades (*skills*) de diversos tipos.[15] Não desconheço que haja uma dimensão do pensar que tenha a ver com a técnica, a habilidade, a mecânica. Mas não é essa dimensão que sustenta o pensar como experiência de filosofia. A experiência é algo do qual se sai transformado, algo que não pode ser transferido ou universalizado. É sempre "experiência de" uma subjetividade. Colocando na base do pensar seu caráter assubjetivo, o que ele tem de transferível e

---

[13] No próximo capítulo, desenvolveremos em detalhes o que significa pensar. Cf. "Infância de um pensar", p. 207 ss. Até lá, nos propomos, neste espaço, problematizar a concepção do pensar que FpC pressupõe.

[14] A partir das categorias que serão apresentadas em "A imagem dogmática do pensamento", p. 218, poderia ser desenvolvida uma crítica mais extensa do modo como Lipman responde à pergunta "o que significa pensar?". Seria interessante estudar em que medida Lipman é mais um exemplo de alguém que pressupõe uma imagem dogmática do pensamento na sua própria filosofia e no programa por ele apresentado. Não podemos desenvolver aqui este projeto embora demarquemos as linhas principais dessa possibilidade.

[15] Para Lipman, o pensar é um processo natural, algo que todos fazemos e, ao mesmo tempo, um processo densamente estruturado e textualizado. Como tal, é uma habilidade (*skill*) que pode ser aperfeiçoada: há formas mais e menos eficientes de pensar. Considerando serem as regras da lógica (formal e informal) critérios que permitem fazer essa distinção, para Lipman o problema pedagógico substantivo é ensinar-lhes esses princípios para fazer com que as crianças pensem *bem* (M. Lipman, A. M. Sharp, F. Oscanyan. *Op. cit.,* 1980, p. 14-15; 25).

generalizável, assegura-se sua reprodução, sua circulação, sua abrangência. Mas se perde justamente o que o pensar tem de transformador da subjetividade, o que ele tem de imprevisto e impensado, o que nele abre espaço à criação.

A filosofia é um conceito filosófico, controverso, múltiplo. Não pretendemos fechá-lo, mas apenas situar-nos no plano de suas condições de possibilidade, pelo menos daquelas que permitam desdobrar suas potencialidades transformadoras. Entendemos a prática da filosofia como uma experiência intersubjetiva do pensar. A experiência, não a técnica, está na base de um tal pensar. Quando se procura reproduzir ou generalizar uma experiência, ela se torna experimento, espelho do mesmo. Ao contrário, a filosofia, como experiência, não pode normalizar-se, uniformizar-se, estandardizar-se. Ninguém pode fazer experiências por outro, ninguém pode pensar por outro, ninguém pode filosofar por outro. Desta forma, conceber a filosofia como conjunto de habilidades cognitivas, como grupo de ferramentas de pensamento, é obturar sua dimensão de experiência, de acontecimento, em detrimento do que nela há de mecânico e técnico.

Esta concepção técnica de Lipman estabelece hierarquias no pensar. Há um pensar de ordem superior que a prática da filosofia na escola permitirá atingir. Há um pensar coloquial, ordinário, de baixa ordem, do qual há que se livrar. Esta concepção leva consigo implicações políticas de duvidoso atrativo para o filosofar. Instaura a desigualdade na base do pensar. A pressupõe sem pensá-la.[16] Este pressuposto se explica de duas formas. Primeiro, o que diferencia um e outro pensar, o que os hierarquiza e sustenta a sua valorização é uma questão de forma: segue o pensar os critérios que definem a criticidade, a criatividade e o cuidado? Há aqui um compromisso formal que a filosofia praticada com crianças

---

[16] Retomaremos esta discussão a propósito do princípio que para J. Rancière funda toda a educação: a igualdade das inteligências. Cf. "A igualdade como princípio", p. 197 ss.

pressupõe. Segundo, o que diferencia esses pensares é também a afirmação de uma normativa ontológica, estética, ética, política, definida em cada uma dessas três instâncias: é autotranscendente? É restaurador? É empático? É distributivo? Há aqui compromissos valorativos substantivos que a filosofia pressuporia.

Há, por fim, uma estratégia discutível para enfrentar esta analítica do pensar. Parte-se da desigualdade e a filosofia trabalha a favor dessa desigualdade, a acentua. As crianças que pratiquem filosofia desenvolverão um pensar cada vez mais refinado, superior, excelente, se afirma. Coitadas das que não tenham acesso a ela! Terão, por contraposição, um pensar cada vez mais ordinário, vulgar, endêmico. A filosofia e os filósofos constituem algo assim como uma aristocracia do pensamento. Lipman está mais próximo de Platão do que seus ideais democráticos desejariam.

Por fim, a moral é a garantia da probidade e da legitimidade do pensar filosófico *à la* Lipman: ele não só é um pensar crítico, criativo e cuidadoso, não apenas um pensar de ordem superior. Ele é também um bom pensar. É a imagem moral como sustento da prática da filosofia. É a prisão do pensar filosófico na moral que funda esse bem: a moral da lógica, da democracia, do consenso. Contra esses fundamentos infundados se bate o pensar; eles são seu limite, o que nele há de não pensado. Violência da moral contra a filosofia: a lógica, a democracia, o consenso, quaisquer que sejam os nomes do bem, são para o pensar filosófico problemas, não princípios ou objetivos. Quando se colocam como bases inquestionáveis ou fins a serem alcançados para o pensar, muito longe de facilitá-lo, assinam sua condenação, afirmam sua negação.

A infância educada

É bem conhecida a ligação que H. Arendt fez entre educação e nascimento: há educação porque nascem seres humanos

---

[17] H. Arendt. The Crises of Education, 1961, p. 176.

novos num mundo velho.[17] O nascimento é a irrupção do novo: mundo e visitante são mutuamente estranhos; não há continuidade entre eles, mas ruptura. Cada nascimento é um início, um novo começo, um ser independente que se atualiza em cada ação e em cada palavra.[18] A educação, então, é uma reação à experiência do nascimento, a resposta dos velhos aos novos, a reação perante a irrupção inesperada e imprevisível de outro ser;[19] chega alguém novo num mundo que também vira novo a partir desta presença. Assim, a educação se deriva da pluralidade. Há educação porque nasce outro ser e temos que responder de alguma forma a esse nascimento.

Como reage FpC perante a experiência do nascimento? Para que educa? Parece-nos que, como o legislador platônico, Lipman não está suficientemente atento à novidade dos novos. Sabe para que educar: para reformar as instituições numa certa direção, para formar cidadãos democráticos, tolerantes, pluralistas. Segue assim uma tradição muito antiga na forma de pensar os sentidos educacionais do ensino de filosofia: os alcances, objetivos e fins éticos e políticos que esse ensino buscará alcançar são pouco sensíveis a essa novidade, estão determinados independentemente dela.

Desta forma, FpC não seria mais do que uma estratégia muito sofisticada, *aggiornada*, politicamente aceitável em nossos dias, de uma linha pedagógica semelhante àquela que hoje parece tão brutal em *A República*. Entre uns e outros há ruptura em vários sentidos, mas também continuidade: dá-se o mesmo tratamento à novidade, à diferença, aos sem voz. Em um e outro caso, a educação, como recepção da alteridade, como acontecimento, é legislada por uma normatividade alheia que procura a instauração total do mesmo, seja uma aristocracia de filósofos guardiões ou uma democracia de cidadãos tolerantes.

---

[18] J. Masschelein. L'education comme action. A propos de la pluralité et de la naissance, 1990, p. 768.

[19] *Ibidem*, p. 769.

Com todas as suas diferenças, a concepção de Lipman da infância tem pelo menos dois pontos em comum muito fortes com a de Platão: a fase inicial da vida é, em ambos os casos a possibilidade de um vir a ser, é a potência do que será no futuro: as crianças são potencialmente razoáveis, democráticas, ajuizadas, tolerantes. Mas também são potencialmente seus contrários. A pura potência da infância pode se expandir em dimensões antagônicas. Ela carece de uma marca específica, afirmativa. É isso que vai justificar a segunda marca. Em função dessa potencialidade quase ilimitada, a infância é o material dos sonhos políticos que uma educação bem-entendida saberá produzir. Por isso é tão importante para Lipman levar a filosofia às escolas. Para construir, por meio da formação das crianças, seus sonhos mais bonitos de um mundo melhor, formando, por meio de bons pensadores, uma sociedade democrática.

O que faz com que uma educação seja transformadora? Correntemente, aquelas práticas que se propõem alcançar um outro estado de coisas frente à ordem dominante são consideradas como progressistas e aquelas que pretendem manter a ordem vigente costumam ser observadas como conservadoras. As duas possibilidades são vistas como enfrentadas, antinômicas, antagônicas. Porém, as duas afirmam uma mesma postura perante a novidade dos novos: exterioridade, desatenção, indiferença. De uma forma geral, essas propostas já sabem por que conservar ou transformar o mundo com independência do saber dos novos, sem dar qualquer espaço a uma novidade que pode ameaçar esse saber, sem ouvir o que eles podem ter a dizer sobre o mundo presente e o mundo por vir. A possibilidade de uma novidade radical, do novo que pode não se fundar nas mesmas bases, é assim percebida como ameaça.

Consideramos que é justamente nessa postura perante a novidade dos novos que se afirmam os alcances conservadores ou transformadores de uma pretensão educativa. Ao nosso ver, o dilema que marca o sentido político de ensino de filosofia não está dado tanto pelo pretender transformar ou não transformar o mundo, mas pelo espaço que se dá ao novo e aos novos, ao desconhecido e imprevisto na educação de si próprio e dos outros. Uma educação aberta aos novos, aquela que não pretende mitigar nem cooptar sua novidade, já é transformadora pela afirmação da novidade que abriga. No entanto, uma educação que captura os novos – inclusive em projetos filosófico-políticos muito sedutores como FpC – já é conservadora na medida em que afirma para os novos uma ordem dos velhos, dos que já estão no mundo.

Assim, não se trata tanto de conservar ou de transformar o mundo, mas de acolher, ou não, a novidade dos novos; perceber, ou não, sua alteridade; propiciar, ou não, essa pluralidade; dar espaço, ou não, à sua diversidade. Em última instância, uma educação transformadora é aquela que transforma o que pensamos, o que somos, o que fazemos numa relação aberta com a novidade dos novos.

Como FpC acolhe os novos? Com as melhores intenções. Como diz Lipman: "estas são nossas crianças e nós só queremos que lhes sucedam coisas boas", queremos que elas sejam "boas pessoas".[20] Se a filosofia não levasse as crianças a ser pessoas democratas ou se elas pudessem chegar a ser assim formadas de outra maneira, não haveria necessidade da filosofia na escola. O ensino de filosofia se inscreve numa lógica de educação formadora segundo uma ética e uma política anteriores, basilares, fundantes. A filosofia serve ao sonho democrático de Lipman.

É esse também o sonho das crianças? Como sabê-lo se foi previamente determinado que o seria? Os pilares tradicionais continuam firmes: os fins da educação são definidos por uma lógica ética e política, externa e prévia àqueles envolvidos no processo educacional. A educação é pensada como a linha que

---

[20] M. Lipman. Philosophy for Children. Some Assumptions and Implications, 2002, § 36.3.

levará do que é àquilo que o legislador, o filósofo, pensa que deva ser. A filosofia se defronta com um muro advindo de uma lógica não filosófica que não pode ser derrubado.

Perante esta lógica, não afirmamos a ausência de ética e política na filosofia escolar. A filosofia e a educação são práticas éticas e políticas. O que marca as possibilidades transformadoras de uma e outra é justamente o espaço que ocupam esses compromissos éticos e políticos. Situados em terras filosóficas, eles se abrem ao que ainda não podemos pensar. Eles estão dispostos a serem pensados e construídos. Eles destacam o potencial ético e político do questionar filosófico, um perguntar irrestrito que afirma a impossibilidade de continuar a ser o que se é.

Se o poder ético e político dessacralisante da filosofia foi importante em diversos momentos – como o mostram filósofos tão diversos quanto Sócrates, Nietzsche e Foucault –, ele parece muito mais importante nestes dias em que os valores da democracia representativa e do "livre" mercado impõem-se por meio dos diversos estratos sociais, de maneira insensível às diferenças culturais, e reforçam a exclusão e as iniquidades dominantes. Esses valores não parecem ameaçados por FpC. Ao contrário.

PARTE II

A INFÂNCIA
EDUCA A FILOSOFIA

> Se a liberdade de não ser adulto consistisse justamente em não estar dependente da lei, do princípio, do lugar comum – afinal de contas tão entediante – da sexualidade? Se fosse possível estabelecer relações às coisas, às pessoas, aos corpos – relações polimorfas – não seria isto a infância?
>
> M. Foucault[1]

Estamos acostumados a associar infância à primeira idade. Isso é particularmente frequente em educação. As ciências humanas centradas nas primeiras etapas da vida humana têm muito a ver com esse hábito. Pensamos a vida humana atravessando estágios, etapas, fases de desenvolvimento. Aparecemos ante nós mesmos como seres de ascensão. A infância seria o primeiro degrau.

Nos três primeiros capítulos da primeira parte, pressupusemos, na análise, esta mesma imagem da infância. Isso fazem Platão e Lipman, ao traçar seus projetos político-pedagógicos. Isso fazem também Ariès e Foucault em suas leituras críticas da modernidade. Também o fizemos em nossa análise. Na primeira parte deste livro, a infância esteve ligada a uma temporalidade linear e contínua do humano; é a temporalidade de um primeiro ciclo, dentro de uma linha que recorre à vida humana, ao tom

---

[1] M. Foucault. Não ao sexo rei. In: *Microfísica do Poder*, 1999, p. 235.

ditado por um passado, um presente e um futuro. Essa visão da infância a associa a um vir a ser adulto. Nesse vir a ser, encontra sentido a intervenção pedagógica ou a crítica historiográfica. As crianças são potenciais guardiãs da *pólis*, futuros habitantes da sociedade ilustrada, madura, desenvolvida, sementes de democratas que uma "boa educação" ajudará a germinar ou uma crítica mordaz ajudará a denunciar.

Nesta segunda parte, afirmaremos uma outra imagem da infância. Não associaremos infância a crianças. Não atenderemos a idades. Não pressuporemos uma temporalidade linear. Não nos preocuparemos com o que a infância pode ser, mas com o que ela é. Asseveraremos a infância como símbolo da afirmação, figura do novo, espaço de liberdade. A infância será uma metáfora da criação no pensamento; uma imagem de ruptura, de descontinuidade, de quebra do normal e do estabelecido. A infância que educa a filosofia será, então, a instauração da possibilidade de um novo pensar filosófico nascido na própria filosofia.

No epílogo, fundamentaremos esta imagem. A conceituaremos. Antes, nestes capítulos, vamos exemplificá-la em dois momentos da história da filosofia. Um deles coincide com o momento inaugural da filosofia, o seu início temporal. Nesse início, nos ocuparemos de duas figuras: Heráclito e Sócrates. Buscaremos uma infância dos seus pensares. O que eles têm de novo, de afirmativo, de emancipatório para as imagens já gastas de si mesmos e da filosofia. Destacaremos alguns gestos dos seus pensares, como aqueles que irrompem no próprio pensamento para que este já não possa pensar da mesma forma, com os mesmos pressupostos.

No primeiro capítulo, Heráclito simbolizará a novidade de um tempo que não é o tempo do desenvolvimento, da continuidade e do início, meio e fim, mas uma temporalidade da irrupção, do instante, do sempre presente; e ilustrará, também, um gesto do pensamento que afirma uma lógica que não é a lógica clássica de Ocidente, aquela dos princípios de identidade, terceiro excluído e não contradição, mas uma lógica que pensa o ilógico, o impensável, o que não se pode ou não se deve pensar.

No segundo capítulo, Sócrates simbolizará a novidade de um enigma, um personagem conceitual que permite uma certa revelia com os modos de pensar, valorar e viver instituídos entre seus concidadãos. É o gesto político inaugural da filosofia e também o gesto afirmativo da pergunta como potência do pensar. Por fim, é a metáfora de uma possibilidade de a filosofia se tornar uma pedagogia e uma política não totalizadoras nem totalitárias.

Finalmente, nos dois capítulos seguintes, pensaremos uma infância da filosofia com dois filósofos contemporâneos, J. Rancière e G. Deleuze. Com o primeiro, respiraremos um certo ar refrescante para nossas formas consolidadas de pensar e praticar o ensinar e o aprender, a nossa tarefa. Será também tempo de colocar em questão o valor da explicação no ensinar. Tempo de pensar a infância da educação que, na aposta de Rancière, é também a infância da igualdade como princípio político irrenunciável de toda prática educacional. Neste capítulo, há um episódio sobre Sócrates, imagem que Rancière utiliza como contraponto para delinear sua figura de mestre. Estabelecemos ali alguns contrastes com o Sócrates que apresentamos no capítulo anterior, com a única pretensão de tornar um pouco mais complexa essa imagem.

Com Deleuze, um gesto: a crítica radical do próprio pensar e da própria filosofia, a velocidade de um pensamento que não se deixa deter em qualquer ponto fixo. A tentativa por fazer do pensamento uma política da insatisfação, do não conformismo, da permanente criação como figura constituinte da filosofia. A infância instalada no centro do pensar, da atividade filosófica. Pensar sempre de novo, a cada vez.

Nesta parte, invertemos a relação com a infância. Ela não é alvo da educação, mas sua impulsora. A infância educa, em primeiro lugar, a filosofia. A convida a se pensar. Introduz-se no seu pensar. Afirma-se a si mesma nesse pensar, para interromper seus pontos fixos, seus espaços não pensados. Abre as possibilidades da filosofia pensar-se a si mesma como se fosse sempre a primeira vez, com os olhos de uma criança sem idade. Estes quatro filósofos que apresentamos são apenas quatro gestos, quatro imagens. Não são modelos, senão, apenas, possibilidades. Não os colocamos pela verdade dos conhecimentos produzidos, mas pelo valor da experiência de pensamento impulsionada. Não afirmamos sistemas consolidados, adultos, de pensamento, mas uma inquietude infantil, irrenunciável, por pensar, sempre, outra vez. São experiências de infância. Experiências de filosofia. Infância da e na filosofia.

Antes de iniciar esta parte, um esclarecimento. Não pretendemos, em nosso destaque, negar outras formas de pensar e experimentar a filosofia. Também não pretendemos esgotar esse trabalho infinito do pensamento que chamamos filosofia, nem sequer estabelecer qualquer hierarquia na forma de fazer filosofia. A infância é apenas uma dimensão do trabalho filosófico. Mais ainda, ela é insuficiente para dizer a filosofia. Ela não quer ocupar o espaço todo da filosofia, mas se mostrar como uma possibilidade de recriar o que parece cansado, gasto, velho, na própria filosofia.

A infância da filosofia é uma metáfora de um pensamento por vir. Não se trata de um futuro por vir, mas de um por vir sempre presente. Trata-se de um pensamento não dogmático, não totalizador e não totalitário, que não exclui outras formas de pensamento. Não só não as exclui, mas de alguma forma, as afirma na sua própria interioridade. Pelo mesmo caráter de não ter pretensão de totalidade. Nosso próprio trabalho testemunha essa inclusão. A infância da filosofia afirma não apenas a dimensão infantil do pensar.

Enquanto afirmação da inquietude, a infância luta por um espaço que formas de pensamento totalizadoras na filosofia ocidental recataram-lhe de forma obstinada ao longo de sua história. A inquietude da infância resiste, batalha, renasce. Como afirmação de uma inquietude deve ler-se esta parte do presente trabalho.

CAPÍTULO PRIMEIRO

Infância de um tempo (Heráclito)

Os 2500 anos que nos separam de Heráclito são uma coisa perigosa. Nossa interpretação dos fragmentos de Heráclito, para ver algo aqui, precisa da mais enérgica autocrítica. Por outra parte, precisa também de um certo atrevimento. Deve arriscar-se algo, porque ao contrário, não se tem nada na mão. Assim sendo, não há nada que objetar contra uma interpretação especulativa. Nisto devemos pressupor que só poderemos vislumbrar Heráclito se nós mesmos pensamos. Mas se trata, certamente, de uma questão a cuja altura ainda não estamos.

M. Heidegger[1]

Heráclito é um desses filósofos sobre os quais se tem escrito tanto, que uma pesada bruma parece sobrevoar seus escassos testemunhos. Tem-se escrito tanto sobre esses cento e poucos fragmentos que alguns duvidam da produtividade de novas leituras. Os olhares sobre Heráclito já começam cansados, aplacados pela intensidade das interpretações. Não se quer voltar a lê-lo.

Nos propomos desafiar esse cansaço. Leremos outra vez Heráclito. Nos deteremos em alguns de seus fragmentos. O faremos com espírito infantil, buscando vê-los como se fora a primeira vez. Com certa ingenuidade. Também com certo contexto. Como ler, de outra maneira, um filósofo da história? Nos

---

[1] M. Heidegger, E. Fink. *Heráclito.* Barcelona: Ariel, 1986/1966-7, p. 51.

propomos habitar um espaço difícil de delimitar, impreciso, de difusas fronteiras. Trataremos de não arrancar essas palavras enigmáticas de suas raízes, nem de fazê-las partícipes de um diálogo abstrato sobre conceitos atemporais. Buscaremos uma leitura situada, que seja sensível ao ambiente de Heráclito, mas que, ao mesmo tempo, nos dê a possibilidade de pensar algo ainda não pensado, algo que resista a uma lógica que se obstinou, ao menos desde Platão e Aristóteles, em afirmar um mesmo Heráclito e em negar-lhe o que ela não conseguiu entender nem explicar.

Explicaremo-nos. Durante séculos, os historiadores da filosofia pré-socrática transmitiram um Heráclito preocupado, principalmente, por questões cosmológicas. Esta versão tem sua origem, entre outros marcos, na particular "história da filosofia" que Aristóteles traça no primeiro livro da *Metafísica*. Ali ele atribui ao Efésio, fundamentalmente, duas teses: a) o fogo é o princípio de todas as coisas; e b) tudo flui (*pánta reî*).[2]

Esta versão de Aristóteles é apenas um elo de uma corrente mais extensa. De fato, a tese de que "tudo flui" já havia servido a Platão, pelo menos no *Crátilo, Teeteto e Sofista*,[3] para confrontar Heráclito com Parmênides como dois paradigmas opostos em relação aos problemas do ser e do conhecer que tanto preocupavam Platão. E a tese do fogo como princípio material universal servirá aos estoicos com um antecedente de sua doutrina sobre a conflagração universal.[4]

Ambas as afirmações são anti-intuitivas e têm levado a se reforçar a imagem de Heráclito como um pensador enigmático

---

[2] A primeira tese aparece em Aristóteles. *Metafísica* A, 3, 984a, onde Heráclito é colocado junto a Hípaso de Metaponto; a segunda, em *Metafísica* A, 6, 987a.

[3] Cf., dentre outros, *Crát.* 401d-402a, 411b, 439c-440a; *Teet.* 152c-153d, 160d, 177c-183c; também *Sof.* 242c parece referir-se a Heráclito quando menciona "As Musas de Jonia".

[4] Importantes helenistas tendem a diminuir a importância relativa ao impacto dos pré-socráticos na cosmologia estoica. Cf., por exemplo, M. Lapidge. "Stoic Cosmology". In: J. Rist (Ed.). *The Stoics*. Berkeley and Los Angeles: University of California Press, 1978, p. 161-185.

e obscuro.[5] Nos casos mais extremos se observa a expressão de um pensamento ingênuo e rudimentar que só pode aceitar-se em razão de uma época primitiva da conceitualização filosófica que irá adquirindo maior rigor com o correr dos séculos. Essa visão assemelha a história do pensamento a uma vida humana desenvolvida em etapas. Supõe que as origens, os começos, se tratam de momentos iniciais imaturos, potenciais, que irão atualizar-se ao longo do desenvolvimento da história. Os pré-socráticos seriam a infância da filosofia, entendida como aquele momento inaugural rudimentar que irá adquirindo perfeição e sofisticação no decorrer de sua história. Encontramos repetida essa visão dos primeiros filósofos em diversas histórias da filosofia, inclusive naquelas em que prevalece uma visão romântica sobre as origens.[6]

É claro que esta leitura a-histórica, viva na recriação das dialéticas platônica e aristotélica, extraordinária pela força do diálogo filosófico no qual a inscrevem Platão e Aristóteles, se fossiliza e se torna abstrata e anacrônica repetição do mesmo quando, pelo menos desde Hegel, a verdade não pode prescindir de sua historicidade.[7]

---

[5] Heráclito já era assim conhecido na Antiguidade. Cf. Aristóteles. *Retórica* III, 5, 1407b; Diôgenes Laêrtios. *Vidas e Doutrinas dos filósofos ilustres*, IX 3-4; 6 e Cicerón. *De la naturaleza de los dioses* I 26; III 14.

[6] Hegel é um exemplo desta visão, mesmo oferecendo uma leitura altamente "positiva" de Heráclito com relação a outros pré-socráticos. Com efeito, afirma que o Efésio é o primeiro a pensar a ideia filosófica em sua forma especulativa, à diferença de Parmênides e Zenôn que permaneceram num "entendimento abstrato". Cf. W. G. F. Hegel. *Lecciones sobre la historia de la filosofía*. México: Fondo de Cultura Económica, Vol. I, p. 258 ss.

[7] Podemos notar que, já na Antiguidade, várias vozes alçaram-se contra esta leitura de Heráclito. Por exemplo, o gramático Diôdotos chama o livro de Heráclito de "guia exato para a regra da vida"; diz que sua obra tratava do governo, e não da natureza, e que a parte que se destina a ela tem um valor apenas ilustrativo; outros autores falam de seu livro como de "regra de conduta, o único ordenamento universal para cada um e para todos". Cf. Diôgenes Laêrtios. *Vidas e Doutrinas dos filósofos ilustres*, IX 14-15. A. Long destaca que "a suposição de Heráclito de que é um e o mesmo *lógos* o que determina os esquemas de pensamento e a estrutura da realidade, é acaso a mais importante influência na filosofia estoica". (A. Long. *La filosofía helenística*. Madrid: Alianza, 1984, p. 133).

Nos propomos recriar esta leitura de Heráclito. Contrastaremos estas teses que usualmente lhe são atribuídas com os fragmentos conservados de seu livro; nele buscaremos problemas e questões sensíveis à realidade política e social da qual se nutriu Heráclito. Leremos cinco temas que denominamos infantis. Por esta identificação entendemos cinco motivos pelos quais os fragmentos de Heráclito testemunham uma possibilidade de pensar de modo diferente o já pensado em Heráclito. Buscamos a infância do pensamento de Heráclito, aquilo que possa outorgar de novo ao pensamento, ao que pensamos de Heráclito e ao que Heráclito nos ajuda a pensar. Não nos anima o desejo de dar uma nova e acabada versão de como se deve ler Heráclito, mas apenas abrir uma possibilidade de leitura que jogue, como seu tempo, no reino de uma criança. Esperamos que, de nosso esforço, resulte um Heráclito que vivifique nosso pensamento.

Infância de uma escuridão

> Dizem que Eurípides lhe deu a obra de Heráclito e perguntou o que Sócrates pensava a respeito; sua resposta foi: "A parte que entendi é excelente, tanto quanto – atrevo-me a dizer – a parte que não entendi, porém, seria necessário um mergulhador délio para chegar ao fundo".
>
> Diôgenes Laêrtios[8]

Detenhamo-nos em Platão. Há inúmeros testemunhos que denotam que seus diálogos não pretendem dar conta de doutrinas que, histórica e explicitamente, seus personagens reais ou fictícios tenham sustentado, mas que Platão se vale deles como oponentes dialéticos para a busca da verdade que esses diálogos

---

[8] Diôgenes Laêrtios. *Vidas e Doutrinas dos filósofos ilustres*. Trad. port. M. da Gama Kury. Vol. II, § 22. Brasília: Editora UnB, 1987, p. 53.

retratam.[9] Seus testemunhos sobre Heráclito se inscrevem nesse marco. Por um lado Platão atribui a uma grande variedade (em quantidade e qualidade) de pessoas a mesma tese do fluxo universal: afirma ver em Homero, Hesíodo e Orfeu asseverações que tendem à tese de Heráclito;[10] atribui essa tese a todos os sábios, exceto Parmênides: Protágoras, Heráclito, Empédocles e a poetas como Epicarmo e Homero;[11] a "Homero, Heráclito e toda essa tribo",[12] e outra vez aos antigos poetas.[13] Novamente atribui o "tudo flui" a "homens muito antigos" e "à maioria dos sábios atuais'.[14] É notório que Platão intenta ali respaldar com nomes importantes a tese de que "tudo flui" com um duplo propósito: enfatizar a importância da discussão linguística, gnosiológica e ontológica que está propondo e, fundamentalmente, constituir um oponente dialético que dê maior importância à sua refutação dessa tese e, em última instância, valorize a própria teoria "superadora"; uma vez mostrada a aporia a que conduzem, para Platão, o "tudo se transforma" e o "nada se transforma", se verá que a verdade reside em uma teoria própria segundo a qual haverá coisas que se movimentam e se transformam e outras que não se movem nem se transformam.

---

[9] O exemplo mais óbvio dos primeiros (personagens reais) é o 'Sócrates' dos denominados diálogos de maturidade e velhice. Pode pensar-se também, por exemplo, em 'Górgias', 'Protágoras' e 'Crátilo' nos respectivos *Diálogos* homônimos. Algumas conversas desses *Diálogos,* como a que sustentam 'o jovem Sócrates' e 'Parmênides' neste *Diálogo,* é, por razões cronológicas, quase impossível que tenha podido acontecer. Quanto aos segundos (personagens fictícios), pense-se, por exemplo, em 'Cálicles', no *Górgias,* em 'Hermógenes', no *Crátilo,* em 'Protarco' ou 'Filebo' no *Filebo.* No caso de 'Filebo', até seu nome é inventado por Platão. Para o caráter dos *Diálogos* de Platão, cf. P. Friedländer. *Plato. An introduction.* New York: Pantheon Books, 1958/1954, p. 158 ss.

[10] *Crat.*, 402b-c.

[11] *Teet.*, 152d-e.

[12] *Teet.,* 160d.

[13] *Teet.,* 180c-d.

[14] *hoi pánu palaioì ánthropoi* [...] *tôn nûn hoi polloì tôn sophôn, Crát.*, 411b-c.

A referência de Platão a Homero é interessante já que conservamos suas obras e nem na *Ilíada* nem na *Odisseia* encontramos qualquer referência a um fluxo universal. Por que então Platão o inclui aqui junto a Heráclito, Epicarmo e Empédocles? Por que extrai de seus versos essa postura extrema que deseja combater? Talvez porque Platão provavelmente tenha acreditado que o problema linguístico, gnosiológico e ontológico que ele enfrentava existiu e existirá sempre, que esses são problemas eternos do pensamento humano e, consequentemente, julgou que Homero "devia ter dito" algo ante tal problema. O mesmo vale para os outros pensadores que Platão cita aqui como respaldo desta tese.

Assim, pois, o testemunho de Platão sobre Heráclito – em verdade sobre todos os pensadores com os quais dialoga – revela um uso dialético, filosófico e não histórico de suas ideias. Não se trata de retirar a validez e o interesse dessa leitura, mas de precisar seu alcance: ela pode ser muito interessante para entender os problemas filosóficos traçados por Platão, mas não necessariamente permitirá visualizar aqueles estabelecidos por Heráclito.[15]

Voltemo-nos para Aristóteles. Como sabemos, o Estagirita acreditava que estudar a natureza implica, em seu sentido mais próprio, dar conta de seus primeiros princípios ou causas e por isso enuncia sua conhecida teoria das quatro causas de todos os processos naturais: elas são o substrato material (a matéria), a essência ou "o que é" (a forma), o princípio que produz a transformação (o produtor), e a finalidade à qual tende a mudança (o fim).[16] Para Aristóteles, cada um dos pensadores que o precederam enunciaram ou vislumbraram alguns desses princípios, porém, somente com ele a explicação da natureza – e da transformação que nela se produz – alcança um caráter sistemático e acabado; até Sócrates e os sofistas, os primeiros filósofos só haviam se ocupado, sobretudo, de distinguir, de forma vaga,

---

[15] Uma tese contrária a esta interpretação foi sustentada por R. Mondolfo. *Heráclito. Textos y problemas de su interpretación,* 1981/1966.

[16] Cf., dentre outros, *Metafísica,* I 3 983a-b e *Física,* II 3; 7.

seus quatro tipos de causalidade.[17] A maioria dos que primeiro filosofaram pensava que os princípios de todas as coisas eram de índole material e difeririam entre si apenas em relação ao número e à natureza do princípio material postulado.[18] Para Aristóteles, os pré-socráticos são filósofos da natureza ou cosmólogos, de forma que questões como a ética ou a política estariam distantes de suas preocupações.[19]

No caso de Aristóteles há, inclusive, uma significativa brecha. Enquanto em várias passagens se repete a atribuição platônica a Heráclito do "tudo se move" ou "tudo flui",[20] em uma passagem do *De Caelo*[21] sustenta-se que "para Heráclito todas as demais coisas mudam ou se movimentam *menos uma*, a partir da qual se geram todas as demais".[22] Isto quer dizer que Aristóteles sustenta que, para Heráclito, todas as coisas se movimentam e, ao mesmo tempo, que nem todas as coisas se movimentam.

---

[17] Cf. Aristóteles. *Metafísica,* I 5 987a, e I 7 988a.

[18] Cf. Aristóteles. *Metafísica,* I 3 983b-984a, e *Física* II 1 193a. Na *Física,* Aristóteles concede que Demócrito e Empédocles foram os únicos em aludir à forma ou essência, mas o fizeram numa mínima extensão (II 2 194a). Contudo, em *Metafísica,* também atribui a causa eficiente a Hesíodo e Parmênides (I 4 984b); a eficiente a Empédocles (I 4 984b-985b) e Anaxágoras (I 4 985a); e a formal a Parmênides (I 3 984a), os pitagóricos (I 5 987a) e Empédocles (I 9 993a). Diz também que Platão e os platônicos foram os que mais se acercaram a reconhecer a causa formal, embora só tiveram reconhecido duas causas: a formal e a material (*Metafísica,* I 6 987a-988a).

[19] Aristóteles chama aos pré-socráticos de "físicos" ou "filósofos da natureza" (*Física* I 2 184b); também os chama "os que primeiro filosofaram" (*Metafísica,* I 3 983b), "os que filosofaram acerca da verdade" (*Metafísica,* I 2 983b) e "os que primeiro teologizaram" (*Metafísica,* I 3 983b). Em outro texto, afirma que Platão seguiu Sócrates, que desconsiderou o universo físico e dedicou-se à ética (*Metafísica,* I 5 987b).

[20] Dentre outros, cf. *Metafísica,* I 6 987a, IV 5 1010a, XIII 4 1078b, *De Anima,* I 2 405a, *Tópicos,* I 2 104b.

[21] *De Caelo,* G 1 298b.

[22] O destaque é nosso. Esta única coisa que não muda e da qual se derivariam todas as demais é, na leitura aristotélica de Heráclito, o fogo; cf., por exemplo, *Metafísica,* I 3 984a; *De Generatione et Corruptione.* 329a.

Curiosa vacilação do defensor da rígida lógica da não contradição e crítico mordaz da lógica contraditória de Heráclito. Contudo, a contradição aristotélica é apenas aparente e se explica pelos diferentes propósitos que em cada caso persegue. A apresentação crítica da tese "tudo se transforma" serve – do mesmo modo que no caso de Platão – como oponente dialético para apresentar uma ontologia e uma gnosiologia superadoras que incluirão tanto coisas que mudam como coisas que não mudam; ao contrário, a atribuição a Heráclito de algo que não se transforma – o fogo, substância ou matéria a partir da qual derivam todas as outras coisas – serve como antecedente dialético de uma das quatro causas ou princípios – a causa material – que constitui a doutrina física de cunho próprio.[23]

Em qualquer caso, Aristóteles interpretava interessadamente os pré-socráticos, mas não tergiversava seus textos, de modo que podemos ver ali um sinal de que Heráclito deixava entrever em seu livro[24] que há ao menos algo que não se transforma. Aceitemos ou não sua leitura, Aristóteles introduz uma brecha importante na monocórdica atribuição a Heráclito da tese do movimento universal, da qual ele mesmo é um dos principais impulsores.[25]

Da mesma forma que Platão, a reconstrução aristotélica da filosofia anterior é a-histórica: para os gregos, a verdade não tem história.[26] Ao ler um pensador anterior, Platão e Aristóteles

---

[23] Cf. o já citado *Metaf.* I 3 984a.

[24] Aristóteles certamente tinha em suas mãos o livro de Heráclito, segundo o sugere sua crítica a seu estilo e o seu uso da língua em *Retórica* III 5 1407b; *contra* G. S. Kirk. *Heraclitus. The Cosmic Fragments*, 1954, p. 19.

[25] Outro texto aristotélico que torna problemática a atribuição da tese do fluxo universal a Heráclito é *Meteor.* II 3 357b. Cf., neste capítulo, p. 130, n. 34.

[26] Para a concepção de Platão, Aristóteles e os gregos em geral sobre a historicidade das ideias e a verdade, me remeto ao artigo de H. Cherniss. "The history of ideas and Ancient Greek Philosophy", 1957. Este trabalho mostrou que nem Platão nem Aristóteles nem nenhum outro dos gregos antigos acreditava que as ideias ou a verdade tivessem uma história senão que, ao contrário, para eles a verdade é essencialmente a-histórica e atemporal,

Infância de um tempo (Heráclito)

pretendem ver em que medida ele teria respondido às questões perenes da filosofia, aquelas que, necessariamente, devia ter-se colocado. Se não o fez, haverá que ajudá-lo, interpretando em que medida seus postulados poderiam dar resposta a esses eternos problemas.

Com frequência, o preço dessa ajuda é demasiadamente alto: a negação do diferente, do que não se pode pensar desde as categorias que o pensamento próprio impõe. Assim, a obscuridade de Heráclito assinala também o ponto de inflexão de uma lógica e de uma filosofia que não enxergaram além de seus princípios e pressupostos, que não puderam pensar além da negação da contradição, que apenas intentaram assimilar o que as negava. Assim considerada, a obscuridade de Heráclito é também a possibilidade de pensar os limites de um pensamento que só tem-se pensado a si mesmo, pelo menos desde Platão.[27]

---

e as teorias que expõem em seus escritos são expressões perenes do pensamento humano, como o testemunha o significado da palavra grega *historie*: investigação. Para Platão e Aristóteles, a verdade é o resultado objetivo de uma busca dialética. Cada um deles concebe essa busca à sua maneira, mas ambos coincidiriam em que está além das manifestações subjetivas e imperfeitas que teriam intentado expressá-la com anterioridade a seu *lógos* filosófico.

[27] Um fragmento de Parmênides poderia testemunhar o momento inicial deste embate. Como sabemos, a cronologia relativa de Parmênides e Heráclito talvez nunca possa ser estabelecida com certeza, dados os testemunhos conservados. Contudo, muitos daqueles que sustentam que Heráclito escrevera seu livro antes que Parmênides escrevesse o seu baseiam sua hipótese no fragmento 6 de Parmênides, que aludiria veladamente a Heráclito (Cf. A. Gómez Lobo. *Parménides*, Buenos Aires: Charcas, 1985, p. 95-96). O fragmento em questão alude, em sua parte final, a "mortais que nada sabem e andam bicéfalos, surdos e cegos que consideram que o ser e o não ser são o mesmo (*tautòn*) e não o mesmo." Tradicionalmente, observou-se nele uma referência a DK 22 B 10, 32, 49a, 51 e 60 ao que se tem objetado, principalmente, que Heráclito não fala de ser e não ser em nenhum dos fragmentos transmitidos (*Ibidem*). Mas, como veremos a seguir, DK 22 B 12 fala de entidades (os rios) que são idênticas (*autoísin*) e, simultaneamente, não idênticas, ou diferentes. Se esses rios são uma imagem de *tà ónta*, poderíamos dizer que os *ónta* heraclíteos são idênticos (*tautòn*) e não idênticos, o que o aproximaria muito mais a essa crítica de Parmênides em DK 28 B 6. Desse modo, ambos se situariam numa polêmica muito diferente daquela pela possibilidade ou imposibilidade do movimento segundo a qual nos foram transmitidos desde Platão.

COLEÇÃO "EDUCAÇÃO: EXPERIÊNCIA E SENTIDO"

Infância de um ser

> Somos o rio que invocastes, Heráclito.
> J. L. Borges[28]

É chegado o momento de irmos ao encontro dos fragmentos de Heráclito. Para analisar a tese de que "tudo flui", devemos ver os textos com a imagem do rio. De acordo com a edição de Marcovich, somente um dos três fragmentos que contém essa imagem é autêntico, DK 22 B 12: "Para aqueles que se banham nos mesmos rios, fluem águas distintas e distintas".[29] Os outros dois fragmentos são deformações tardias daquele.[30]

---

[28] J. L. Borges. El Hacedor. In: *La Cifra*. Buenos Aires: Emecé, 1981, p. 49.

[29] A edição de M. Marcovich (*Heraclitus. Greek Text with a short commentary*, 1967) é considerada superadora da de Diels e Kranz na fixação dos fragmentos de Heráclito. Com relação à inautenticidade da segunda parte do fragmento 12, nos remetemos a Marcovich. *Op. cit.*, 1967, p. 213, n. 1 , G. S. Kirk. *Op. cit.,* 1954, p. 368-9 e C. Kahn. *The Art and Thought of Heraclitus,* 1979, p. 259-260. Antes da edição crítica de Marcovich, C. Ramnoux (*Héraclite ou l'homme entre les choses et les mots*, 1968/1959), seguindo ideias tomadas de um curso com H. Cherniss, propôs (cf. p. 451 ss.) a existência de dois fragmentos originais: o fr. 12 e um fragmento que contivesse a expressão "dois" (*dìs*), do qual teria-se derivado DK 91. Porém, Marcovich mostrou em seu *stemma* do fr. 12 que tanto a introdução do *dìs* quanto a mudança na série verbal (do presente *embaínousin* ao aoristo *embênai*) não supõem necessariamente um fragmento original de Heráclito; ambas as alterações – resultado da interpretação do presente durativo ou progressivo *embaínousin* como iterativo – surgiram, conjetura Marcovich, da interpretação do próprio Crátilo ou de uma versão que chegou a Crátilo contendo tais variantes. Agora bem, segundo afirma Aristóteles em *Metafísica* G 5 1010a, o mesmo Crátilo teria corrigido essa versão: "Crátilo [...] objetava a Heráclito que dissesse que não é possível tomar banho duas vezes no mesmo rio. Com efeito, ele <sc. Crátilo> considerava que nem sequer <é possível tomar banho> uma vez". De modo que é muito provável que Crátilo já tenha recebido essa versão com o *dìs* e o aoristo *embênai*, a que teve mais eco na tradição a partir da difusão que lhe deram Platão e Aristóteles.

[30] DK 22 B 49a (Heráclito Homérico, *Questões Homéricas* 24): "Por sua vez (diz Heráclito): nos mesmos rios tomamos banho e não tomamos banho; existimos e não existimos." DK 22 B 91 (Plutarco. *De E apud Delphos* 18, 392a):

Infância de um tempo (Heráclito)

O que sugere esse fragmento? É certo que ali se marca o movimento das águas que fluem nos rios, porém não é o movimento o que se enfatiza, mas a oposição, ou melhor, uma dupla oposição. Em primeiro lugar, o fragmento assinala a oposição da identidade ou mesmidade (*autoîsin*) frente à diferença ou alteridade (*hétera kaì hétera*); essa oposição se manifesta em dois sentidos: entre os rios (*potamoîsi*) idênticos a si mesmos e as águas (*húdata*) que os constituem, e entre as próprias águas que são diferentes entre si. Em segundo lugar, trata-se de uma dupla oposição, não absoluta, mas relativa àqueles que a observam desde o mesmo rio (*embaínousin*). Assim, pois, o fragmento 12 assinala uma oposição em entidades que são, para aqueles que estão inseridos nelas, idênticas e também diferentes, unidades, mas, também, multiplicidades. Aqueles que se banham nos rios percebem a diversidade das águas que o constituem, águas que fluem, porém trata-se, em verdade, de águas que, ainda que distintas e distintas entre si, não deixam de conformar uma única realidade pela qual recebem a denominação "rio".

Não se deve interpretar aqui uma mera oposição como a que percebeu antigamente Sêneca entre uma palavra ('rio') que permanece e uma realidade que advém;[31] pois a percepção dessa oposição não precisa de banhistas que se introduzam no rio.[32] Como destacou C. Ramnoux,[33] os banhistas cumprem, neste

---

"com efeito, não é possível tomar banho duas vezes num mesmo rio, segundo Heráclito, nem tocar duas vezes uma substancia mortal em estado fixo [...]". Para a discussão filológica de DK B 49a nos remetemos a Kirk. *Op. cit.*, 1954, p. 373 ss. e para DK B 91, a Marcovich. *Op. cit.*, 1967, p. 206 ss.

[31] Sêneca. *Epist. Morales* 58, 22. Recentemente L. Vanoirbeek ("Le fr. 12 d'Héraclite", 1989, p. 151) desenvolveu esta linha interpretativa.

[32] Para eliminar estes banhistas, A. Rivier ("Un emploi archaïque de l'analogie", *Mus. Helv.* XIII, 1956, p. 144-164) suprimiu o particípio *embaínousin*, mas nesse caso não se explica a aparição das distintas formas do verbo *embaíno* na extensa tradição de textos derivados do fr. 12.

[33] *Op. cit.*, 1959, p. 228.

texto, uma função de testemunhas: o que percebe e sente alguém que se introduz em um rio é o movimento e fluir constante das águas; mas quanto maior distância tome o banhista do rio, menos perceberá o fluir das águas e maior compreensão terá de sua unidade e identidade.

Em suma, o problema mais relevante que o fragmento 12 traça não é o de um suposto movimento ou fluir universal, senão o problema do modo de ser de entidades (neste caso, os rios) que se apresentam ante uma perspectiva humana como algo uno e a uma só vez múltiplo, idêntico e também diferente, o problema de entidades que mostram um modo de ser contraditório.[34] A imagem foi seguramente tomada de *O Caístro*, rio que banha as costas de Éfeso, que modificava permanentemente sua torrente e, por meio dela, os limites da cidade. Um mesmo rio de águas diferentes e diferentes, uma mesma cidade de fronteiras diferentes e diferentes.

Outros dois fragmentos oferecem imagens diferentes que mostram a unidade do diverso: o fragmento 59, "o caminho que recorre o movimento de translação e rotação das rótulas

---

[34] Cf. a seguinte passagem de Aristóteles: "Mas há uma dificuldade que devemos discutir primeiro. Permanece o mar numericamente uno e consistindo das mesmas partes ou ele é também um em forma enquanto suas partes estão em contínua mudança, como ar, água fresca e fogo? Pois cada uma dessas coisas sempre devem outra e outra (*állo kaì állo*), mas a forma e a quantidade de cada uma estão fixas como a corrente das águas que fluem e da chama. É, portanto, evidente e plausível que esta mesma explicação se aplique a todas estas coisas, em tanto diferem só na radipez ou lentidão de sua mudança. E estão todos envolvidos num processo de destruição e geração que se dá para todos eles de maneira regular." (*Meteorológica* B 3 357b, da trad. ingl. de E. W. Webster). Certamente, aqui Aristóteles não menciona Heráclito. Mas Kirk sugere (*op. cit.*, 1954, p. 379-380) que a menção do exemplo do rio (*tò tón rheónton húdaton*) lembra o fr. 12 e que a forma arcaica *állo kaì állo* rememora fortemente *hétera kaì hétera* (*contra* Marcovich. *Op. cit.*, 1967, p. 212). Se a colocação de Aristóteles é aplicável ao fr. 12, a pergunta "o rio e suas partes permanecem uns e idênticos ante o fluir das águas ou permanece um e idêntico o rio e são diferentes suas águas?" só faz sentido se Heráclito afirmava ali a unidade e a identidade do rio.

de cardar é uno e o mesmo"[35] e o fragmento 60: "o caminho ascendente e descendente (é) uno e o mesmo". Nestes casos, uma entidade (as rótulas de cardar, o caminho) é una e contém diferenças (o movimento de translação e rotação; a subida e a descida). No caso do fragmento 60, a diferença é, em verdade, oposição: a subida é a negação da descida e vice-versa. Nestes casos (fragmentos 12, 59, 60) a diferença (oposição) denota um sentido geográfico, físico.

Este modo de ser se aplica a todas as coisas. Heráclito é uma criança no uso de conceitos. Não gosta de abstrações desnecessárias. Para referir-se ao que hoje denominaríamos "realidade" disse *pánta*, "tudo", "todas as coisas". Não utiliza termos como "ser", "o que é" ou "o real"; fala de uma totalidade, que ilustra mediante várias imagens.

No fragmento 10, a diversidade que convive em unidade outra vez se especifica como oposição: "conexões: inteiro e não inteiro (*hóla kaì ouch hóla*), convergente/divergente, consonante/dissonante, de todas as coisas unidade e da unidade todas as coisas (*ek pánton hèn kaí ex henòs pánta*)". Aqui a unidade reveste uma dimensão matemático-musical: em suas diferenciações mais notórias há conexões profundas.[36] A expressão final "de todas as coisas unidade e da unidade todas as coisas" projeta e estende a conexão de cada unidade à unidade da totalidade.[37] Na próxima seção analisaremos o fragmento 50, no qual volta a aparecer

---

[35] Na tradução, seguimos o texto de Marcovich (*op. cit.*, 1967, p. 162-4) que lê *gnáphon* ("rótulas de cardar") perante a leitura de *graphéon* ("letras") que aparece nos manuscritos e que é defendida, entre outros, por Kirk (*op. cit.*, 1954, p. 97 ss.). De todos os modos, nossa leitura não é incompatível com esta variante.

[36] Pelo uso de um termo também matemático musical, este fragmento chama o fr. 54: "a harmonia invisível [é] mais poderosa que a visível".

[37] Marcovich (*op. cit.*, 1967, p. 106-7) restringe esta extensão ao segundo *pánta*; mas se assim fosse, então também o primeiro *hèn* deveria ter um alcance mais limitado que o segundo e se desequilibraria a contraposição entre dois tipos de unidade e totalidade, a das conexões e seus opostos e a da unidade de todas as coisas.

a expressão *hén pánta eínai* e se reforça a identidade entre a unidade e a totalidade das coisas.

Outros fragmentos reforçam a ideia de que essa totalidade é diferenciada, de forma paradigmática na primeira parte do fragmento 67: "O Deus: dia/noite, inverno/verão, guerra/paz, saciedade/fome...". Ali Heráclito contrapõe sem qualquer nexo verbal um nome (deus) a pares de substantivos de significação contrária com os quais aquele se enfrenta. O deus expressa uma nova dimensão (religiosa) na qual se desdobra a unidade do diverso (oposto).

Importa perceber nessas imagens que uma entidade é uma mesmice que se especifica em diferentes, contrários ou oposições que se implicam mutuamente e constituem em unidade. O mesmo vale para a totalidade, que é una e a uma só vez múltipla, a mesma e ao mesmo tempo diferente (oposta): muito distante do "tudo se move e nada permanece" com o qual, desde Platão, se tem pretendido dar conta da ontologia de Heráclito.

Heráclito vive toda a sua vida em Éfeso, que não toma parte da revolta jônica contra os persas deflagrada a partir do ano 499 até o ano 492. Situada na metade do caminho entre o ocidente grego e o oriente persa, Éfeso é uma das *póleis* mais cosmopolitas do mundo grego, coabitada por autóctones e helenos, bandos contrários que se enfrentam para impor uma visão desses dois impérios.[38] De fato, os fragmentos "mais políticos" de Heráclito falam de um clima conflituoso, frente ao qual o Efésio faz um fervoroso chamado à unidade.

No fragmento 33 ("é lei, também, obedecer à vontade do uno") e no fragmento 44 ("é necessário que o povo lute pela lei como por seus muros"), a lei, o *nómos*, alude ao sentido jurídico e político dessa unidade, que é reforçada no fragmento 114.[39]

---

[38] Para o contexto histórico e político de Éfeso, cf. M. García Quintela. *El rey melancólico. Antropología de los fragmentos de Heráclito*, 1992, p. 13-68.

[39] Nos referiremos a este fragmento na próxima seção.

Em todos esses fragmentos há um tom exortativo, de palavreado. Neste mesmo sentido poderia ler-se a referência crítica que Heráclito faz frente à expulsão de Hermodoro de Éfeso.[40] Tudo faz supor que Éfeso cobiça, em conflituosa unidade, o bárbaro e o não bárbaro, o grego e não grego, o próprio e o diverso, uma tensa harmonia em unidade de opostos em permanente confrontação.[41] Frente a essa realidade, Heráclito parece afirmar que não há unidade sem diferença, que quem exclui o diverso (oposto) não percebe a unidade da totalidade, que a unidade política, a *pólis*, se veria extremamente lesionada sem esses contrastes. Heráclito parece estar chamando por uma Éfeso mais aberta, participativa, inclusiva de suas oposições e diferenças.

Infância de um lógos

> Apenas nos resta, agora, examinar qual *relação* tem, segundo Heráclito, esta essência *com a consciência*. A filosofia heraclítea apresenta, em seu conjunto, a modalidade de uma filosofia natural, enquanto que o princípio mesmo lógico é concebido como o processo geral da natureza. Como se revela aquele *lógos* à consciência? Como se relaciona com a alma individual? Procuraremos expor isto detalhadamente. É um modo belo, infantil, de expressar a verdade em termos verdadeiros.
>
> G. W. F. Hegel[42]

A tradução de *lógos* tem sido um dos problemas mais discutidos pelos estudiosos de Heráclito. Primeiro vejamos os principais significados da palavra registrados nos testemunhos anteriores ou

---

[40] DK B 121, questionado por M. Marcovich. *Op. cit.* 1967.

[41] Cf. M. García Quintela. *Op. cit.*, 1992.

[42] G.W.F. Hegel. *Lecciones sobre la historia de la filosofía*. México: Fondo de Cultura Económica, 1955, vol. I, p. 272. Grifo no original.

contemporâneos de Heráclito[43]: 1) o dito em qualquer de suas formas (o escrito para ser dito): uma história, narração, relato, notícia, discurso, conversação, rumor, informe, provérbio, palavras (Heródoto, Píndaro, Ésquilo, Sófocles, Aristófanes, Demócrito (fr. 82) e Anaxágoras (fr.7); 2) mérito, estima, reputação. Derivado do significado anterior (Píndaro, Sófocles, Heródoto); 3) exame, reflexão (Parmênides); 4) causa, razão, argumento (Ésquilo, Sófocles, Aristófanes); 5) medida (Heródoto); 6) correspondência, relação, proporção (Ésquilo, Heródoto); 7) princípio, regra, lei (Demócrito, fr.53). Assim, *lógos* condensa uma multiplicidade de significados em uma única palavra. O *lógos* diz uma vez e ao mesmo tempo múltiplas coisas. Leiamos o fragmento 1, que seria também o começo de seu livro:[44]

> Ainda que este *lógos* exista sempre, os homens se tornam incapazes de compreendê-lo, tanto antes de ouvi-lo como quando o tenham ouvido pela primeira vez; em efeito, até mesmo quando tudo sucede segundo este *lógos*, parecem inexperientes ao experimentar palavras e fatos tais como os que eu descrevo sempre que distingo cada coisa segundo a natureza e mostro como é. Porém, aos demais homens se ocultam tantas coisas enquanto estão despertos, como se lhes ocultam tantas outras enquanto dormem. (DK 22 B 1)

Os homens não compreendem o *lógos*. Confluem aqui duas razões para isso. De um lado, "a natureza/ realidade (*phýsis*) ama ocultar-se" (DK 22 B 123); o que é quer mostrar-se de um modo diferente do que realmente é; em outras palavras heraclíteas, a harmonia das coisas não é visível à primeira vista ("a harmonia invisível [é] mais poderosa que a visível", DK 22 B 54). Por outro lado, os seres humanos – ao menos a maioria – vivem como que adormecidos, impossibilitados de perceber, despertos, à realidade desperta.

---

[43] W. C. Guthrie. *A History of Greek Philosophy*, vol. I, 1978/1962, p. 419 ss.

[44] Isto sugere Aristóteles em *Retórica,* III 5 1407b.

Assim o reafirma o fragmento 89: "para os despertos, o mundo é único e comum, mas cada um dos que dormem se volta a um mundo particular". A oposição nesse fragmento se dá entre o comum (*koinón*) e o particular (*ídios*) Nos mundos particulares, dos idiotas, se excluem as diferenças, se pensa em termos do meu e do alheio, dos de dentro e dos de fora. Quando se percebe o caráter comum do todo, as diferenças se integram em uma unidade que as abarca.

Contudo, os adormecidos, também inclinados ao seu mundo particular, não estão fora do mundo comum. Não poderiam estar se este mundo engloba todas as diferenças (oposições). Assim o reafirma o fragmento 75: "Os que dormem são artífices e colaboradores do que sucede no mundo". Sem os adormecidos tampouco haveria os despertos, nem mundo (*cósmos* sempre vivo, fr. 30). Qual é este mundo comum, que os adormecidos não percebem? Como é a natureza das coisas? Trata-se de escutar o *lógos*, diz Heráclito, pois ele regula todo o acontecer: "tudo sucede segundo este *lógos*" (fr. 1). Podemos acorrer, neste sentido, ao próprio Heráclito. Se trata de ler seu fragmento 50: "Se tiverem escutado não a mim, mas ao *lógos*, é sábio acordar que tudo é unidade."

O conteúdo do *lógos* impele a ver-se a identidade entre *hén* (uno, unidade) e *pánta* (todo, totalidade). Isto é, assinala a unidade que abraça e abarca todas as coisas e, a uma só vez, a totalidade de manifestações da unidade. É a unidade que, em um aspecto lógico, linguístico e conceitual, reúne a totalidade.

O *lógos* marca a intervenção do humano no que é.[45] Se se escuta, o *lógos* pertence ao âmbito do dito, do discurso;

---

[45] De acordo com a edição de Marcovich (1967), a palavra *lógos* aparece nove vezes nos fragmentos de Heráclito: DK B 1 (duas vezes), 2, 31, 39, 45, 50, 87 e 108 (considera um agregado da fonte (Marco Aurelio) *lógoi* em DK B 72 e suspeita que DK B 115 não é genuíno). Nos fragmentos 1, 50 e 108 o *lógos* é algo que se escuta. Em B2, a maioria dos homens desconsidera o *lógos* comum por uma inteligência (*phrónesis*) particular ou própria, consistente em um *lógos* que deleita um homem tonto (B 87). Em B 45, o *lógos* é algo que está na alma e em B31 o *lógos* é um instrumento de medição. Em B 39, Bías se destaca entre os homens por seu *lógos*.

mas não se identifica com o de Heráclito, segundo destaca o fragmento B 50: o *lógos* afirma a identidade da unidade e da totalidade. Há múltiplos nomes para denominar essa multiplicidade de opostos que o todo é: lei, guerra, o sábio, o deus, o uno, necessidade, o todo e o comum são alguns desses nomes. O próprio *lógo*s reúne a diversidade, é uma unidade na totalidade de seus nomes.

Um destes nomes toma um caráter de uma exortação política no fragmento 114, pela conclamação à obediência à lei (*nómos*):

> Convém que aqueles que falam com inteligência confiem no comum a tudo, tal como uma *pólis* [confia] em sua lei, e ainda muito mais. Pois todas as leis humanas se alimentam de uma, a divina. De fato, tal [lei] domina quanto quer, é suficiente para todos e é superior [a todos]. (DK 22 B 114)

Esse fragmento abriga uma analogia: aqueles que falam com inteligência / a *pólis* "devem confiar no" comum a tudo / a lei. E a lei da *pólis* tem um fundamento não humano, mas divino. A inteligência humana deve confiar no comum a todos, as leis humanas, cujo fundamento último é a única lei divina. Essa lei divina é a identidade das oposições, já expressa no fragmento 67. Esta assimilação da inteligência à compreensão da unidade da totalidade e ao seguimento do comum está paradigmaticamente expressa no fragmento 41: "uma única coisa é o sábio: conhecer a inteligência que comanda todas as coisas através de todas" e é correlativa ao conteúdo enunciado pelo *lógos* no fragmento 50.

Por outro lado, neste chamado, Heráclito revela a tensão entre dois planos cuja cisão irá marcando o devir do século V a.C.. Esta cisão alcança suas maiores expressões literárias na irreconciliável oposição entre a lei natural e a lei humana que representam Antígona e Creonte na *Antígona*, de Sófocles, e, também, na radical defesa da ordem natural frente às leis cidadãs que oprimem essa natureza tal como Cálicles as apresenta a Sócrates no *Górgias*, de Platão.[46] Esse fragmento 114 – que marca a primeira aparição na literatura filosófica do conceito de lei (*nómos*) – é, a uma só vez, o primeiro testemunho de um questionamento à legitimidade das leis instituídas que seguirá marcando o devir de todo o campo político e intelectual até a caída da *pólis* ateniense no século IV. É evidente que Heráclito intenta responder a esses questionamentos.

Se manifesta assim uma curiosa relação da filosofia com a *pólis*: precisa dela como sua condição de possibilidade para surgir, intenta sustentar sua legalidade em seus começos com Heráclito (e poderíamos agregar, com Sólon, Anaximandro, Parmênides e outros), e logo a filosofia dirige, por meio dos sofistas, o questionamento de seus alicerces, o que acabará por derrubá-la apesar dos vãos intentos de filósofos como Sócrates e Platão por sustentar teórica e praticamente sua institucionalidade. Esses filósofos procuraram legitimar a *pólis* com um plano que chamaram divino ou, simplesmente, deus: a partir desta lei de Heráclito até o *daímon* socrático ou as ideias platônicas.

A lei divina não é para Heráclito – nem para nenhum outro filósofo grego – a lei do Zeus homérico e dos deuses da religião tradicional. Ao contrário, a antecede uma despersonalização gradual do âmbito divino na qual a crítica de Jenôfanes de Colofón ao antropomorfismo dos poetas desempenha um papel principal.[47] Este movimento permite que bem antes de Heráclito, no século VI a.C., Anaximandro de Mileto identifique o divino (*tò theîon*) com algo tão coisificado e despersonalizado como o ilimitado (*tò ápeiron*).[48]

---

[46] Cf. *Górgias,* 482e ss. Analisamos este texto em I.1.iv.

[47] Jenófanes criticava a imoralidade e o antropomorfismo dos deuses de Homero e Hesíodo nos fragmentos 11, 14, 15, 16. Para o pensador de Colofón, existe uma única divindade não antropomórfica. Cf. os fragmentos 23, 24, 25 e 26.

[48] Cf. o único fragmento conservado de Anaximandro DK 12 B 1 e C. Kahn. *Anaximander and the Origins of Greek Cosmology.* New York: Columbia University Press, 1960.

Como vimos, na primeira parte do fragmento 67, Heráclito opõe "deus" a quatro pares de substantivos de significação contrária. Na segunda parte, se compara a relação de Deus com esses contrários com a do fogo e as espécies que queimam: "... se faz outro precisamente como (*hókosper*) fogo, que quando se mescla com espécies, se nomeia (*onomázetai*) segundo o aroma de cada uma". O fazer-se outro se manifesta no chamar-se de outro modo: quando o fogo queima uma espécie, é chamado segundo cada espécie que queima: já não se chama mais fogo e passa a se chamar com o aroma da espécie que está queimando. O nomear reflete uma parte da natureza das coisas, pois, de certo modo, o fogo "é" agora a espécie que está queimando. Mas o fogo, ao queimar uma espécie, segue sendo fogo e seu novo nome oculta essa natureza. Se não se chama mais fogo, então o nome não dá conta da integridade da coisa. Ao menos aparentemente não o faz. Poderíamos parafrasear o fragmento 32 dizendo: "o fogo quer e não quer ser chamado com o nome das espécies que queima".

O mesmo vale para o deus. Podemos chamar ao deus inverno/verão, dia/noite ou guerra/paz e estaremos captando em alguma medida o que deus é, mas não em sua inteira medida. Deus "é" todos os contrários, a unidade de todos eles.[49] Isso seus outros nomes não o dizem. Ao menos, não aparentemente. Assim como "lei (*nómos*) humana" é o nome dessa unidade da totalidade em um âmbito jurídico e político, "lei (*nómos*) divina" ou "deus" é seu nome em um âmbito religioso que o discurso filosófico começou a tematizar e problematizar.

Para este deus, a justiça e a beleza não são atributos particulares: "para o deus, belas (são) todas as coisas, e justas, mas os homens consideram umas justas e outras injustas" (DK B 102). Os homens (adormecidos) que se voltam para seu mundo particular, os que usam os deuses para fazer belas e justas apenas algumas coisas ou ações, não percebem que a justiça e a beleza estão em tudo.

---

[49] A. Poratti. Sobre el lenguaje de Heráclito, 1991, p. 30-2.

Outro dos nomes dessa unidade da totalidade é guerra. Mas não a guerra que se opõe à paz no fragmento 67. Leiamos o fragmento 53:

> A guerra é o pai de tudo e rei de tudo; a uns designou deuses, a outros homens; a uns fez escravos, a outros, livres. (DK 22 B 53)

Esta guerra (*pólemos*) parece o Zeus homérico: governa tudo, se vale de contrários em luta como motores do real. Esta guerra é o comum, o que é reconhecido por aqueles que pensam com inteligência:

> Convém saber que a guerra é comum, que a justiça (é) disputa e que tudo sucede segundo disputa e necessidade. (DK 22 B 80)

"Tudo sucede segundo este *lógos*", diz o fragmento 1, "tudo sucede segundo disputa e necessidade", diz o fragmento 80. Disputa e necessidade são outros nomes do *lógos*, que em uma leitura metafísica, levaram Hegel a dizer que Heráclito foi o iniciador da dialética e que não havia um só de seus fragmentos que não estivesse contido em sua *Lógica*.[50] Heráclito percebe o real como algo em luta, uma disputa necessária entre contrários, a uma só vez como a reunião desses contrários na unidade.

Estes distintos nomes do que é – poderíamos agregar outros como *cósmos* no fragmento 30 – o mostram como oposição de contrários enfrentados em permanente e necessário conflito e reunidos em uma unidade – totalidade que os abarca.

Infância de umas palavras

> Uma sentença é um elo numa cadeia de pensamentos; requer que o leitor restaure esta cadeia por seus próprios

---

[50] G.W.F. Hegel. *Lecciones sobre la historia de la filosofía*. México: Fondo de Cultura Económica, 1955, vol. I, p. 258.

meios; isto é pedir demais. Uma sentença é uma presunção. Ou então é uma precaução, como sabia Heráclito. Para que se possa saborear, uma sentença deve ser removida e misturada com outros ingredientes (exemplos, experiências, histórias). Isto a maioria não o compreende, e por isso nas sentenças se podem expressar sem pensar coisas que deem o que pensar.

F. Nietzsche[51]

Heráclito fala como uma criança. Vale-se de uma linguagem de diferenças (oposição) na unidade como um sinal do que concebe do mesmo modo. Nos fragmentos 10, 60 e 67, um mesmo *lógos* reticente a nossas formas consagradas da gramática: sentenças sem verbo, sem estrutura de sujeito e predicado. Vimos como o fragmento 60 mostra dois modos de ser opostos de uma entidade (o caminho), enfrentados em conjunção: seu ser ascendente e descendente frente a seu ser uno e o mesmo: ambas notas se confrontam, não há aqui atribuição ou predicação. Não há cópula. Não há sujeito nem predicado. Há uma linguagem que assinala unidade e inalterabilidade na diferença (oposição). É uma linguagem que violenta a gramática consolidada de nossa tradição.

O fragmento 10 já analisado mostra outra sentença sem verbo, sem sujeito, sem predicado. Diferenças (oposições): de um substantivo a três pares de adjetivos: de um adjetivo a um numeral, de um numeral a um adjetivo. Um substantivo que se desdobra em pares de adjetivos, um numeral e um adjetivo que assinalam a unidade e a totalidade.

Vimos, na primeira parte do fragmento 67, nove substantivos, numa sequência, sem qualquer adjetivação ou ilação verbal. Um nome, "deus", e quatro pares de substantivos de significação contrária, sem sequer uma conjunção entre eles: confronta-se "deus" a pares de contrários e também se opõe aos contrários

---

[51] F. Nietzsche. Fragmentos póstumos: inverno 1876/1877. In: *Humano, demasiado humano*. Madrid: Akal, 1996, p. 331.

entre si. Contraposição sem nexo verbal algum nem conjunções. Note-se que no grego de Heráclito não estavam sequer os signos de pontuação que agregamos modernamente: nem dois pontos, nem vírgulas, nem hífens; nove substantivos, nada mais. Pura afirmação e contraposição.

Decerto, nem todos os fragmentos de Heráclito falam este *lógos*. Mas se Heráclito pensou que não estava nele nem dizer nem ocultar, mas dar sinais (DK B 93), bastava um, único sinal para ler um enigma por decifrar. E há muitos. Todos em tom sentencioso ou aforístico. Para lê-los, a gramática consagrada, adulta, de cunho aristotélico, que consideramos hoje tradicional no Ocidente, resulta inadequada. A linguagem desses fragmentos é de justaposição, paratáxico,[52] uma linguagem de oposição para mostrar a luta de opostos, tanto como uma linguagem de unidade na totalidade, para indicá-la.

Também o fragmento 48 expressa uma oposição: "para o arco, nome [é] vida; função [é] morte". Sem verbo e sem conjunção, se opõem *tôi tóxoi* a *ónoma bíon* e a *érgon thánatos; ónoma* a *bion* e *érgon* a *thánatos*. Outra vez para uma unidade, uma série de diferenças (oposições) que a enfrentam. Uma unidade se opõe a uma multiplicidade de contrários, também enfrenta contrários entre si e, ao mesmo tempo, expressa a unidade dessas oposições.

A palavra *ónoma*, que traduzimos por nome, aparece outras duas vezes nos fragmentos conservados, uma em DK B 23 ("Não saberiam o nome de *Díke* se não existira estas coisas") e outra em B 32 ("Um, o sábio, não quer e quer ser chamado unicamente pelo nome de Zeus").

O fragmento 48 – cuja citação foi retirada de uma enciclopédia etimológica do século XII como testemunho de que arco (*biós*) e vida (*bíos*) eram pronunciadas homonimamente (*homonýmos*)

---

[52] Cf. K. Axelos. *Héraclite et la Philosophie. La première saisie de l'être en devenir de la totalité.* 1962, p. 68 ss.; A. Poratti. *Op. cit.*, 1991, *passim*.

pelos antigos – estabelece uma dupla oposição do arco (no fragmento *tóxon*, sinônimo de *biós*): vida (*bíos*) / morte (*thánatos*), nome (*ónoma*) / função (*érgon*). Como não existiam os sinais ortográficos, somente havia diferenças fonéticas ao se dizer *biós* e *bíos*. *Tóxon* (arco) tem um sinônimo em *biós* (arco). E *biós* tem um homônimo em *bíos*: ambos se escrevem BIOS; de arco (*tóxon*) passamos a arco (*biós*) e de arco (*biós*) a vida (*bíos*). Quanto a seu nome, "arco" se identifica com "vida". Aristóteles diria uns dois séculos mais tarde que "arco" e "vida" são homônimos,[53] pois somente seu nome é comum, mas sua *ousía* (definição) é diferente. Heráclito não disse "somente" nem disse *ousía*, disse *érgon* (função). Se por seu nome, *biós* e *bíos* se identificam, por seu *érgon*, são opostos, pois ainda que o *ónoma bíos* signifique vida, o *érgon* de *biós* significa morte. Na unidade BIOS, na oposição dos homônimos *biós* / *bíos*, o *érgon* se opõe a *ónoma* ao dar conta da função mais própria do arco, para o qual se produz: a morte. Vejamos, se *biós* não esgota os *onómata* do arco (pois podemos chamá-lo também *tóxon*), a morte (*thánatos*), ao contrário, sim, esgota seus *érga* (funções)?

O fragmento foi interpretado por Kirk e Marcovich, entre outros, como um exemplo de *coincidentia oppositorum*.[54] Desde o ponto de vista da coisa (o arco, *tóxon*), a oposição se instaura entre seu nome e sua função: ainda que um de seus nomes seja sinônimo de vida, sua função (uma de suas funções?) é sinônimo de morte.[55] Por sua vez, desde o ponto de vista da linguagem, a oposição se dá em um nome (BIOS) que diz coisas contrárias: a vida (*bíos*) e a morte (*thánatos*), que o arco produz (*biós*). As coisas, em virtude dos múltiplos opostos que as constituem, podem expressar-se por nomes opostos e, a uma só vez, há nomes que expressam multiplicidade de coisas contrárias.

---

[53] *Categorías*, 1a.

[54] G. S. Kirk. *Op. cit.*, 1954, p. 120; M. Marcovich. *Op. cit.*, 1967, p. 192.

[55] Assim o diz M. Marcovich em outro texto: "the opposites 'life' and 'death' are two halves of a thing (here, 'the bow'), as inseparable and essential for the thing as are its 'name' and its 'function'". ("Heraclitus: Some Characteristics", 1982, p. 175).

Mas o fragmento diz algo mais. A unidade do arco se expressa no fragmento 51 por meio de outra oposição: "Não compreendem como o que é diferente concorda consigo mesmo; harmonia de tensões opostas como as do arco (*tóxon*) e a lira". O arco também expressa esta outra oposição, a do diferente que concorda consigo mesmo (*diaferómenon... sumphéretai*). Heráclito, ao usar aqui *tóxon* e não *biós* para referir-se ao arco, dá sinais de que *tóxon* não somente é morte, mas que também é harmonia de tensões contrárias: a do arco e a corda que vão em direções opostas e a da vida e da morte. O arco é doador de vida para quem o usa, de morte para quem o padece. Na função de arco, em seu *érgon*, não somente está a morte, mas também a vida e, ainda, a tensa harmonia desses opostos, que o arco testemunha. Assim como os dois *onómata*, seu *érgon* também expressa essa dualidade de opostos.

Éfeso é a *pólis* de maior integração ao Oriente, tanto em seus sentidos geográfico (por sua expansão até o interior continental), social (por sua integração de nativos ao corpo social), religioso (por seu desenvolvimento pré-helênico do culto e templo de Artemisa, no centro da cidade) quanto político (primeiro, aliança com os agressores lídios, logo, complacência com os persas).[56] Os persas dominam a cidade desde meados do século VI até o primeiro quarto do século V, quando Éfeso passa a integrar, em 479, a liga de Delos que comanda Atenas. Porém, neste período de domínio persa, no qual viveu Heráclito, a cultura, a política e as tradições helênicas, suas instituições – a *gerousía* (assembleia) e a *boulé* (conselho) – e seus costumes religiosos – em particular o culto a Deméter – se mantêm. Os persas dominam a ordem econômica sobre a base do sistema tributário lídio e controlam a ordem política impondo títeres tiranos, mas permitem que Éfeso mantenha suas instituições políticas e, com elas, certa autonomia. Em matéria religiosa, os persas são tolerantes.

---

[56] Cf. M. García Quintela. *Op. cit.*, 1992, p. 13-68 e as referências historiográficas que ali se testemunham.

O arco é justamente a arma dos deuses Apolo e Artemisa,[57] aos quais se rendia culto em Éfeso; Artemisa possuía uma notável importância social e política. M. Conche destacou que o arco de Apolo faz com que ele possa viver mais intensamente sua vida na medida em que mais mortes humanas produz.[58] A mesma ideia aparece em B62: "imortais mortais, mortais imortais: uns vivem a morte destes, outros morrem a vida daqueles". Apolo é um caso manifesto em que seu arco implica vida para uns, morte para outros, vida para quem dá morte ("vivem a morte"), morte para quem sofre a vida de outro ("morrem a vida"). O arco de Apolo aglutina a vida e a morte, a tensa unidade desta oposição.

O fragmento 48 sugere uma crítica a certa relação com a linguagem. Os nomes, em muitos casos, somente dizem parcialmente as coisas. BIOS é uma exceção, em virtude de sua homonímia (com *biós*) e sua sinonímia (com *tóxon*). Mas poucos nomes podem fazer isso. B 32, por exemplo, mostra que ZENOS expressa parcial e não inteiramente o Uno. Ali, a contradição se expressa em seu querer e não querer ser chamado Zeus. A interpretação mais aceita deste fragmento diz que a recusa do Uno a ser chamado Zeus tem a ver com a concepção heraclítea da divindade[59]: o deus de Heráclito não tem a forma humana, nem qualquer dos atributos que se derivam dela no Zeus homérico. O querer ser chamado Zeus, por sua vez, radicaria em que o Uno cumpre uma mesma função que Zeus: governa tudo, é rei e pai de todos.[60]

---

[57] P. Grimal. *Diccionario de mitología griega y romana,* 1989, p. 35-8 e 53-4. Diôgenes Laércio comenta que Heráclito, depois de recusar-se ao pedido de seus concidadãos de redigir as leis da *pólis,* retirou-se ao templo de Artemisa e foi brincar com crianças. (*Vidas e Doctrina de Filósofos Ilustres*, IX 2). Afirma também que depositou seu livro no templo de Artemisa (*Ibidem*, IX 6).

[58] "Le dieu vit de la mort des hommes, et le même *arc*, qui les fait mourir, le fait vivre", M. Conche. *Héraclite. Fragments*, 1991/1986, p. 424.

[59] Cf. a análise do fr. 67 na seção anterior deste trabalho.

[60] Estes mesmos atributos se dizem de "uno, o sábio" em 22 DK B 41 e de seus outros nomes (do *lógos,* em DK 22 B 1; da guerra em DK 22 B 53; do raio em DK 22 B 64; da disputa e da necessidade em DK 22 B 80.

Contudo, notemos, o fragmento não diz que o uno quer e não quer ser como Zeus, mas que quer e não quer *ser chamado* com o *nome* de Zeus. De um lado, ao usar a forma ZENOS e não a mais habitual em prosa DEUS – como muitos intérpretes sugeriram[61] –, Heráclito quer evocar ZEN (infinitivo verbal, viver).[62] O uno quer ser chamado com o nome de Zeus porque esse nome evoca o viver do Uno. Mas ao dizer que o *ónoma* Zeus – e não o Zeus homérico – não dá conta, inteiramente, do que o Uno é, está assinalando que o Uno não é apenas o viver. O Uno recusa esse nome porque o Uno não é somente a vida imortal que evoca o nome de Zeus. O nome Zeus evoca apenas um contrário, o viver, e não a unidade em tensão de contrários que o Uno é. Há aqui um novo sinal da unidade e da oposição que compõem as coisas e os nomes. São necessários muitos outros nomes para o Uno, nomes que deem conta dos outros aspectos de que 'Zeus' não dá.

No fragmento 23, a expressão *Díkes ónoma* indica que *taûta* (essas coisas) deve ter como referente algo que permita o conhecimento não já de *Díke* secamente, mas do nome de *Díke*. Assim, seu referente poderia ser *adikías ónoma* ou *adikías onomáta*, indicando, de outro modo, algo que já sabemos: o nome, como a coisa, não pode ser cabalmente conhecido se não reconhecemos seu caráter oposto e polifacético. Não conhecemos cabalmente o nome da justiça se não conhecemos o nome da injustiça.[63]

---

[61] Entre outros, cf. C. Ramnoux. *Op. cit.,* 1968/1959, p. 304. R. Mondolfo. *Op. cit.,* 1981/1966), p. 215 e M. Conche. *Op. cit.,* 1991/1986, p. 243-4; *contra* G. S. Kirk. *Op. cit.,* 1954, p. 392.

[62] Esta etimologia de Zeus era usual no século IV a. C., como o mostra *Crátilo* 396a-b, em que Platão afirma que se chega à verdadeira natureza de Zeus juntando seus dois nomes (*zêna* e *día*), pois Zeus é a maior causa do viver (*zên*), o governante e rei de tudo; muito mais difícil de mostrar é que essa etimologia fosse obra de Heráclito

[63] Kirk fornece como referente de *taûta, tádika* (as coisas injustas. *Op. cit.,* 1954, p. 127-9 e Marcovich, *tadikémata*, de igual tradução (*op. cit.,* 1967, p. 229). Mas ambos não dão conta da especificidade do problema, que não é *díke,* mas o *ónoma* de *díke.*

Heráclito fala em um momento no qual a palavra começa a exercer cada vez maior valor na vida cidadã. Exorta a buscar, com elas, a unidade de uma totalidade que se apresenta dissociada, antagônica, conflituosa. As coisas são a unidade que os nomes sugerem, mas também são uma multiplicidade de diferenças (oposições) que estão abrigadas nessa unidade. Somente alguns nomes fazem explícito esse modo de ser.

Heráclito é o primeiro testemunho no qual a palavra se projeta do terreno da luta política (da *pólis*, cidade) à luta filosófica. Em uma realidade política na qual cresce o valor da palavra, Heráclito fala sobre a linguagem em outro código que o da Assembleia e do Conselho, erige a palavra em juiz de si mesma e inicia assim um caminho que ainda estamos percorrendo. À luta pela posse desse bem escasso que é a palavra, Heráclito incorpora um novo contendor que já não a abandonará, o *lógos* filosófico.

Infância de uma espera

> Se a sabedoria trágica, dizíamos, é incompatível com o mundo do platonismo e da metafísica clássica, qual é pois o mundo da sabedoria trágica? A resposta está neste texto: o mundo da sabedoria clássica é aquele onde não há seguridade de nada, onde não se pode contar com nada; onde não há mais constante do que a instabilidade; em suma, o mundo de Heráclito. Heráclito!
>
> M. Conche[64]

Assim como há dois usos diferentes do termo 'guerra' nos fragmentos de Heráclito, também há dois usos do termo 'criança'. O primeiro é o que o opõe a adulto. Por exemplo, no fragmento 79, se diz que "o homem pode ser chamado de sem palavra em relação com a divindade, como a criança (pode sê-lo) em relação ao homem". Aqui Heráclito faz um paralelo com a potencialida-

---

[64] M. Conche. *Orientation philosophique*. Paris: PUF, 1990, p. 163.

de da palavra: a palavra da criança tem igual potência relativa que a do adulto frente à divindade. Heráclito usa o termo 'criança' (*paidós*) em seu sentido mais coloquial, a primeira etapa da vida humana. Assim como a guerra tem como contrário a paz no fragmento 67, essa criança tem como contrário o adulto. Criança e adulto conformam o homem, que se opõe à divindade, como guerra e paz também se opõem.

Mas há também outro uso do termo 'criança' para designar algo que não tem oposto. "O tempo da vida é uma criança que joga um jogo de oposições. De uma criança, seu reino", diz o fragmento 52. "Tempo da vida" traduz *aión*, que, diferentemente de *chrónos*, alude não ao tempo "objetivo", mas ao tempo enquanto destino, o período limitado de vida humana.[65] "Um jogo de oposições" traduz *pesséuo*, por tratar-se de um entretenimento semelhante às damas, nas quais os oponentes bloqueiam as passagens e procuram ultrapassar as linhas do adversário.[66] Neste fragmento se identifica *aión* com uma criança que joga esse jogo de oposições. E se diz que a criança é rei (*basiléie*) do tempo humano, como a guerra o é de todas as coisas, no fragmento 53.

"Criança que joga com oposições" é outro nome do que é, em referência à vida humana. Não é a criança débil dos primeiros anos de vida, a que fala pouco e debilmente frente ao adulto, senão o próprio tempo que domina a vida humana, o que marca uma possibilidade da existência, o despertar frente ao dormir. Por que essa legalidade recebe como nome "uma criança que joga com oposições?" Já vimos como Diógenes Laércio relata a particularidade de que Heráclito gostava de ficar próximo das crianças.[67] Poderia interpretar-se uma simpatia pessoal. Mas

---

[65] Cf. M. Conche. *Op. cit.*, 1991/1986, p. 447.

[66] Seguimos a leitura de H. G. Liddle, R. Scott. *A Greek English Lexicon*, 1966, em sua entrada para *pesséuo*. Existe uma aguda polêmica a respeito deste jogo. O ponto principal em discussão é se este é um jogo de acaso ou de estratégia e, se for este último caso, de qual tipo de estratégia se trataria. Cf. a discussão em M. Conche. *Op. cit.*, 1991/1986, p. 447-8.

[67] Cf. Diôgenes Laêrtios. *Vida e obra dos filósofos ilustres*, IX, 2.

talvez haja algo mais. Talvez Heráclito queira marcar que há distintos modos de enfrentar (jogar) essas oposições e que ele aposta em um modo que reveste algum caráter infantil de enfrentá-las, um modo inspirado em notas próprias da infância, como a espontaneidade, a ingenuidade, a imoralidade (no sentido de estar mais aquém, ou mais além, abarcando o bem e o mal, o justo e o injusto, o belo e o não belo, como diz o fr.102). Talvez porque o modo de ser criança, diferentemente do modo de ser adulto, vive o não vivível, pensa o não pensável, espera o inesperável. Este modo de pensar a criança é uma metáfora de um tempo sem a continuidade do passado, presente e futuro. É uma criança sem idade, sempre presente, enquanto devir de uma vida possível.

Diz o fragmento 18: "Se não se espera o inesperável, não se encontrá-lo-á, dado que é inencontrável e sem caminho". Este é um dos textos que seguramente irritou Aristóteles, a ponto de dizer que Heráclito não havia compreendido o valor de suas próprias palavras.[68] Esperar o inesperável parece uma contradição simples, clara, estúpida, própria de alguém que não se compreende a si mesmo. O que quer dizer esperar o inesperável? Por quê? Para quê? Como? Segundo sabemos, Heráclito fala como o oráculo, não diz nem oculta, mas dá sinais.

O fragmento é um jogo de contrastes e negações: se não se espera (*élpetai*) o inesperável (*anélpiston*), não se encontrará

---

[68] Aristóteles. *Metafísica* IX 1062a. Mondolfo mostrou (*Op. cit.*, 1981/1966, p. 124-6) que Aristóteles faz três afirmações diferentes sobre Heráclito e sua negação do princípio de não contradição: a) diz que alguém atribui tal negação a Heráclito sem que ele a pensara realmente (*Metafísica*, IV 3 1005b); b) diz que essa negação está implícita em Heráclito, sem que ele reconhecera sua gravidade e que teria admitido que não se podem predicar contrários dos mesmos sujeitos (*Metafísica*, IX 9 1062a); c) diz que Heráclito fez explícita esta opinião (*Metafísica*, IV 7 1012a; *Tópicos*, VIII 159b). Cremos que o princípio de não contradição, em sua dimensão lógica, é um problema aristotélico e não Heraclíteo, pelo menos não na forma da lógica em que o coloca Aristóteles. Deste modo, Heráclito dificilmente pode ter feito referência a ele.

(*exeurései*) o inencontrável (*anexereúneton*). *Anélpiston* é uma forma negativa do imperativo: não é "o inesperado", senão "o que não pode ser esperado", "o que não se deve esperar", "o inesperável";[69] do mesmo modo, *anexereúneton* não é "o que não se encontrou", até agora, senão "o que não se pode ou não se deve encontrar", "o impossível de encontrar", "o inencontrável".

Nesta pequena figura vemos um dos sentidos principais do caráter infantil do pensamento de Heráclito. Quem poderia esperar o que não se pode esperar? A quem isso poderia ocorrer? A uma criança, talvez: alguém sem idade, fora do tempo linear, alguém que não sabe que não se pode esperar o que, aparentemente, não se pode esperar, ou quem sabe, alguém que não crê que não se pode esperar o que, todos dizem, não se pode esperar; ou alguém que, simplesmente, não está convencido dos "não se pode", "não é possível" ou "não se deve".

O que é o que não se pode esperar? Não cremos que tenhamos que buscar um conteúdo, tampouco um âmbito específico de aplicação deste sinal.[70] O que não se pode esperar é o que não se pode esperar. Esperar o que não se pode esperar é abrir um espaço na lógica monolítica com a qual se apresenta o que é. O que Heráclito destacaria aqui não é a espera por algo particular, mas algo da ordem da atitude, da relação que travamos com o que sabemos, pensamos e valoramos, de nossa relação – epistemológica, política, ética – com o que é.

---

[69] Desta forma, pouco sugestivamente, o interpreta uma longa tradição. Dentre outros, Mondolfo, 1981/1966, p. 317.

[70] Os comentadores de Heráclito, de forma quase unânime, discutem se o sentido do fragmento é escatológico, religioso ou epistemológico. Cf. C. Eggers Lan. *Los filósofos presocráticos*, 1981, p. 361. A maioria se inclina pelo segundo (entre eles, G. S. Kirk. *Op. cit.* , 1954, p. 231; Marcovich. *Op. cit.*, 1967, 40-1). Entre estes, alguns identificam o inesperável com a verdade (M. Conche. *Op. cit.*, 1991/1986, p. 246-7), outros com o *lógos* comum (Mondolfo. *Op. cit.,* 1981/1966, p. 319).

Heráclito não está dando aqui uma chave para se encontrar algo misterioso, nem sequer o *lógos*, porque ele mesmo já o encontrou e o explicitou em seu texto.[71] O fragmento é uma oração condicional. Estabelece uma condição para encontrar o inencontrável: esperar o inesperável. Se há uma condição, há, ao menos, duas possibilidades que essa condição abre: cumpri-la ou não cumpri-la (Perdão, Heráclito, por este jogo lógico!). Isso significa que o universo de Heráclito não está fixo, nem determinado. Não, pelo menos, para os humanos. Não dá no mesmo esperar ou não esperar o inesperável. Há despertos e adormecidos, mas não está dito quem está em cada lugar nem que esses lugares sejam ocupados de uma vez e para sempre. Justamente nesse espaço, nesse vazio da possibilidade, da indeterminação do humano se situa, em última instância, o sentido do discurso de Heráclito. Assim se inaugura também uma posição para o discurso da filosofia. Algo assim como a pretensão de modificar, por meio do pensamento e das palavras, a conduta dos homens, para ampliar seus espaços de liberdade: intervir na atitude com a qual os outros se situam no mundo para expandir as possibilidades dessa situação.

"O comportamento (*éthos*) (é) , para o homem, divindade", diz o fragmento 119. É a maneira de ser, a atitude, o que mais conta entre os humanos. Um comportamento atento, que espera o inesperável, é próprio daqueles que estão acordados, aqueles que percebem o comum, a disputa, segundo a qual tudo sucede em unidade. Para propiciar essa atitude entre seus concidadãos, Heráclito escreveu seu livro, que ressalta a infância de uma escrita e também de uma ética do pensamento: a origem e a possibilidade, sempre viva, de pensar o impensável. A infância de uma paixão, de uma filosofia. A filosofia como paixão pelo não clausuramento do pensar.

---

[71] Como vimos, o fragmento 50 diz o conteúdo do *lógos* e, no fragmento 1, Heráclito afirma que ele descreve a natureza das coisas.

CAPÍTULO SEGUNDO

Infância de um filósofo (Sócrates)

> Elogiar a Filosofia é falar, antes de mais nada, de Sócrates, patrono de todos os filósofos e da Filosofia, bem como de seus amantes; é referir-se àquele cuja vida e morte manifestam por excelência a atitude própria ao filósofo e à Filosofia.
>
> O. Matos[1]

Sócrates levou consigo um dos maiores paradoxos da linguagem escrita. Como sabemos, não escreveu nada. Não foi por acaso. Pensava que a palavra escrita é infinitamente menos amiga que a palavra falada. O disse sem rodeios seu duplo platônico no *Fedro*.[2] A escrita dá origem ao esquecimento e ao descuido da memória; faz homens presunçosos, com aparência de sabedoria; reduz a liberdade do falante; ao falar, se elege com quem fazê-lo; ao escrever, é o leitor que elege a quem ler; ademais, o escrito diz uma única coisa, sempre a mesma e somente responde com o silêncio a eventuais perguntas.

Talvez por essas razões, Sócrates preferiu eleger com quem falar a ser lido por qualquer um. Em verdade, falou com quase

---

[1] O. Matos. *Filosofia. A Polifonia da Razão: Educação e Filosofia*. São Paulo: Scipione, 1997, p. 14.

[2] 274c ss.

todos e não escreveu para ninguém. Ainda que lastimável, sua decisão é irreprovável. Alguns, começando por seus juízes, não o perdoaram. Em qualquer caso, ninguém que transite na filosofia pode não falar com Sócrates, mesmo que seja por intermediários. Como se o silêncio eleito por Sócrates deixara uma pegada sobre a qual todos deveriam transitar. Falar com Sócrates parece ser, para os que se encontram com a filosofia, um ato fundador. Como se Sócrates houvesse instaurado não somente a filosofia, mas também a possibilidade de filosofar.[3]

No que se segue, vamos recriar alguns motivos desse ato inaugural. Em primeiro lugar, nos referiremos ao próprio enigma socrático; a seguir, destacaremos o sentido vivo de um perguntar que marcou, para sempre, o filosofar no Ocidente; depois, anotaremos algumas características desse filosofar; mais tarde analisaremos em que medida Sócrates inaugura não somente uma forma de entender a filosofia, mas também de afirmar suas relações com a política. Finalmente, analisaremos o Sócrates educador, que se obstinou em cuidar de si e dos outros.

Infância de um enigma

> A filosofia, hoje, só pode ser uma tentativa sempre recomeçada. A filosofia, geralmente, pensa mais do que fala; fala mais do que escreve; escreve mais do que publica. É possível ser filósofo sem ter publicado; sem ter escrito; quase sem ter falado. Quantas coisas Sócrates deve ter guardado para si!
>
> M. Conche[4]

---

[3] Cf., por exemplo, K. Jaspers. *Die Grossen Philosophen*. Munich: R. Piper, 1957, vol. I, p. 124: "É quase impossível não fazer-se um quadro do Sócrates histórico. Mais do que isso: manter *Sócrates* à vista é um dos pressupostos indispensáveis de nosso filosofar. Talvez poderíamos dizer: nenhum filosofar há hoje sem Sócrates [...]".

[4] M. Conche. *Orientation philosophique*. Paris: PUF, 1990, p. 28.

Infância de um filósofo (Sócrates)

O século XIX foi palco de leituras marcantes. Hegel viu personificado em Sócrates um dos momentos fundamentais do espírito, a irrupção da liberdade da consciência de si mesmo, a subjetividade infinita. O choque deste princípio com o espírito substancial do povo ateniense, a liberdade objetiva, teria provocado um desenlace tão trágico como heroico.[5] O último Kierkegaard encontrou em Sócrates uma dimensão existencial própria de toda autêntica filosofia, e fez de Sócrates o único reformista, herói no qual deveria espelhar-se a reforma do cristianismo.[6] Nietzsche, ainda que tenha tido uma relação ambivalente com Sócrates, deixou sua marca em uma ácida crítica a quem representava uma potência negativa de dissolução do espírito dionisíaco, um *décadent*, o defensor exacerbado da racionalidade contra os instintos, contra as forças da vida.[7] Sorel dedicou um livro a elogiar a dialética de Sócrates e a repudiar sua ética e sua filosofia: o acusa de quebrar os laços de disciplina militar entre os cidadãos atenienses e sua *pólis* e de pretender reuni-los por meio de um Estado Eclesiástico.[8]

---

[5] Cf. G. W. F. Hegel. *Lecciones sobre la historia de la filosofía*. V. II. México, DF: Fondo de Cultura Económica, p. 39-100.

[6] O Sócrates de Kierkegaard passou pelos intensos vaivéns da trajetória do danês. Cf. Th. Pentzopoulou-Valalas. Kieerkegaard et Socrate, ou Socrate vu par Kieerkegard. *Les Études Philosophiques*. Paris, n. 2, avril-juin 1979, p. 151-162.

[7] Assim se pronuncia Nietzsche relendo sua própria obra em "Sobre *O nascimento da Tragédia*" (1888). In: *Os pensadores*. São Paulo: Nova Cultural, 1999, p. 46. Contudo, já no último capítulo da versão original de *O Nascimento da Tragédia*, pensava de forma diferente sobre os méritos de Sócrates: "Mesmo se temos de admitir, portanto, uma tendência antidionisíaca atuando já antes de Sócrates e que somente neste ganha uma expressão de inaudita grandeza, não podemos recuar diante da questão para a qual aponta um fenômeno como o de Sócrates, que, diante dos *diálogos* platônicos, não estamos em condições de conceber apenas como uma potência negativa de dissolução". (1872, § 15. In: *Os pensadores. Op. cit.*, 1999, p. 36). Em notas do verão de 1875, dizia: "Devo confessar que me sinto tão perto de Sócrates, que quase sempre estou em luta contra ele." Cf. R. Safranski. *Nietzsche. Biografía de su pensamiento*. Barcelona: Tusquets, 2001, p. 141 ss.

[8] Cf. G. Sorel. *Le procès de Socrate*. Paris, 1889, p. 5-7.

No século XX, os filósofos seguiram oferecendo leituras contrastantes. Entre os ingleses, B. Russell teve uma visão ácida: como filósofo considera Sócrates "desonesto e sofístico em seus argumentos", diz que há algo de fátuo e de lâmbido em sua maneira de ser, o que nos lembra um tipo desagradável de clérigo, alguém que "como filósofo necessita de uma longa permanência num purgatório científico".[9] K. Popper, ao contrário, o considera, politicamente, um bom democrata que, como tal, considerou seu dever expor as incompetências e palavreados dos líderes democratas de seu tempo; eticamente, o elogia como um igualitarista e antiautoritário.[10] Nos Estados Unidos, Charles Peirce e William James consideravam Sócrates um iniciador e adepto do pragmatismo.[11] Entre os franceses, H. Bergson atribui a seus ensinamentos morais uma emoção criadora e desaprovou que Sócrates tivesse privilegiado os direitos da razão sobre sua intuição e sua inspiração.[12] Entre os alemães, W. Dilthey o considera um gênio pedagógico sem igual na Antiguidade, o único em condições de deter o desmoronamento da *pólis*.[13]

Entre os historiadores da filosofia, no início do século passado, a polêmica foi intensa em torno do que se denominou a "questão socrática". E. Dupréel teve uma das posturas mais extremas: negou a própria existência de Sócrates, a quem considerou um personagem tão legendário quanto Pitágoras e Orfeu.[14] Esta tese tem tido pouca aceitação e chocou-se contra fortes

---

[9] B. Russell. *A história da filosofia ocidental*. São Paulo: Companhia Editora Nacional, 1969/1945, p. 165.

[10] K. Popper. *The Open Society and its Enemies*. London: Routledge, 1945, vol. I, p. 111-4.

[11] Cf. Ch. Peirce. *Collected Papers*, 1931, 6. 490, p. 335 e 5.11; W. James. What pragmatism means? In: *Pragmatism* and four essays from *The meaning of Truth*. New York: Merdian, 1955, p. 45.

[12] H. Bergson. *Las dos fuentes de la moral y de la religión*. Madrid: Tecnos, 1996/1937, p. 72-5.

[13] W. Dilthey. *Historia de la Pedagogía*. Buenos Aires: Losada, 1942, p. 51-3.

[14] E. Dupréel. *La légende socratique et les sources de Platon*, 1922, *passim*.

Infância de um filósofo (Sócrates)

evidências. Contudo, deixou a marca de um problema fundamental, inevitável, insuperável: como reconstruir a figura de
alguém que não somente não escreveu nada, mas que ainda fez
questão de não escrever? Como chegar até Sócrates? Como falar, por meio de escritos indiretos, com quem, intencionalmente,
não deixou por escrito qualquer testemunho?

Devemos distinguir duas questões. A primeira tem a ver com
a vida de Sócrates. Sabemos que um tal Sócrates, filho do escultor
Safronisco e da conhecida parteira Fenareta, viveu em Atenas entre
os anos 469 (ou 470) e 399 a.C., que teve por esposa uma mulher
chamada Xantipa, com quem teve três filhos: Lamprocles, Sofro-
nisco e Menexeno; também sabemos que saiu de sua *pólis* apenas
para defendê-la nas batalhas de Potidea, Anfípolis e Delion.[15] De
escassos recursos econômicos (serviu ao exército ateniense na turma dos hoplitas entre 432 e 424 a.C.)[16] e estéticos (nariz chato, olhos
ressaltados, corpo e roupas descuidados), Sócrates teve uma atua-
ção pública discreta.[17] Salvo um ou outro detalhe, estes são os únicos dados mais ou menos seguros sobre a vida dele.

A segunda questão tem a ver com as ideias de Sócrates.
Tendo desejado ou não, Sócrates fez escola. Um século após sua
morte, as principais escolas filosóficas helenísticas reivindicavam
seu nome.[18] Aristófanes inventou, com Sócrates em vida, um
verbo, "socratear", para referir-se a seus discípulos, aqueles que
"seguem os costumes de Esparta, deixam crescer os cabelos,
passam fome e se negam a lavar-se".[19] Entre os seguidores de

---

[15] Estes dados estão confirmados por diversas fontes independentes. Cf. E. de
Strycker. Les témoignages historiques sur Socrate. *Annales de l'Institute de
philologie*. Bruselas, 1950.

[16] Os hoplitas eram uma classe de estatuto social médio. Cf. Burnet, 1954, p. 98.

[17] Foi membro do Conselho apenas em ocasiões isoladas, se podemos confiar
em seu próprio testemunho segundo Platão na *Apologia de Sócrates* 32a-b.

[18] P. Waerdt. "Introduction" e "Socrates in the *Clouds*", 1994, p. 7 ss.

[19] *Aves* 1280-4. Entre os discípulos estão, por exemplo, Querefonte e Apolodoro.
Cf. Clay. The Origins of the Socratic Dialogue, 1994, p. 25.

Sócrates houve obedientes e desobedientes, uns o escreveram, outros não.[20] Aristóteles dá conta de um gênero específico, os diálogos socráticos, que imitavam as conversações de Sócrates.[21] Os únicos que conservamos, de Platão e Xenofonte, ofereceram testemunhos muito díspares.

Platão compartilhou os últimos anos de Sócrates (tinha cerca de trinta anos quando este morreu), assistiu pessoalmente aos acontecimentos que desencadearam sua condenação e sua morte. Escreveu as mais belas páginas e fez de Sócrates personagem de quase todos os seus *Diálogos*. Nos primeiros, homem articulador, discutidor incansável, pergunta quase tudo; nos intermediários, defensor de outras ideias, responde a quase tudo; nos últimos, é apenas um jovem interlocutor de homens mais sábios, até que sai de cena, substituído pelo "O ateniense", na obra final de Platão, *As Leis*. Essas diferenças levaram os principais helenistas a sustentar que o Sócrates dos primeiros diálogos se parece com o Sócrates de verdade e o Sócrates dos segundos, ao Platão de verdade. O último, o jovem, seria alguém que acompanha um questionamento que Platão faz da sua própria teoria.[22]

---

[20] G. Giannantoni, em sua segunda edição dos fragmentos de Sócrates (*Socratis et Socraticorum Reliquiae*. Nápoli: Bibliopolis, 1990), lista uns setenta socráticos, entre seguidores imediatos e mais distantes. Só em *Fédon*, 59b-c aparecem listados quase vinte.

[21] *Poética* II 1447b. Além de Platão e Xenofonte, os mais importantes escritores de Sócrates teriam sido Antístenes, Aristipo, Críton, Simón, Euclides de Megara, Fédon e Esquines. Conservamos alguns fragmentos de Antístenes e Esquines. Quando Platão escreveu seus d*iálogos,* o gênero já era reconhecido em Atenas. Cf. Clay. *Op. cit.*, 1994, p. 27-30. Xenofonte não é mencionado nenhuma vez nos *Diálogos* de Platão e este apenas uma vez nos *Memorabilia* (II.6.1). Diôgenes Laércio testemunha uma suposta rivalidade entre ambos (*Vidas e doutrinas de filósofos ilustres* III, 34). Xenofonte menciona repetidas vezes Antístenes no *Banquete* e Aristipo em *Memorabilia*. Platão menciona Antístenes e Aristipo apenas para confirmar suas respectivas presença e ausência no momento da morte de Sócrates (*Fédon* 59c) e Esquines para confirmar, ademais, sua presença no julgamento (*Apologia de Sócrates*, 33e).

[22] Cf. por exemplo, G. Vlastos. "Socrates *contra* Socrates in Plato". In: *Socrates, Ironist and Moral Philosopher*. 1991, p. 45-80.

Infância de um filósofo (Sócrates)

O testemunho de Xenofonte é mais indireto. Ainda que tenha conhecido pessoalmente Sócrates, não esteve em Atenas, pelo menos desde um ano antes da morte de Sócrates.[23] Seus dois principais escritos sobre Sócrates, *Apologia* e *Memorabilia* (que contém uma segunda apologia em I, 1-2), se derivam, em boa medida, do testemunho de Hermógenes.[24] O principal interesse da segunda apologia seria responder a acusações formuladas, em um panfleto escrito por Polícrates, posterior às primeiras apologias (a de Hermógenes, a de Platão, a sua e outras) provavelmente entre 387 e 385 a.C.[25]

Além de Platão e Xenofonte, conservamos o testemunho de Aristófanes. Este comediante viveu e escreveu nos tempos de Sócrates. É o testemunho mais direto, de um cidadão de Atenas, o único escrito durante a vida de Sócrates, entre os que chegaram até nós. Fez de Sócrates personagem principal de uma de suas comédias, *As Nuvens*, a mais conhecida por nós, ainda que não tenha sido a mais reconhecida em seu tempo.[26] Muitos atenienses riram de Sócrates graças a Aristófanes. O próprio Sócrates o menciona na *Apologia* de Platão como fonte dos mais antigos acusadores.[27] Mesmo que, de acordo com a percepção deste Sócrates, essa composição contribui para retratar uma imagem

---

[23] Estava entre os mercenários gregos do exército de Ciro na Ásia Menor (cf., Clay. *Op. cit.*, 31-2). Xenofonte não voltou a Atenas pelo menos antes de 394 a.C. Cf. T. Brickhouse, N. Smith. *Socrates on Trial*, 1989, p. 1.

[24] Cf. Clay. *op. cit.*, p. 42, n. 43. O próprio Xenofonte se declara devedor de uma apologia escrita por Hermógenes para redigir seu relato (cf. *Apologia de Sócrates*, II 27 e *Memorabilia* V, 8 4-11).

[25] Cf. o "Estudio Preliminar" de C. Eggers Lan a sua edição em castelhano da *Apologia de Sócrates* de Platão, Buenos Aires: EUDEBA, 1984, em particular, p. 43 ss.

[26] *As Nuvens* foi escrita originariamente para a Grande Dionisíaca de 423 a. C. (quando Sócrates tinha algo mais de 45 anos), na qual ocupou o terceiro e último lugar. Aristófanes também alude diretamente a Sócrates em *Aves*, 1280-4, 1553-5 e 1564; e em *Ranas*, 1491-1499.

[27] Cf. Platão. *Apologia de Sócrates,* 19c.

Coleção "Educação: Experiência e Sentido"

falsa de sua pessoa – ou precisamente por isso – , não se trata de uma referência desprezível.[28]

Também é verdade que Platão foi, provavelmente, o único entre os escritores de diálogos socráticos que dotou alguns deles com um ambiente histórico.[29] Mas se temos presente o que foi destacado no capítulo anterior sobre a historicidade na concepção platônica – e grega em geral – acerca da verdade, vale reconhecer que nenhum dos três testemunhos oferece uma versão historicamente confiável das ideias de Sócrates.[30]

Os filósofos e historiadores da filosofia, de modo majoritário, têm privilegiado o testemunho de Platão.[31] Talvez por terem erigido Sócrates um tipo de pai para a filosofia, algo assim como Freud para a psicanálise. E para falar no pai, nada melhor que os testemunhos de dentro de casa. Mas não é apenas isso: o valor filosófico dos *Diálogos* frente aos outros testemunhos conservados é inegável. Nenhum, entre os textos que chegaram até nós, chegou filosoficamente tão próximo a Sócrates como Platão. Talvez por uma questão de talento, ou de simpatia, ou de olfato, ou de amizade, ou por alguma outra coisa misteriosa atravessando a relação entre alguém que ensina e alguém que aprende. Diante de tamanha incerteza histórica, os

---

[28] Outro testemunho substantivo é o de Aristóteles. Mas é mais distante e indireto. Aristóteles nasceu depois da morte de Sócrates e apenas conheceu Sócrates através de seus discípulos.

[29] Cf., além da *Apologia, Críton* e *Fédon*, por exemplo, os inícios de *Alcibíades, Cármides* e *Banquete*. Note-se que já na Antiguidade, Platão foi criticado pelo anacronismo de seus cenários (Clay. *Op. cit.*, p. 44, n. 46). O autor da *Carta II* diz que, nos *diálogos*, Sócrates está "embelezado e rejuvenecido." (314c).

[30] P. Waerdt. *Op. cit.*, p. 3.

[31] Entre os primeiros, há inúmeros casos; cf., por exemplo, F. Nietzsche. *Para além do Bem e do Mal*. Rio de Janeiro: Relume-Dumará, 2000; H. Bergson. *Op. cit.*, 1996/1937; G. Deleuze – F. Guattari. *O que é a filosofia?*, 1993/1991. Entre os segundos, Vlastos. *Op. cit.* 1991, é um exemplo claro e bem-argumentado desta opção.

estudiosos privilegiam o testemunho que lhes resulta filosoficamente mais interessante.[32]

Assim, filósofos e historiadores inventaram um Sócrates platônico ou um Platão socrático, melhor, um terceiro personagem, entre ambos. Já não podemos saber o que disse Sócrates; não é possível – talvez nem sequer seja interessante – desvincular Sócrates de Platão (e Platão de Sócrates). Ainda que desempenhe distintos papéis, um único "Sócrates", o personagem dos diálogos, é também o personagem conceitual dos filósofos Sócrates e Platão, além de muitos outros filósofos[33]: situado entre ambos, é seu heterônimo, ainda que suas letras coincidam com um de seus nomes, é o sujeito de ambas as filosofias, quem as apresenta e quem afirma seus conceitos.[34]

Neste texto recriaremos alguns motivos deste personagem conceitual "Sócrates" tão escrito, tão difícil, tão polêmico. Nos remeteremos aos três testemunhos que conservamos: Platão, Aristófanes e Xenofonte. Contudo, as referências a Platão serão ampla maioria.[35]

---

[32] Nos últimos tempos surgiram, entre os helenistas contemporâneos, movimentos contrários para privilegiar os testemunhos não platônicos, como o desenvolve e fundamenta, por exemplo, o trabalho de F. Waerdt (org.). *The Socratic Movement*, 1994.

[33] Para o conceito de "personagem conceitual", cf. G. Deleuze - F. Guattari. *Op. cit.*, 1993/1991, p. 63-85.

[34] Dizem G. Deleuze- F. Guattari: "Também nisto foi Platão quem começou: se voltou Sócrates, ao mesmo tempo que fez que Sócrates se voltasse filósofo". (*op. cit.* 1993/1991, p. 67).

[35] O Sócrates de Platão é tão complexo e multifacetado que foi sugerido recentemente que esconde dois Sócrates, um real, muito mais próximo aos sofistas como teria querido Aristófanes, e outro heroico, idealizado por Platão. E. Ostenfeld ("Socratic Argumentation strategies and Aristotle´s *Topics* and *Sophistical Refutations*", 1996) oferece convincentes pegadas de um e outro Sócrates nos *Diálogos* primeiros. Embora nossas referências sejam, na sua maioria, a *Diálogos* da juventude, ocasionalmente faremos algumas referências a *Diálogos* de maturidade e tardios.

Vamos gerar espaços que abram o campo do que se tem pensado a partir de Sócrates. Nesse difícil percurso, entre o muito que tem sido dito e o bastante que ainda há por dizer, trataremos de construir um espaço propício para o pensamento. Sem pretensões historicistas ou reveladoras. Não pretendemos resolver o enigma, mas respeitá-lo, alimentá-lo, celebrá-lo. Buscaremos, apenas, não repetir o óbvio e abrir sentidos no dito e no não dito do enigma.[36]

Os motivos que destacaremos buscam ressaltar um Sócrates que potencializa o pensamento, que o recria, que o retira dos lugares nos quais se encontra comodamente instalado. O próprio Sócrates assim se viu, a si mesmo, como um mosquito que aquilhoa uma *pólis* adormecida.[37] Queremos render homenagem a esse incitar do pensamento que, pelo menos desde Sócrates, está indissoluvelmente ligado à tarefa da filosofia.

Infância de um perguntar

> Conta-te a ti mesmo a tua própria história. E queima-a logo que a tenhas escrito. Não sejas nunca de tal forma que não possas ser também de outra maneira. Recorda-te de teu futuro e caminha até tua infância. E não perguntes quem és àquele que sabe a resposta, nem mesmo a essa parte de ti mesmo que sabe a resposta, porque a resposta poderia matar a intensidade da pergunta e o que se agita nessa intensidade. Sê tu mesmo a pergunta.
>
> J. Larrosa[38]

---

[36] Nos referiremos, em particular, aos primeiros *Diálogos* de Platão, sem prejuízo de remetermo-nos também a outros da madurez e velhice. Entre aqueles, colocaremos especial atenção na *Apologia de Sócrates*.

[37] *Apologia de Sócrates*, 30e-31b.

[38] J. Larrosa. *Pedagogia Profana. Danças, piruetas e mascaradas*. Porto Alegre: Contrabando, 1998, p. 53.

Talvez devamos começar por recordar a conhecida passagem do oráculo narrada na *Apologia de Sócrates*, de Platão.[39] Em Delfos, a pitonisa responde negativamente uma consulta de Querofonte,[40] acerca de se havia alguém mais sábio que Sócrates. Pouco importa se se trata de um fato real ou de uma invenção de Platão.[41] Em todo caso, há um enigma por resolver: como é possível que um homem que não tenha consciência alguma de sabedoria seja o mais sábio em uma sociedade exuberante, abarrotada de homens cultos, ilustres e poderosos? Ao mesmo tempo em que se torna difícil entender a sentença oracular, não pode tratar-se de uma falsidade, pois os oráculos não emitem juízos falsos.[42] Sócrates, então, decide investigar o que pode querer dizer o enigma, como decifrá-lo.

---

[39] *Apologia de Sócrates,* 20d-23c. A *Apologia de Sócrates* (doravante, *Apologia)* é um dos primeiros *Diálogos* de Platão. Foi escrita nalgum momento nos dez anos posteriores ao julgamento de Sócrates (portanto, entre 399 e 389 a.C.; cf., Brickhouse and Smith. *op. cit.,* 1989, p. 1-2). Conforma, junto ao *Críton* e ao *Fédon,* uma trilogia dramática que tem como epicentro os episódios que desencadearam na morte de Sócrates. A *Apologia* narra o juízo; o *Críton,* uma proposta de fuga, e o *Fédon,* os últimos instantes da vida de Sócrates na prisão. A *Apologia* é, curiosamente, o menos dialógico dos primeiros *Diálogos*: é quase um monólogo de Sócrates, apenas interrompido por um curto diálogo com Meleto, um dos três acusadores, ademais de Anito e Lícon. A primeira vista parece uma curiosidade, algo raro. Não o é tanto. Seu título o alerta. Este é o único *Diálogo* de Platão no qual Sócrates está presente desde o título. Mas não só no título. O monólogo de Sócrates é um monólogo sobre si. Como em nenhum outro *Diálogo,* Sócrates explicita sua percepção de si mesmo e dos sentidos de sua vida. Outro dado curioso é que é o único texto platônico em que Platão não deixa dúvidas sobre sua presença na cena que está sendo relatada: na *Apologia,* (34a e 38b) aparecem duas das três únicas menções que Platão faz de si mesmo em todo o *corpus* (na outra, Fédon justifica a ausência de Platão nos últimos momentos de Sócrates: "me parece, está doente", *Fédon,* 59b).

[40] Amigo de Sócrates, discípulo e companheiro no "Pensaceiro", a escola de Sócrates, segundo Aristófanes (*As Nuvens,* 105 ss.; 500-2).

[41] Cf. Eggers Lan. *Op. cit.*, 1984, p. 112. A anedota do oráculo não é mencionada por Xenofonte. Precisamente enquanto a sua relação com o saber, é onde, provavelmente, mais diferem o 'Sócrates' de Platão e o de Xenofonte.

[42] Já vimos que Heráclito dizia que "o deus, cujo oráculo está em Delfos, não diz nem oculta, senão que indica por meio de sinais (*semáinei*)", fr. 93.

Com esse fim, Sócrates interroga três grupos de cidadãos: os políticos, os poetas e os artesãos.[43] O resultado é o mesmo: ninguém é realmente sábio; as razões são diferentes. Os políticos não apenas não são tão sábios quanto eles e outros pensam que são, mas ainda não reconhecem seu não saber e reagem com violência quando sua ignorância lhes é mostrada. Os poetas dizem coisas belas, mas o fazem por inspiração divina e não possuem sabedoria alguma sobre o que dizem: simplesmente transmitem um saber alheio. Ainda assim, acreditam ser mais sábios que qualquer um, não apenas em respeito a suas criações, mas em referência a todas as outras coisas. Os artesãos têm um certo saber prático sobre o qual contavam vantagens a Sócrates, mas, como os poetas, caem no erro de acreditar saberem sobre todas as outras coisas e essa pretensão emperra seu saber.[44]

Como Sócrates decifra o enigma? Reconhece-se mais sábio que todos, não porque tenha algum saber positivo superior aos demais, mas porque, sendo que ninguém sabe muita coisa, ao menos ele reconhece não saber: "por certo, eu sou mais sábio que este homem. É possível que nenhum de nós saiba nada nobre. Sem dúvida, este, não sabendo, crê saber algo e eu, como não sei, não creio (saber)".[45] Assim, Sócrates entende que a sentença oracular se vale dele como um exemplo ou modelo para mostrar que, entre os homens, o mais sábio é aquele que "se deu conta que ninguém é de valor, verdadeiramente, com relação ao saber".[46]

Esta sabedoria implica, de uma só vez, uma negatividade (um não saber; um saber sem substância) e uma positividade

---

[43] *Apologia,* 21c-22c.

[44] *Apologia,* 22d-e. Estes três grupos encarnam os principais sustentadores do estado de coisas sociopolítico naqueles tempos em Atenas. Não em vão, os três acusadores têm relação com eles: Meleto acusa Sócrates em nome dos poetas, Anito, em nome dos artesãos e políticos e Licón, em nome dos oradores (24a).

[45] *Apologia,* 21d.

[46] *Apologia,* 23b.

Infância de um filósofo (Sócrates)

(reconhecer esse não saber), do que resulta um certo paradoxo: saber que não sabe. Não há contradição, conquanto o que se ignora é um saber de respostas e o que se conhece é um saber de perguntas, na medida em que o saber mais significativo para um ser humano é um saber buscar e não um saber possuir.

Note-se que Sócrates se considera um superior, alguém que sabe mais que os outros, embora não seja este um saber de conteúdos. Crê-se superior. Crê que a filosofia seja superior a qualquer outro saber humano. Mais digna, mais valiosa, melhor. E considera o filósofo superior a todos os outros atores na *pólis*.

Ao deus corresponde o saber, *sofía*, enquanto que ao homem, desejar saber, *filosofeîn*. O saber socrático não é algo "externo" ao indivíduo, que se adquire ou se transmite como a água, "que flui sempre de uma taça cheia a uma vazia".[47] É um saber de busca, de caminho, de desejo, algo que comove toda uma subjetividade que o encarna.

Em três ações Sócrates funda seu caminho de busca filosófica: interroga, examina e discute.[48] Os *Diálogos* primeiros de Platão exemplificam essa prática. Neles, mudam o objeto de investigação, a situação e as pessoas interrogadas, mas a dinâmica é semelhante: alguém que se apresenta como especialista em uma matéria é levado a reconhecer, por meio do perguntar, examinar e discutir socráticos, que, em verdade, pouco sabe com relação à essência dessa matéria. O esquema sedução, interrogação, resposta, exame, refutação, confusão é a via mais seguida por essas conversações.

A reação dos interlocutores é diversa: alguns pedem e/ou recebem ajuda externa como 'Céfalo' ou 'Polemarco' em *A República* I e 'Górgias' e 'Polo' no *Górgias*; outros se enfurecem, como 'Trasímaco' e 'Cálicles' nesses mesmos *Diálogos*; outros simplesmente saem abatidos e à disparada, como 'Eutífron' no *Diálogo* homônimo. Mas outros, como o escravo do *Mênon*, passam de

---

[47] *Banquete*, 175d-e.

[48] *erésomai autòn kaì exetáso kaì elénxo*, *Apologia*, 29e.

um saber certeiro a uma perplexidade que os leva a querer aprender aquilo que acabam por reconhecer como problema.[49] No *Láques*, o general 'Nícias' afirma que seus encontros com Sócrates lhe trazem alegria.[50] Na maioria dos casos, o final do *Diálogo* reafirma o valor da pergunta inicial despojada das pseudocertezas que a rodeavam.[51]

Nesses *Diálogos* há um tipo especial de pergunta que interessa a Sócrates, do tipo "O que é x?", em especial quando interroga uma das denominadas virtudes, como a valentia, a prudência ou a amizade.[52] Contudo, não se trata meramente de um catálogo de perguntas filosóficas, mas de um modo de relacionar-se com as perguntas, de um perguntar no qual alguém se coloca em questão, de um perguntar-se. Em verdade, não parece que o sentido principal dessas conversações seja que o outro saiba algo que não sabia, nem sequer, como parece, que deixe de saber algo que acreditava saber, mas, fundamentalmente, que transforme sua relação

---

[49] *Ménon,* 84a-b.

[50] *Láques,* 188b.

[51] A maioria dos primeiros *Diálogos* de Platão leva o nome daquele que se atreve a falar com Sócrates: Eutífron, um sacerdote; Láques, um militar; Íon, um poeta; Protágoras, um mestre; Lisis e Cármides, dois jovens amigos; Trasímaco, um político; Críton, um discípulo; Alcibíades, um amante; Hípias, um sofista, Menéxeno, um aprendiz de filósofo. Chamá-los por seu nome é a oferenda de Platão aos caídos, personagens que começam entusiasmados e acabam confusos, que intentam dizer sua verdade e não conseguem. Os títulos dos *Diálogos* são expressivos. Mostram que Sócrates não fala. Mas enganam se fazem pensar que o outro sim diz a *sua* verdade. Nada disso. Sócrates não os deixa. Quer que falem de *a* verdade ou de si mesmos, e ali se acabam as palavras. No final de todas essas conversações, só ficam perguntas. Sócrates e todos os outros calam suas respostas. Os outros porque não podem, depois de deixar ver que não sabem o que acreditam saber. Sócrates porque não quer, depois de mostrar-lhes que o mais próprio do saber filosófico são as suas perguntas. Sócrates sabe perguntar e perguntarse. Os outros não sabem responder-lhe.

[52] *andréia,* é o tema do *Láques; sophrosýne,* é o tema do *Cármides,* e *philía,* é o tema do *Lisis.*

com o saber.[53] Sócrates não tem nenhuma sabedoria que ensinar; os outros, nada que aprender a não ser descobrimentos que somente eles podem realizar por si mesmos.[54]

Expliquemo-nos. Segundo 'Nícias', no *Láques*, os que se aproximam para falar com Sócrates são levados a dar razão de si mesmos, de seu modo de vida presente e passado, a colocar em questão a própria vida e justificar (*didónai lógon*) por que se vive desta maneira e não de outra.[55] Sócrates não quis que os atenienses cuidassem de nenhuma outra coisa de si antes que cuidassem de si mesmos.[56] Ele não somente interroga os outros. Interroga-se. Quando Mênon o compara com um peixe torpedo, responde:

> Pois eu mesmo não estou em bom caminho quando levo os outros a estar sem saída, pois estando eu mesmo mais sem saída que ninguém, levo também outros a estar sem saída.[57]

Sócrates não pergunta desde uma posição segura, externa, cômoda, dona de si (*euporôn*). Ele mesmo está sem saída (*aporeîn*), mais que ninguém, antes que qualquer outro. Essa é a condição de seu perguntar: primeiro perguntar-se a si mesmo, para depois levar essa inquietude a outros. Desde sua inquietude, buscará levar os outros a inquietarem-se, a examinarem-se, a problematizarem-se. Assim, buscará que os outros se investiguem a si mesmos.[58]

---

[53] Assim o comenta Pierre Hadot: "O verdadeiro problema não é, então, saber isto ou aquilo, senão ser de uma ou de outra maneira". (P. Hadot. *O que é a filosofia antiga?*, 1999/1995, p. 56).

[54] *to medèn éxhein sophón, ... oudén... mathòntes, ...par hautòn. Teeteto,* 150c-d.

[55] *Láques,* 187e.

[56] *méte tòn heautoû medenòs epimeleîsthai, prìn heautoû epimelethîe, Apologia,* 36b.

[57] *Mênon,* 80c.

[58] *autòs exetázontes, Teeteto,* 155a.

Também é certo que Sócrates não pergunta a partir do não saber. Sabe, ao menos, uma coisa: que o saber humano pouco vale e que, entre os seres humanos, quem mais sabe é ele próprio, o único a perceber essa limitação. Porém não é menos certo que se trata de uma busca que compromete a um e a outro interlocutor, na qual não se trata de "fazer de conta", ou "como se", mais que se trata de "eu e você".[59]

O retrato cômico de Aristófanes também sugere esta relação. Em *As Nuvens* se ridiculariza Sócrates à frente de uma escola, "O Pensadeiro", na qual se cobra para ensinar astronomia, meteorologia, história natural, geologia, geometria e geografia e, sobretudo, para fazer que os argumentos piores vençam os melhores, com razão ou sem ela.[60] Um velho, Estrepsíades, se apresenta ante a escola porque seu filho, Fidípides, o levou à ruína e conversa com Sócrates para que ele ensine seu filho como fazer para que o argumento pior vença o melhor, assim não paga suas dívidas. Em uma primeira conversação, Sócrates o leva ante seus deuses, o caos, as nuvens e a língua.[61] O coro de nuvens pede a Sócrates que "experimente (ponha à prova) o conhecimento e revolva o intelecto" de Estrepsíades.[62] Sócrates o interroga sobre seu modo de ser (memória, facilidade de palavra, capacidade de aprender)[63] e exige que ele se desnude para entrar em sua escola,[64] um sinal de que, mesmo nessa paródia de escola socrática, é necessário despojar-se do que se leva por cima para aprender alguma coisa de valor.

---

[59] Cf. *Protágoras*, 331c-d. No próximo capítulo, problematizaremos, a partir de algumas ideias de J. Rancière, esse caráter do perguntar socrático.

[60] Cf. *As Nuvens,* 98; 144ss.; 156ss.; 171ss.; 177ss.; 188ss.; 193ss.; 201ss.; 225ss.; 245ss.; 1146ss.

[61] *As Nuvens,* 423.

[62] *diakínein tòn noûn autoû kaì tês gnómes apopeiró, As Nuvens,* 477.

[63] *Ibidem,* 482-7.

[64] *Ibidem,* 498.

Infância de um filosofar

> É tempo de que a filosofia volte a fazer profissão de fé em si mesma e em seu próprio passado, na verdade de sua própria esfera. É tempo de que ela, como outrora o fez Sócrates, coloque ao saber a questão de se ele é um *verdadeiro* saber ou somente uma opinião. Chegará o tempo em que se voltará a perguntar: é melhor sofrer injustiça ou praticá-la?
>
> A. Heller[65]

O perguntar de Sócrates leva a perceber que os valores se encontram totalmente invertidos no estado de coisas vigente em seu tempo: os atenienses conferem muito valor ao que é inferior e pouco valor ao que é mais importante.[66] Sócrates sintetiza os valores dominantes no cuidado do corpo e dos bens e no descuido pelas questões espirituais: não é da fortuna que nasce a perfeição, mas da perfeição que nasce a fortuna.[67] O filosofar de Sócrates aparece assim como um tipo de consciência invertida de sua época: é uma voz dissonante frente aos saberes, práticas e valores instituídos.

Tem-se dito que Sócrates é o pai protetor da filosofia, seu patrono.[68] Talvez seja mais preciso dizer que com Sócrates nasceu *uma* filosofia, com a forma de uma postura crítica radical. De fato, a *Apologia* é o primeiro texto filosófico em que conservamos palavras da família filosofia.[69] É de destacar que essas aparições

---

[65] A. Heller. *A filosofia radical.* São Paulo: Brasiliense, 1983, p. 12. (Grifo no original)

[66] *Apologia,* 29e-30a.

[67] *Apologia,* 30b.

[68] Cf. o epígrafe de Olgária Matos a este capítulo, p. 151.

[69] Deixamos a um lado o *filosófous* do fragmento 35 de Heráclito. C. Eggers Lan (*Los filósofos presocráticos*, 1981, p. 395) considera o fragmento apócrifo, fazendo corresponder essa palavra à fonte, Clemente de Alexandria. Bollack e Wismann (*Héraclite ou la séparation.* Paris: Les Editions de Minuit, 1972) consideram autêntico o fragmento, mas descartam que se refira aos filósofos

sempre mostram uma forma verbal, o que indica que Sócrates entende a filosofia como exercício, atividade, prática.[70]

Este exercício é o de um estrangeiro na *pólis*, o de um mosquito que a irrita, de alguém que não segue os seus ritmos. Sócrates é um interruptor da normalidade instituída. No Conselho, é o único a votar contra sua própria tribo.[71] Onde chega, muda as regras do jogo. Como é capaz de qualquer coisa, não é levado em conta.[72] Quando a *pólis* o leva a sério é para condená-lo à morte.

Em seu julgamento, Sócrates realiza, desde o começo, uma curiosa e significativa identificação: faz de conta que sua acusação não é mais que uma acusação contra a filosofia. Por isto, se defende a si mesmo defendendo uma vida filosófica.[73] Nesta sutil transposição consiste toda a sua estratégia de defesa.[74] Tremenda aposta. Defende-se, defendendo-a. Se o

---

no sentido que Sócrates lhe dá a sua tarefa na *Apologia*. No século V a.C., Heródoto retrata um diálogo em que o rei de Lídia lhe diz a Sólon estar admirado pela sua sabedoria e pelo seu amor à sabedoria (*philosopheîn*), que o tem levado a viajar por diversos países (*Histórias* I, 30). Para este e outros usos primeiros de palavras da família 'filosofia', cf. P. Hadot. *Op. cit.*, 1999/5, p. 35-9.

[70] As formas que aparecem ali são todas do particípio ou do infinitivo: *philosophoúnta,* 28e; *philosopheîn,* 29c; *philosophón,* 29d; *tôn philosophoúnton,* 23d.

[71] *Apologia,* 32b.

[72] *Banquete,* 176c.

[73] *Apologia,* 23d.

[74] A estratégia argumentativa de Sócrates perante os juízes é relativamente simples. Por uma parte, intenta diferenciar-se dos profissionais dos tribunais, oradores e retóricos, que têm convertido os julgamentos em jogos técnicos, mais ligados à estética do que à ética, mais seduzidos e sensibilizados pela utilidade que pela verdade (17a-18a). Isso não significa que seu próprio discurso não se revista de cuidadosos critérios retóricos, mas que, quando se trata de questões da ordem da lei e da justiça, o dizer verdadeiro deve ser privilegiado perante o falar com habilidade. Assim, Sócrates se distancia dos habilidosos oradores como se habitassem territórios diferentes: estrangeiro na arte de produzir belos discursos que não atendam a seu conteúdo de verdade, ele mesmo se sente em casa quando se trata de dizer a verdade. O qual significa delimitar um espaço próprio que corresponde ao âmbito da filosofia e não ao da retórica, pelo menos a retórica habitualmente praticada na Atenas de começos do século IV a. C., tal como a descreve, por exemplo, Górgias no *Diálogo* homônimo (*Górgias,* 449d ss.)

Infância de um filósofo (Sócrates)

acusam, a acusam. Por isso, a defende com unhas e dentes. Como se a filosofia o tivesse pedido. Quem sabe?!

Em algum sentido, a filosofia é a atividade humana por excelência, enquanto promotora do único saber humanamente desejável. Sem dúvida, não goza de grande prestígio, reconhecimento e popularidade na *pólis*. Como afirma 'Cálicles', representando o sentido comum imperante, a filosofia tem seu encanto se é aplicada moderadamente na juventude, porém se se insiste nela além da conta é a perdição dos homens.[75]

À maneira de Sócrates, como *praxis* sustentada no cuidado da virtude[76] e no desejo de saber como levar a cabo uma vida digna de ser vivida para o homem,[77] a filosofia quase não é praticada na *pólis*. Pelo contrário, morre-se neste paradoxo: é a mais humana em sua condição e a menos humana em sua prática; definindo os padrões do "como se deve viver", vai na contramão de como vivem os seres humanos. Entre a rigidez do primeiro e a voluptuosidade do segundo, não tem lugar na *pólis*.

Quando recebe seu veredicto, Sócrates o interpreta como uma condenação contra sua vida filosófica, contra quem se preocupa com aquilo que todos os demais descuidam e se despreocupa de tudo o que os demais consideram o mais apreciado.[78] Confirmada a sentença, Sócrates se diverte com a insensibilidade dos juízes. A desnuda. Sorri dela. A julga. "Os acusarei sempre", lhes diz, "os perguntarei, os examinarei, os refutarei, aqui, embaixo da terra ou onde seja". "Ou, por acaso, vocês sabem o que é a morte?", os provoca. "Da minha

---

[75] *Górgias,* 484c; a mesma opinião aparece em *A República,* VI 437c e *Fédon,* 64a, passagens que já consideramos em I.1.iv.

[76] *epimeleîsthai aretês, Apologia,* 31b

[77] *biotòs anthrópoi, Apologia,* 38a

[78] *Apologia,* 36b ss.

parte, mantenho aberta a interrogação sobre o sentido do que significa morrer", lhes opõe.[79]

Sócrates não aceita qualquer das alternativas de ordem. Não admite tomar parte dela. Ante a própria morte, iminente, resiste. À sua maneira, à maneira de sua filosofia: põe a morte em questão. Em todo caso, não se pode deixar de ser o que se é por estar em perigo de morte. Por isso, Sócrates não suplica perdão nem chora clemência,[80] procura "ensinar e persuadir" seus juízes.[81] Faz o que sempre fez. Propõe ser premiado.[82] Como sempre, está fora de lugar. Uma vez mais. É, enquanto filósofo, um estrangeiro em sua terra. Está igualmente mal-vestido, mal-educado. Desfruta da igualdade da palavra. Participa da ordem social, mas, no sentido estrito, não participa da ordem política.[83] Não pode pagar uma multa decente, nem aceita a opção do exílio.[84]

De todas as alternativas propostas para evitar a morte, uma é especialmente inaceitável para Sócrates: deixar de filosofar. O absolvem ou o condenam, "não poderia fazer outra coisa", ainda que estivesse mil vezes a ponto de morrer.[85] A alternativa de manter-se em silêncio e quieto é considerada impossível.[86] Significaria renunciar à filosofia, o que implicaria renunciar a si mesmo. A morte não pode ser pior que isto. A quem poderia isso ocorrer? A um político ateniense. A quem não entende de filosofia. Com sua brincadeira, Sócrates coloca em evidência sua

---

[79] *Apologia,* 37b-40c.

[80] *Apologia,* 34c-35d.

[81] *didáskein kaì peíthein, Apologia,* 35c.

[82] *Apologia,* 36d.

[83] Cf. N. Loraux. "A democracia em confronto com o estrangeiro (Atenas, Paris)". In B. Cassin, N. Loraux, C. Peschanski. *Gregos, bárbaros, estrangeiros. A Cidade e seus Outros.* Rio de Janeiro: Editora 34, 1993, p. 14; 20.

[84] *Apologia,* 37c-37e.

[85] *Apologia,* 29c-30c.

[86] *sigôn dè kaì hesuchían ágon... adýnaton, Apologia,* 37e.

habitual desubicação. Quem pode imaginar semelhante barbaridade? Outra vez a *atopía* de Sócrates, seu não lugar.

"Não farei outra coisa ainda que estivesse mil vezes a ponto de morrer". O "ainda que" está dedicado aos políticos, que temem a morte e se transformam ante sua iminência. Para quem se identifica com a filosofia é prescindível, está demais. Não se pode fazer outra coisa. Só se pode filosofar. Sócrates necessita da filosofia para viver, como a água, como o pão; em verdade, mais ainda, porque com o pão e a água se poderia apenas sobreviver e com a filosofia se pode viver de verdade. Porque para a filosofia, segundo Sócrates, viver uma vida sem perguntas não é viver de verdade.

De modo que sua morte, vem a nos dizer Sócrates, é, além de injusta, inútil. No Hades, continuará filosofando. Na *pólis* muitos seguirão sua tarefa e os tormentos para os políticos serão ainda maiores.[87] Com esta afronta arrogante, a filosofia admite sua culpabilidade: os políticos têm razão, Sócrates corrompeu os jovens, os corrompeu com o veneno do filosofar e sua morte não irá extirpar o veneno da *pólis*.

A identificação de Sócrates com a filosofia é tão forte que a situa ao nível da divindade e da identidade pessoal. Nas duas dimensões provoca os valores instituídos até desencadear sua própria morte. Em um julgamento por irreligiosidade (*asébeia*), Sócrates coloca sua vida, dada à filosofia, como uma tarefa divina, como um desígnio do deus supremo reconhecido em Atenas. Pois, afinal, não é tanto sua pessoa quem escolhera dedicar-se à filosofia, senão o mesmo Apolo quem o ordena a viver filosofando.[88] Como sabemos, não se trata de um imperativo meramente individual: por meio de Sócrates, o deus reconhecido da *pólis*, chama todos os homens a viver a filosofia. Quem deve, então, ser condenado por *asébeia*? Quem cumpre o mandato divino

---

[87] *Apologia,* 39c.

[88] *Apologia,* 28d-e.

ou quem o desobedece? Ao contrapor sua religiosidade à religiosidade instituída, Sócrates se situa, uma vez mais, no espaço sem lugar, no não lugar, *atopía*, da filosofia.[89]

Dessa forma, Sócrates não precisou da filosofia apenas para viver. Necessitou dela para terminar sua vida, para morrer de verdade, para fazer-se encarregado da morte, para humanizá-la, para aceitá-la, para poder fazê-la parte de sua vida. É que, ainda que pareça demasiado óbvio e os políticos não queiram reconhecê-lo, a morte não é outra coisa que uma parte – a última – da vida. Também isso parece saber Sócrates e quer assumi-la dessa forma.

De modo que Sócrates não pode viver nem morrer sem a filosofia. Assim são as vidas e mortes filosóficas, de filosofia presente. Sócrates também deixou este legado. A filosofia sustenta seu desejo por viver e morrer, sua vontade, sua necessidade de encarregar-se de uma e outra, sua paixão por comunicar-se com os outros ao viver e ao morrer, para convidá-los a compartilhar essa necessidade e esse desejo. Um convite à filosofia, esse é o monólogo de Sócrates na *Apologia*, um convite a viver e a morrer na pergunta, na busca, no cuidado, de si e dos outros. Sócrates aprecia tanto tudo isso! Isso ele o faz até o último minuto. Morre por comunicar-se. Com ênfase no pronome reflexivo. Porque nisso joga sua vida, por isso morre. Por dizer-se e dizer aos outros. Assim são a vida e a morte filosóficas de Sócrates. Assim são a vida e a morte socráticas da filosofia.

Desde Sócrates, a filosofia não tem parado de perguntar-se por si mesma. Sua identidade é aberta, mutável, perspectiva. Todos os filósofos renovam este rito. Perguntam o que é a filosofia ou não podem filosofar. Esta pergunta é fundadora, intransferível e inevitável. Faz-se ou não há filosofia. Assim, de terminante. Assim, determinante. Desta forma, todos os filósofos tiveram que se vestir de Sócrates alguma vez, com ou sem

---

[89] 'Cálicles' diz que Sócrates é *átopos* (sem lugar) no *Górgias* 494d; 'Alcibíades' fala da *atopia* de Sócrates no *Banquete* 221d.

juízes diante de si. Alguns, depois de fazerem-se esta pergunta, pretenderam enclausurá-la, definir sua identidade. Não puderam. Deram respostas significativas, saborosas, agudas. Porém, esses filósofos passam e a pergunta da filosofia sobre si mesma se mantém aberta para aqueles que a transitam. Não há como esgotar seu campo de sentidos. Talvez seja este um dos valores significativos de sua fundação: perpetuar a filosofia no reino da infância.

Infância de um politizar

> O fato de (quase) sempre ter havido política *na* filosofia não prova, de modo algum, que a filosofia política é um ramo natural da árvore filosofia. Em Descartes, com certeza, a política não é citada entre os ramos da árvore; a medicina e a moral cobrem aparentemente todo o campo em que outras filosofias a encontravam. E o primeiro da nossa tradição a encontrá-la, Platão, fê-lo apenas sob a forma da excepcionalidade radical. Sócrates não é o filósofo que pensa sobre a política de Atenas. É o único ateniense que "faz as coisas da política" (Platão, *Górgias* 521d), que faz a política *de verdade,* oposta a tudo o que se faz em Atenas com o nome de política. O primeiro encontro entre a política e a filosofia é o encontro de uma alternativa: ou a política dos políticos ou a dos filósofos.
>
> J. Rancière[90]

Uma voz demoníaca se opôs desde sempre a que Sócrates interviesse na vida política.[91] Longe de ver essa oposição como um problema, Sócrates considera ter sido muito feliz, pois, caso contrário, "tivera sido condenado à morte muito antes".[92] Contudo, Sócrates foi ocasionalmente membro do Conselho e ali

---

[90] J. Rancière. *O desentendimento. Política e Filosofia.* São Paulo: Editora 34, 1996, p. 10. (Grifo no original)

[91] *Apologia,* 31c-d.

[92] *Apologia,* 31d.

se opôs a regimes políticos democráticos e tirânicos por igual, na medida em que não atuassem do "lado da lei e da justiça".[93] Sua prática se define por uma oposição crítica radical às diferentes ordens políticas instituídas em Atenas.

Portanto, é verdade que em certo sentido o julgamento de Sócrates é uma perseguição dos partidários de um sistema político contra um homem que constituía uma ameaça a tal sistema, não somente por si mesmo, mas também por seus discípulos. Aqui valem os argumentos que afirmam que Sócrates foi condenado por suas ideias "antidemocráticas" expressas na *Apologia* e em outros diálogos como o *Críton*,[94] se se entende por tal sua desaprovação do partido democrático em poder no momento de seu julgamento. Contudo, nos importa ressaltar que também poderia ter sido condenado por suas ideias "antitirânicas" ou "antioligárquicas".[95]

Por isso, o julgamento de Sócrates é também muito mais que um julgamento de uma pessoa com determinadas ideias políticas. Caracteriza a reação de uma ordem instituída frente às tentativas de questionar essa ordem, mostra a investida dos valores afirmados em um estado de coisas frente às tentativas de colocá-los em questão. Representa, enfim, o combate de uma forma de praticar a política contra uma forma de praticar a filosofia. Essa política afirma, essa filosofia pergunta.[96] As afirmações dessa política se incomodam com as perguntas dessa filosofia. A acusam de morte.

A defesa de Sócrates é a réplica. Afirma com clareza que não tem nenhum interesse em mostrar-se prescindível ou

---

[93] *Apologia,* 32b-d.

[94] Cf., por exemplo, *Críton,* 44d; 46c; 47a ss.

[95] É sintomático que, ao longo da história, Sócrates tenha sido recuperado por filósofos das mais diversas ideologias políticas.

[96] É verdade, essa política também pergunta e essa filosofia também afirma. Trata-se de uma questão de ênfase. Queremos, sobretudo, enfatizar que, se na primeira é necessário afirmar o valor de algumas respostas, na segunda importa manter aberto o sentido de algumas perguntas.

Infância de um filósofo (Sócrates)

inocente. Os políticos, por isso mesmo, se interessam em condená-lo. Em verdade, são duas políticas – duas formas de conceber a vida em comunidade – que se enfrentam: a política dos sustentadores do estado de coisas em Atenas e a política da filosofia de Sócrates. Talvez também por isso Sócrates atraia tanto aqueles que rodeiam a filosofia. Porque na medida em que compartilham alguns de seus pressupostos sobre as relações entre política e filosofia, sentem essa batalha, e seu desenlace, terrivelmente seus.

Sócrates "optou" (ou seguiu a sua voz demoníaca, se se prefere) por abandonar o espaço público da política. Esta renúncia é a antítese da proposta que algumas décadas mais tarde sintetizaria Platão na voz do mesmo personagem em *A República*, com a figura do filósofo-rei ou o governante que filosofa.[97] Ali, para um Sócrates tão diferente que já não parece o mesmo, a política é a forma culminante da filosofia, um compromisso ético para o prisioneiro liberado que consegue escapar da caverna. Ninguém foi educado nessa *pólis* imaginada, diz Sócrates a Glauco, para que permaneça regozijando-se na contemplação das realidades mais perfeitas, senão para que auxilie seus concidadãos a liberar-se de suas prisões: trata-se do bem-estar da *pólis* como um todo e não de uma classe.[98] Até aqui poderia seguir sendo o mesmo Sócrates.[99] Porém, a forma desse compromisso difere substancialmente: será o do governante, do administrador da coisa pública.[100] Trata-se, sem dúvida, de uma inversão radical, enquanto o que para o Sócrates dos primeiros *Diálogos* é incompatível com qualquer *pólis* se

---

[97] Cf. em particular, a chamada "alegoria da caverna", no início do livro VII de *A República*.

[98] *A República,* VII 519e-520a.

[99] Pensamos, sobretudo no Sócrates do *Críton* e nos vínculos extraordinários que nesse *Diálogo* afirma a respeito da *pólis* e a partir dos quais justifica sua não aceitação da proposta de fuga de Críton e seus outros colegas. Cf. *Críton,* 50a ss.

[100] *A República,* VII 520a ss.

torna para o Sócrates de *A República* condição de possibilidade da melhor *pólis*.[101]

Sócrates, sua filosofia, não se opõe meramente à política. A reposiciona. Não ignora as implicações políticas de sua prática. Afirma sua política até o fim. Dá a ela um sentido inquieto, questionador, consistente, subversivo, resistente frente às ordens instituídas. Educa em outra política e o faz implacavelmente. Sabe que a mesma não pode institucionalizar-se. Não questiona um sistema político para implantar outro. Mostra a necessidade de manter viva a inquietude frente a qualquer ordem que pretenda sabê-lo todo.

Enfim, Sócrates é a imagem de uma possibilidade da filosofia em sua relação com a política, uma afirmação de uma prática filosófica, não estritamente política, da política. Mostra que, entre filosofia e política, há mais tensões que complementaridades. Sócrates não parece afirmar nenhuma política positiva, não mostra nenhum projeto político pelo qual trabalhar, mas é, contudo, um dos poucos, senão o único ateniense que, segundo o próprio Platão, dedica-se à "verdadeira arte da política",[102] o único que a pratica nesse tempo, o único que faz política de verdade e que, ao mesmo tempo, por essa razão, é condenado à morte pela política instituída.

Como entender este paradoxo? Sócrates se opõe às diversas políticas positivas – às democracias, às oligarquias, às tiranias –, por meio do exercício da filosofia. Desta forma, também faz da filosofia uma tarefa eminentemente política e do exercício da política uma forma de filosofia. Contudo, afirma um

---

[101] Deixamos aqui de lado as discussões sobre o valor da *pólis* postulada em *A República*. No livro II 372e ss., Sócrates afirma que a *pólis* que se passará a descrever é luxuriosa e doente perante a *pólis* sana e verdadeira que abandona ante as objeções de Glaucón de que se trataria de uma *pólis* de cerdos, sem prazeres e comodidades. Cf. J. Annas. *An introduction to Plato's* Republic, 1981, p. 72 ss.

[102] *Górgias,* 521d.

Infância de um filósofo (Sócrates)

sentido radical para a filosofia política, que não se encontra na fundamentação de uma utopia, senão numa forma de vida baseada na pergunta, na aporia, na inquietude. Pratica uma política e uma filosofia filosóficas, não estritamente políticas. Mantém-se, até o limite de sua vida, na infância da política.

Infância de um cuidar

> Consideremos o exemplo de Sócrates: ele é precisamente aquele que interpela as pessoas na rua, e os jovens no ginásio, dizendo-lhes: "Te ocupas de você mesmo?" O deus o encarregou disso, é uma missão, e ele não a abandonará, mesmo na hora em que é ameaçado de morte. É o homem que cuida do cuidado dos outros: é a posição particular do filósofo.
>
> M. Foucault[103]

A invenção da filosofia é também a invenção de uma pedagogia, que tem por função "dotar um sujeito qualquer de atitudes, capacidades, saberes que não possuía e deverá possuir ao final da relação pedagógica".[104] Como vimos, a relação pedagógica estabelecida por Sócrates e seus aprendizes não é uma relação institucionalizada, formal, sistemática.[105] Mas não por isso deixa de ser tal. Em que consistem as atitudes, capacidades e saberes que transmite Sócrates que os outros não possuíam no início da relação?

Primeiro, há algo ligado ao exame e ao conhecimento de si, a uma certa busca por conhecer-se a si mesmo. Sócrates

---

[103] M. Foucault. *L'éthique du souci de soi comme pratique de la liberté*. In: *Dits et écrits. 1954-1988*. Paris: Gallimard, 1994. Vol. IV, p. 715.

[104] M. Foucault. *La hermenéutica del sujeto*. La Plata: Altamira, 1996, p. 90.

[105] Neste sentido, o "Pensadeiro", a escola na qual aparece Sócrates em *As Nuvens* parece ser um invento de Aristófanes para agudizar o senso dramático de sua comédia.

busca conhecer-se. Também nisso segue uma missão divina, inscrita no oráculo délfico: "conhece-te a ti mesmo".[106] Mas Sócrates não se conforma com sua busca. Quer que todos os atenienses se busquem, se conheçam. Assim interpreta a mensagem do oráculo a Querefonte. Propaga que todos se perguntem por si mesmos e procurem saber de si. Interpreta seu *êthos* pedagógico como uma missão divina. Quer transformar uma atitude dominante em Atenas. Por isso, intenta convencer seus concidadãos para que não deem importância a nenhuma de suas coisas antes que a eles mesmos[107] e que se examinem a si mesmos assim como ele se examina a si mesmo.[108]

Desta maneira, Sócrates ressignifica a sentença oracular "conhece-te a ti mesmo" em um "busca-te a ti mesmo", ou melhor, em "busquem-se a si mesmos", já que não restringe o saber da busca a ninguém em particular.[109] Quer que todos se busquem a si mesmos para que transformem a relação que têm consigo mesmos. Para isso, para poder buscar e aprender quem somos é preciso afastar as certezas e saberes que carregamos acerca de e sobre nós mesmos. Em nós mesmos. Para que sejamos capazes de outro saber e de outra relação conosco. Para que possamos deixar um "nós mesmos" aberto à pergunta e à busca. Essa é a pedagogia socrática: um convite a abrir a relação que temos com nós mesmos.[110]

Sócrates se diferencia dos pedagogos profissionais de seu tempo. Declara explicitamente por vezes que não fora mestre de ninguém.[111] É verdade que, ao menos em dois sentidos,

---

[106] *gnóthi seautón, Cármides,* 164d; Protágoras, 343b; Fedro, 229e.

[107] *Apologia,* 36c.

[108] *Apologia,* 38a.

[109] Jovem ou velho, estrangeiro ou concidadão, *Apologia de Sócrates,* 30a.

[110] Quem tem sido, talvez, o discípulo mais próximo de Sócrates, Antístenes, afirmava que o que aprendeu de seus encontros com Sócrates é a "conversar consigo mesmo", *tó dúnasthai heautõi homileîn* (Diôgenes Laêrtios. *Vidas e doutrinas dos filósofos ilustres,* VI, 6)

[111] *Apologia,* 19d-e; 20c; 33a e b; *Teeteto,* 150c-e.

não ensinou como aqueles que se reconheciam como tais: não oferecia conhecimento algum nem tampouco cobrava por seus ensinamentos, não era um profissional do ensino.[112] Mas a acusação "pedagógica" em seu julgamento não é a de cobrar por seus ensinamentos nem de transmitir conhecimentos, mas de "corromper os jovens". De modo que se separando daqueles que cobram e transmitem conhecimentos não consegue refutar a acusação. Mais ainda, na própria *Apologia*, se reconhece como alguém que ensina e tem discípulos, na medida em que afirma aos juízes que o condenaram que, em decorrência de sua morte, muitos jovens continuarão fazendo o mesmo que ele fazia.[113] Desta maneira, Sócrates mostra que os acusadores têm razão: na verdade, corrompeu os jovens.

Contudo, cremos poder entender em outro sentido a recusa de Sócrates a ser considerado um mestre. Os mestres da época afirmavam ocupar-se do discípulo, cuidar dele por meio de seus ensinamentos. No entanto, Sócrates se ocupou de cuidar de si e de que os outros cuidassem de si. No cuidado do outro, há uma diferença sutil, mas radical. Ele não cuidou de ninguém mais do que de si mesmo. Este é um sentido intenso de sua negação a identificar-se com os mestres de seu tempo. Sócrates, literalmente, não educou a ninguém mais que a si mesmo ("ninguém jamais aprendeu qualquer coisa de mim..."[114]), ainda que se tenha preocupado obstinadamente com que todos se educassem a si mesmos. Sócrates reposiciona o espaço e o sentido de ensinar. Não criou nenhuma escola, nenhuma instituição na qual ensinar. Seu ensinamento primeiro, fundador, é que não há o que ensinar, a não ser que cada um deve cuidar-se. Em sua perspectiva,

---

[112] *Apologia,* 33a-b.

[113] Para o primeiro, como acabamos de ver, admite que velhos e jovens, ricos e pobres, participem por igual de suas conversações (*Apologia,* 33a-b); note-se o *didáskein* (ensinar) dirigido aos juízes na *Apologia,* 35c. Para o segundo, cf. *Apologia,* 39c-d.

[114] *Teeteto,* 150d.

o melhor educador não transmite um saber, mas uma inquietude, a inquietude sobre si.

Sócrates, o personagem conceitual desenhado por Platão, inventa uma maneira de afirmar o sentido e o valor de educar. Seu problema principal é político: como transformar o estado de coisas no qual todos os valores aparecem invertidos? Sua aposta é pedagógica: ele aponta em direção a transformar nossa relação com essa ordem. A aposta também é filosófica, na medida em que procura instaurar a pergunta e a problematização como modo principal dessa relação. Para isso, há que se educar, mas não à maneira e com o sentido que estabelecem os que se dizem educadores, para conhecer mais e ser mais capazes de impor nossos desejos na Assembleia e no Conselho, senão para transformar, antes de qualquer coisa, nossa relação conosco mesmos.

Assim, a filosofia de Sócrates se condensa em três personagens conceituais: o político, o filósofo, o sofista: o outro, o eu e seu duplo. Estas três figuras afirmam três personagens pedagógicos: o político não sabe nada e faz crer que sabe tudo; não cuida de ninguém e faz crer que cuida de todos; o filósofo sabe o que ninguém sabe e faz crer que ninguém sabe nada; cuida de si e faz que todos os outros cuidem de si; por último, o sofista sabe tudo e faz crer que todos necessitam de seu saber; diz cuidar de todos e faz que todos os outros cuidem dele.

No "saber que não se sabe", radica a infância da filosofia. No "cuidado de si", a infância da educação. No educar no "saber de não saber" e "no cuidado de si", a infância de uma filosofia que educa, a infância de uma política da filosofia, a infância, finalmente, de uma educação na, mas também da, filosofia.

CAPÍTULO TERCEIRO

Infância de um ensinar e aprender (J. Rancière)

Segue o eco, a imagem refletida do possível e esquecido: a possibilidade e necessidade de falar e escutar. Não o eco que se apaga paulatinamente ou a força que decresce depois de seu ponto mais alto. Sim o eco que rompe e continua. O eco do próprio pequeno, o local e particular, reverberando no eco do próprio grande, o intercontinental e galáctico. O eco que reconheça a existência do outro e não pisoteie ou intente calar o outro. O eco que tome seu lugar e fale sua própria voz e fale a voz do outro. O eco que reproduza o próprio som e se abra ao som do outro. O eco desta voz rebelde transformando-se e renovando-se em outras vozes. Um eco que se converte em muitas vozes, numa rede de vozes que, frente à surdina do poder, opte por falar-se ela mesma sabendo-se uma e muitas, conhecendo-se igual em sua aspiração de escutar e fazer-se escutar, reconhecendo-se diferente nas tonalidades e níveis das vozes que a formam.

Subcomandante Insurgente Marcos[1]

"O que significam ensinar e aprender?" É a questão principiadora desta seção. Ainda que o problema esteja posto de

---

[1] Subcomandante Insurgente Marcos. Un sueño soñado en los cinco continentes. In: *EZLN. Crónicas intergalácticas*. Chiapas, México, 1998/1996, p. 270.

forma aparentemente abstrata, é concreto, situado, histórico, como todos os problemas em filosofia. Afinal, somos professores de Filosofia. Colocamos nossa prática em questão. Será que ensinamos de verdade quando dizemos que ensinamos? Será que alguém aprende quando ensinamos? O que significam ensinar e aprender? Qual é a relação entre um e outro? Como propiciar que alguém aprenda algo? Perguntamo-nos sobre o significado do que fazemos, quando dizemos que ensinamos Filosofia... ou qualquer outra coisa.

Não estamos pensando nossa questão em um determinado nível de ensino, nem tampouco em função de um saber específico a ser ensinado. Isso não significa que não nos pareça pertinente, em alguns aspectos, a distinção entre níveis de ensino (infantil, fundamental, médio e superior), que não tenhamos pressupostos a respeito de nosso saber, ou que pensemos que o modo de afirmar um saber não afete as condições de seu ensino. Contudo, nosso trabalho atinge os três níveis de ensino e pretende explorar não apenas o ensino de filosofia como campo disciplinar, mas a dimensão filosófica do ensino como espaço que atravessa diferentes saberes e práticas.

Por essas razões, estamos expondo estas perguntas numa forma interessadamente geral, em uma dimensão que afeta, por igual, diferentes níveis de ensino e diversos saberes e, no entanto, se situa no campo pedagógico. Tampouco pressupomos que ensinar e aprender se dizem de uma única maneira, nem postulamos uma teoria geral do ensino ou da aprendizagem. Porém, importa-nos problematizar algo da ordem das condições de possibilidade do ensino e da aprendizagem, sem importar seu nível e sua especificidade.

Mais uma vez, talvez não seja demais esclarecer que faremos um outro exercício infantil. Buscamos a infância do ensinar e do aprender. Não vamos discorrer sobre sofisticados métodos e caminhos para ensinar e aprender. Simplesmente procuramos inquietar o ensinar e o aprender de nossa prática, *nosso* ensinar

Infância de um ensinar e aprender (J. Rancière

e *nosso* aprender; desejamos gerar condições para uma ruptura na forma tradicional de pensarmos essa tarefa; buscamos pôr em questão nossos próprios pressupostos acerca do que significam ensinar e aprender, o modo como mais ou menos conscientemente lidamos com essas questões.

Partimos de uma pergunta: "o que significa ensinar?" Não sabemos a resposta. Eis uma atitude infantil: "não sei". Não se trata da infantilidade do jargão "em filosofia só conta perguntar", nem da cega obstinação "não sei porque não é possível saber". Também não é a repetição impensada e mecânica de uma interrogação que não se inquieta a si mesma. Nossa infantilidade esconde uma abertura, no começo, que se projeta no porvir; é outra infantilidade, a de quem questiona sua própria prática; no começo, a pergunta e suas tentativas de resposta instauram em nossa compreensão um início sobre o que significa ensinar; no porvir, esse questionamento pode nos ajudar a propiciar um novo começo no que pensamos sobre o que significa ensinar.

Certamente, estamos ante uma pergunta complexa, aberta, polêmica, com uma longa história de enunciações e pretensas soluções. Não a trataremos compreensivamente. Não a esgotaremos. Recriaremos-la. Mostraremos um território onde essa pergunta poderá ser pensada outra vez, abordada a partir de uma perspectiva infantilmente filosófica. Não só porque tratar essa pergunta extensivamente levaria a um outro tipo de trabalho, mas também porque, numa perspectiva infantil, problemas como esse não encontram soluções definitivas, não aceitam tais soluções.

De modo que não pretendemos mostrar, nem justificar, um certo conhecimento que mostre nosso domínio sobre a questão. Temos que admitir que não a dominamos. E que não queremos dominá-la. Apenas queremos pensá-la. Apresentaremos, para isso, um mapa, uma geografia, onde essa pergunta se possa pensar mais amplamente do que usualmente se faz no campo da Filosofia da Educação.

Assim, dividiremos o que se segue deste capítulo em seções intituladas, cada uma, por um motivo aberto pela pergunta inicial: "o que significa ensinar?". Num segundo momento, analisaremos a maneira como se pensa, de forma dominante, o ensinar ligado ao explicar ("Crítica da razão explicadora"). Num terceiro momento analisaremos um modelo classicamente oferecido como um mestre libertador ("Acerca de Sócrates"). A seguir, estudaremos o princípio que o filósofo contemporâneo J. Rancière propõe para um ensinar emancipador ("A igualdade como princípio"). Finalmente, estudaremos o significado do par do ensinar, o aprender ("O que significa aprender?"). Na última parte desta seção, reapresentaremos nossa pergunta inicial e submeteremos a alguns questionamentos as principais teses apresentadas neste capítulo.

O que significa ensinar?

> Vocês têm consciência de escolher um grande escritor, quero dizer simplesmente um escritor, e um surpreendente professor, cujo ensino era, para quem o seguia, não uma lição mas uma experiência.
>
> M. Foucault[2]

Há muitos modos de se fazer uma pergunta. Uma pergunta infantil é uma pergunta que não deve ser perguntada. É uma pergunta que parece absurda, sem sentido, sem lugar. Ela se faz de dentro, da interioridade da interrogação que a pergunta coloca e da interioridade da subjetividade que pergunta. É uma pergunta que põe em questão não apenas uma prática, mas, sobretudo, a subjetividade que se interroga a partir de uma prática.

---

[2] M. Foucault. Roland Barthes (1980). In: *DE*, IV, 1994, p. 124.

Ensinamos e não sabemos o que quer dizer ensinar. Por isso perguntamos sobre o que significa ensinar. Também por isso, como ensinantes, nos perguntamos sobre o significado de ensinar. No mesmo movimento, perguntamos e somos perguntados sobre o significado e o sentido do que fazemos quando ensinamos.

Não sabemos o que significa ensinar. Porém, sabemos que é importante perguntá-lo. Mais do que importante, nos parece necessário. Em filosofia não só importam as perguntas. As respostas também contam. Claro que contam. Porém, acreditamos que também vale a pena manter aberta a pergunta pelo sentido e o valor do que virá como resposta. Suspeitamos que qualquer resposta não conseguirá abarcar a radicalidade do problema. Nisto, também, há uma marca da infantilidade de um perguntar e de um responder.

E, ainda assim, vale a pena responder. Melhor dizendo, 'precisamente por isso'. Porque a resposta filosófica não acalma uma inquietude, mas a potencializa. Quem sabe, por isso valha a pena responder em filosofia. Porque poderemos seguir perguntando e respondendo, cada vez mais radicalmente.

Vamos visitar a etimologia. 'Ensinar' faz parte de um grupo de palavras da mesma família semântica de 'educar', junto a outros termos como 'instruir' ou 'formar'. Todos esses termos são originários do latim e compartilham uma certa ideia análoga a 'educar': a de brindar algo a alguém que não o possui. 'Ensinar' vem de *insignare*, textualmente 'colocar um signo', 'colocar um exemplo'. A base desse termo é a raiz indo-europeia **sekw*, com o significado de 'seguir'. *Signum*, o elemento principal de *insignare*, remete ao sentido de 'sinal', 'signo', 'marca' que se segue para alcançar algo. O 'signo' é 'o que se segue'. De modo que o que se brinda no ensinar é um signo que deve ser seguido, um sinal a ser decifrado.[3]

---

[3] A. Castello, C. Márcico. Glosario etimológico de términos usuales en la praxis docente. 1998, p. 15.

Há muitas formas de ensinar. Um livro ensina. Provê signos. É questão de ver como e onde segui-los. Em continuação, vamos seguir alguns signos tomados de um inquietante livro de Filosofia da Educação de Jacques Rancière.[4] Rancière não é um filósofo da educação *strictu sensu*. Também não o são Heráclito, Sócrates, Deleuze. Aliás, não é só de filósofos da educação *strictu sensu* que trata este texto. Porém, o gesto filosófico de Rancière, sua inquietude, o faz sensível à educação. O faz produzir um livro, uma história de vida, desde uma perspectiva filosófica sobre o ensinar e o aprender. O faz emitir signos que merecem ser seguidos.

O mestre ignorante conta a história de um professor emancipador, Joseph Jacotot, que, em 1818, enfrenta uma situação que rompe as condições básicas de qualquer ato de ensinar. Nascido na França em 1770, J. Jacotot, professor de Literatura Francesa, serve no exército, ensina retórica, ocupa cargos públicos e é eleito deputado em 1815. O retorno dos "Borbones" (família real que ainda hoje reina na Espanha) o obriga a ir para o exílio e, nesse momento, Jacotot recebe um convite para dar aulas na Universidade de Louvain, nos Países Baixos.[5] Ali, o espera uma surpresa: seus alunos falam uma língua que ele desconhece (flamenco) e eles desconhecem a língua que ele fala (francês). O ato comunicativo, base de todo ensino, se quebra: o professor não pode se comunicar com seus alunos. Não há signos comuns entre ensinante e aprendizes.

No entanto, Jacotot encontra alguns signos para compartilhar com seus alunos numa edição bilíngue do *Telémaco* de Fénelon, que cai por acaso em suas mãos. Por meio de um intérprete, solicita a eles que aprendam por si mesmos o texto em francês. Os alunos o fazem. Por etapas, Jacotot pergunta o que eles têm aprendido e verifica que façam seu trabalho com atenção. Depois de

---

[4] *Le maître ignorant*. Paris: Fayard, 1987. Em português: *O mestre ignorante*. Tradução de Lílian do Valle. Belo Horizonte: Autêntica, 2002.

[5] J. Rancière. *Op. cit.*, p. 17-18.

Infância de um ensinar e aprender (J. Rancière)

algum tempo, consegue que seus alunos aprendam a falar, ler e escrever em francês. Aprenderam por si mesmos, sem um professor que lhes ensine um conteúdo, porém não sem professor.

Até então, Jacotot acreditava naquilo que quase todos nós, professores, acreditamos: que a tarefa principal de um professor é transmitir os conhecimentos de forma ordenada, do mais simples ao mais complexo, de modo tal que conduzam ao aluno, sem desvios, em direção ao seu próprio saber; em poucas palavras, que explicar é o ato essencial no qual se constitui o ensinar.[6]

A partir desta experiência, Jacotot intui que é possível ensinar, sem explicar, o que se ignora. Existe outra experiência primária de aprendizagem, prévia a toda explicação, comum à humanidade, que desafia a lógica da explicação: a aprendizagem da língua materna. Com efeito, todos nós, seres humanos, aprendemos a falar em nossa língua sem que ninguém nos explique como fazê-lo.[7] E não é uma aprendizagem menor. São as palavras que uma criança aprende melhor, cujo sentido penetra mais facilmente. Haverá que empreender outras experiências de ensino e ver se se confirma que é possível ensinar e aprender, sem explicações.

Jacotot o faz. Passa a ensinar matérias que ignora (pintura, piano), sem explicar nada. Os alunos aprendem. Mais ainda, adoram a experiência, lotam suas aulas. Em todos esses casos os alunos aprendem seguindo seus próprios métodos, elegendo caminhos que eles mesmos decidem.[8] Jacotot faz, basicamente, duas coisas: interroga e verifica se o trabalho está sendo feito com atenção.[9] Pergunta sempre, até a exaustão, três questões: "o que vês?"; "o que pensas disso?"; "o que fazes com isso?"[10] Não verifica o conteúdo do que o aluno encontra nem aonde o levou o caminho

---

[6] *Ibidem,* p. 19-20.

[7] *Ibidem*, p. 22.

[8] *Ibidem*, p. 32; 43-4.

[9] *Ibidem*, p. 51.

[10] *Ibidem*, p. 44.

dos signos, senão o modo como realiza a busca; verifica, também, que o aluno busque continuamente, que nunca deixe de buscar.[11]

Esses exercícios fazem Jacotot transformar aquilo que pensava sobre ensinar e aprender, assim como a ressignificar (dar um novo signo) o que significa ensinar e o papel de alguém que diz ensinar. Como sua etimologia o sugere, talvez ensinar tenha a ver com propiciar signos, sinais, marcas que os outros podem seguir. Quem sabe também esteja ligado a oferecer um exemplo de alguém que *também* e *sobretudo* aprende quando ensina. As experiências de Jacotot têm produzido um intervalo, uma dúvida, no pressuposto dominante de que ensinar tem a ver com explicar. Portanto, é necessário colocar em questão as pedagogias baseadas na lógica da explicação.

Crítica da razão explicadora

> Com efeito, sabemos que a explicação não é apenas o instrumento embrutecedor dos pedagogos, mas o próprio laço da ordem social.
>
> J. Rancière[12]

A explicação é a "arte da distância" entre o aprendiz e a matéria a aprender, entre o aprender e o compreender: o segredo do explicador é apresentar-se como quem reduz essas distâncias à sua mínima expressão.[13] Porém a lógica da explicação, uma vez que criou a distância, contribui para ampliá-la, e não para reduzi-la. Com efeito, quem crê que ensinar se baseia em explicar, se vê levado, pelo menos, aos seguintes problemas[14]:

---

[11] *Ibidem*, p. 57.

[12] *Ibidem*, p. 162.

[13] *Ibidem*, p. 21-2.

[14] Para o que segue, ver em particular no primeiro capítulo de *O mestre ignorante*, "A ordem explicadora", p. 20-6.

Infância de um ensinar e aprender (J. Rancière)

1) O argumento da "terceira explicação" ou regressão ao infinito. A explicação leva a problemas lógico-conceituais insolúveis. Por que alguém não seria capaz de entender diretamente um texto e sim uma explicação desse mesmo texto? Não seria sempre necessária uma nova explicação que fizesse a mediação entre o texto e a explicação anterior, assim como a explicação pretende mediar entre um texto e seu leitor? Em que se legitima a capacidade de uma explicação de ser qualitativamente diferenciada do texto e, ao mesmo tempo, facilitadora para que alguém que, se supõe, não pode compreender esse texto, possa compreendê-la e não necessite de uma nova explicação que faça a mediação entre a aprendiz e a primeira explicação? Nesse sentido, a lógica da explicação é inacabada, leva a uma regressão ao infinito. Um defensor da lógica da explicação poderia argumentar que pode compreender-se uma explicação e não um texto simplesmente "porque o texto é obscuro e a explicação o esclarece". Mas, por que haveria de se pressupor que o que o texto diz e a explicação explica são uma e a mesma coisa? Como poderiam sê-lo? Como o poderíamos saber?

2) O autoritarismo da lógica explicadora. O explicador – ele reduziria as distâncias entre o texto e o aprendiz – é juiz e parte da explicação, o único que sabe e, ao mesmo tempo, legitima seu saber. Pois o que é que legitima este lugar de privilégio, senão algo que vem do próprio explicador? Que outro juiz pode assegurar que a explicação explica o que se supõe que deve explicar e não outra coisa? Quem determina que a explicação em questão é preferível a outras explicações? Dessa maneira, somente o recurso à autoridade do explicador pode justificar uma explicação. Alguém poderia pensar que se trataria de uma lógica solidária, porque o explicador, assim, estaria facilitando a vida do aluno; dessa forma, ajudaria alguém que não poderia entender por si mesmo uma questão, ao entendê-la com ajuda do explicador. Mas, quem, senão o explicador, pode assegurar que se trata de uma facilidade e de uma ajuda real? O que agora parece mais fácil é o mesmo que o que antes parecia tão difícil? É uma ajuda dar uma explicação e não permitir a própria compreensão? Quais saberes, valores e ideias acompanham, silenciosamente, todas as explicações, quaisquer que sejam os conteúdos explicados?

3) O problema da produtividade das explicações. A explicação se sustenta a si mesma sem mostrar resultados que a justifiquem. Com efeito, desde que instauradas na pedagogia moderna, as explicações são cada vez mais numerosas e sofisticadas: há toda uma série de métodos e técnicas sobre como fazer compreender, como explicar melhor, como ensinar a aprender, como aprender a aprender. Explicações de explicações. Explicadores de explicadores. Especialistas em explicar explicações. A lógica da explicação é voraz e autorreprodutora. Cada vez se explica mais sobre mais. Porém, não há uma correspondente melhora na "compreensão". Não obstante essa deficiência, as críticas às explicações dominantes só têm servido para um reforço e uma sofisticação da lógica da explicação. A não fertilidade das explicações não tem sido suficiente para deter seu crescimento.

4) O duplo gesto obscurantista da pedagogia explicadora. Por um lado, a explicação supõe que, com ela, começa o aprender do outro; ela se institui a si mesma como ato inaugural da aprendizagem. Por outro lado, a explicação cobre com um manto de obscuridade tudo o que ela não pode explicar, aquilo que fica oculto por trás de cada explicação. Desta maneira, a explicação não explica nem reconhece os limites de si mesma e cria a ilusão de máxima abrangência.

5) A relação da explicação com a compreensão. É a lógica da explicação que necessita da incapacidade de compreensão e não o contrário, como se supõe normalmente. Não explicamos porque alguns são incapazes de compreender por si mesmos, mas

Infância de um ensinar e aprender (J. Rancière)

é quando explicamos que temos a necessidade de supor que alguns são incapazes de compreender por si mesmos, para que a explicação não se torne desnecessária. A explicação tem a incompreensão como seu princípio de subsistência. Também por isso, cada explicação multiplica a incompreensão e não favorece a compreensão. Sem aquela, ela não subsistiria. Então, quanto mais explicações, mais incompreensão.

6) A relação da explicação com o embrutecimento. Em um ato pedagógico há duas vontades e duas inteligências, as de quem ensina e as de quem aprende. Quando coincidem a vontade e a inteligência do aprendiz em submeter-se à vontade e à inteligência de quem ensina, se produz o embrutecimento. Pois há embrutecimento cada vez que uma inteligência está subordinada a outra inteligência ou a algo externo a si mesma. Explicar algo a alguém é dizer-lhe que não pode entendê-lo por si mesmo, é paralisar seu pensamento, dinamitar a confiança em sua própria capacidade intelectual. Quanto mais sofisticado, conhecedor e hábil é o ensinante, quanto mais deposita participação, prazer e confiança no aprendiz, mais mascarado e mais eficaz se torna o embrutecimento. A emancipação é o contrário do embrutecimento: uma inteligência se emancipa quando só obedece a si mesma. Alguém poderia sugerir que Rancière confunde embrutecimento com diálogo; poderia postular-se que a lógica da explicação seria compatível com uma lógica dialógica, na qual professor e alunos exporiam seus pontos de vista, acordos e desacordos, para discuti-los, sem submetimento. Entretanto, consideramos que uma tal lógica poderia dar-se segundo duas alternativas. Na primeira, esse diálogo seria limitado aos condicionamentos impostos pela explicação; ele só poderia questionar o que a explicação permite colocar em questão; na segunda alternativa, ele seria aberto e poderia questionar tudo, inclusive as próprias explicações. No primeiro caso, o próprio diálogo se tornaria porta-voz mascarado da autoridade da explicação. No segundo, não levaria tal diálogo a suprimir as explicações ou, o que é o mesmo, a que cada dialogante produza sua própria explicação?

7) A explicação e a superioridade e inferioridade das inteligências. A explicação divide os seres humanos em sábios e ignorantes, maduros e imaturos, capazes e incapazes, inteligentes e tolos, julgadores e julgados. Os primeiros – explicadores – estão tão sujeitos ao embrutecimento quanto os segundos – receptores da explicação –, pois estão condenados a uma incomunicação absoluta: a de falar a alguém que, por ser inferior, não pode entendê-los. A lógica da explicação ajuda e potencializa a desigualdade. Quanto mais explicações, mais superiores e inferiores; quanto mais explicações, superiores mais superiores e inferiores mais inferiores.

Acerca de Sócrates

> [...] a força de Sócrates não é a de convencer com convicções e dogmas, mas a de remeter cada um ao seu tribunal interior.
>
> A. Glucksmann[15]

A partir dessa crítica à lógica da explicação, Rancière/Jacotot sugerem que é necessário um mestre que não explique. Alguém poderia pensar, quase imediatamente, na figura de Sócrates. Porém, o "método" de Jacotot difere radicalmente do método socrático.[16] O Sócrates que Rancière diferencia de Jacotot é o do *Mênon*, o que ensina um caminho do saber ao escravo, porém não lhe ensina um caminho de autonomia ou de emancipação.

---

[15] A. Glucksmann. *El undécimo mandamiento*. Barcelona: Península, 1993, p. 199.

[16] J. Rancière. *Op. cit.*, p. 51-3.

Neste *Diálogo*, o escravo passa de um saber certeiro a uma perplexidade que o leva a querer aprender aquilo que acaba por reconhecer como problema; como resultado, aprende um conteúdo novo, um conhecimento matemático que, de alguma forma, ele já tinha, embora não o lembrasse. Porém, o escravo não aprende por si mesmo esse conhecimento, nem aprende como aprender sem alguém que o leve, pela mão, a saber o que tem que saber. Ao contrário, o escravo aprende a buscar sempre levado pela mão do outro. Sem Sócrates ele não seria capaz de buscar por si mesmo.

Nesta dupla submissão, se joga o caráter embrutecedor de um "ensinante". Sócrates embrutece e não emancipa, porque não permite que o escravo busque por si mesmo, que encontre seu próprio caminho, e também porque tem algo estabelecido de antemão, que Sócrates já conhece e que o escravo deve conhecer, sem o qual aquilo que ele aprende não terá qualquer valor.

Não é um detalhe que quem aprende com Sócrates seja um escravo. O contraste com o mestre – o mais sábio dos homens segundo o oráculo – é notório. O escravo é um símbolo do inferior nos campos social, político e epistemológico: quem não apenas nada sabe, mas não sabe como saber. Ao contrário, Sócrates é a imagem do superior quanto ao saber, tal como o oráculo disse: quem sabe como ninguém os caminhos de mostrar aos outros que não sabem. Mas não somente; no *Mênon*, Sócrates também é dono de um saber positivo que lhe permite guiar o escravo até uma resposta correta à questão geométrica que estão analisando. Sócrates sabe o saber que será produzido e sabe como guiar o escravo até esse saber.

Alguém poderia pensar que a situação é diferente nos chamados *Diálogos* socráticos ou aporéticos, nos quais Sócrates não mostra qualquer saber positivo sobre as questões que analisa. Certamente, nessas conversações não há um saber previamente determinado que os interlocutores de Sócrates devam aprender ao final do *Diálogo*. Esses textos acabam com um mútuo reconhecimento de não saber, por parte de Sócrates e de seus codialogantes. É isto que Trasímaco, por exemplo, recrimina em Sócrates, que tem o costume de não responder às perguntas que coloca e faz com que os outros se contradigam.[17] Trasímaco recrimina Sócrates por não ensinar um saber positivo:

> Esta é a sabedoria de Sócrates: por um lado, ele não quer ensinar; e, por outro, ele anda sempre dando voltas para aprender dos outros sem sequer dar-lhes as graças.[18]

A sabedoria de Sócrates consiste em não ensinar (um saber positivo) e em aprender com os outros. Há nisso um mestre emancipador? Pareceria que sim. Como um mestre emancipador, Sócrates não ensinaria um saber de transmissão e aprenderia do aluno. Esses mestres não ensinam à maneira de uma explicação ou de uma transmissão de conhecimentos, porém o aluno aprende algo que não sabia no início da relação pedagógica. Isso mesmo parece fazer Sócrates. Os seus discípulos e interlocutores também aprendem, embora essa aprendizagem ganhe a forma de um não saber o que se sabia. Acabamos de ver que há uma outra forma de ensinar por trás dessa negativa socrática a assumir-se como um educador.

Porém, na visão de Rancière, diferentemente de um mestre emancipador, ainda nestes casos, Sócrates já sabe o que o outro deve saber e o conduz premeditada e impreterivelmente até o ponto em que *reconheça* o que Sócrates antecipadamente já sabia: que ele não sabe o que acredita saber. Não há novidade na aprendizagem, pelo menos para o mestre. Ainda que seja para mudar a relação dele consigo mesmo,[19] Sócrates também sabe isso de antemão.

No fundo, para Rancière, o socratismo é uma forma aperfeiçoada de embrutecimento, no entanto se reveste de uma

---

[17] *A República,* I 337e.

[18] *Ibidem,* I 338b.

[19] *Idem.*

Infância de um ensinar e aprender (J. Rancière)

aparência emancipadora. Sob a forma de um mestre da arte de perguntar, Sócrates não ensina de fato para emancipar, para tornar independente, senão para manter a inteligência do outro submetida à sua.

Poderia-se-ia pensar que Sócrates apenas instaura o primeiro passo para buscar um saber qualquer, que é o reconhecimento da ignorância. Nesse sentido, Sócrates faria com que os outros começassem a buscar saber e não que continuassem submissos a um saber fixo, o que só faz reafirmar a ignorância deles. Mas, pelo menos, nos *Diálogos* não há testemunhos de que os outros busquem por si mesmos. Os outros só podem buscar com Sócrates. É sempre Sócrates guiando o outro.

Os que dialogam com Sócrates não aprendem a buscar por si mesmos o que querem buscar. Apenas aprendem a reconhecer o que Sócrates quer que reconheçam. Isso explica a raiva, a vergonha ou a fúria de personagens como 'Trasímaco', 'Cálicles', 'Eutífron' e tantos outros. Sócrates não pergunta porque ignora, para saber e para instruir-se, como um mestre emancipador, senão porque sabe, para que o outro saiba – o que não sabia ou que não sabe o que acredita saber – e assim se instrua. E também pergunta para que o outro saiba que é ele, Sócrates, quem sabe.

Sócrates não pergunta à maneira dos homens, mas à maneira dos sábios.[20] Como vimos, ele diz estar cumprindo uma missão divina: tirar os outros da arrogância, da autossuficiência, da pseudo-sabedoria. Trata-se, como estudamos no capítulo anterior, de uma tarefa com sentidos eminentemente políticos. Porém, na ótica de Rancière, se trata de uma política iluminada, de superior a inferior, de alguém que esteve em contato com a divindade e quer interferir para que os outros homens se aproximem de uma vida mais divina. Sócrates ensina à maneira de um pastor.

Assim, para Rancière, o problema da pedagogia de Sócrates acaba sendo um problema político: ela parte da desigualdade.

---

[20] J. Rancière. *Op. cit.*, p. 52.

Sócrates acredita no que o oráculo délfico disse a Querefonte, seu amigo, e se sente superior a todos os seus interlocutores, em especial aos políticos representados por Anito e a Meleto, seus acusadores na *Apologia*. Os *Diálogos* socráticos não mostram nenhum outro homem a sua altura, que possa conversar com ele em igualdade. Assim, embora o que diz Trasímaco e o que ele mesmo diz, repetidas vezes, nesses *Diálogos*, Sócrates não parece acreditar que tenha muito que aprender com os outros. Entretanto, ele sabe muito bem que todo mundo tem que aprender com ele, pelo menos uma coisa, a reconhecer que não sabem o que acreditam saber. Sabemos, afirma Rancière, como termina a loucura dos que se acreditam superiores ante os mestres da ordem social.[21]

O Sócrates de Rancière se situa algo distante daquele que apresentamos no capítulo anterior. Gostaríamos de precisar essa distância. Nosso Sócrates reposiciona o espaço e o sentido de ensinar na medida em que seu ensinamento primeiro é que cada um deve cuidar-se de si mesmo. Dissemos que Sócrates é o educador que não transmite qualquer saber, mas uma inquietude, a inquietude sobre si. Isso é ou não é emancipador?

Rancière responderia que não, por partir da desigualdade. Parece-nos que o diferencial entre Sócrates e Rancière deve-se, pelo menos em parte, a que seus problemas têm uma enunciação semelhante, mas são completamente diferentes. Ambos se perguntam como inverter os valores dominantes. Mas enquanto para Sócrates esses valores têm a ver com a predominância do que para ele há no indivíduo de mais baixo, o corpo, o prazer e a repressão do mais elevado, a alma, o bem, para Rancière, o problema é como repensar uma sociedade exaustivamente desigual. Para Sócrates, a desigualdade é um pressuposto, para Rancière, um problema. Sócrates parte da desigualdade para transformar uma sociedade que continuará a ser desigual e é bom que o seja.

---

[21] *Ibidem*, p. 136-7.

Rancière parte da igualdade para pensar uma política que a tenha como princípio. Por isso, Sócrates é, para Rancière, o antiemancipador: porque trabalha a favor da desigualdade, para perpetuá-la. Não estamos tão certos. Para nós a desigualdade é um problema, mas a igualdade também o é. Estamos muito próximos do problema de Rancière ("como superar uma sociedade exausta de desigualdades"), mas menos próximos de sua solução. A igualdade não pode ser um pressuposto em filosofia. Nesse sentido, embora não trabalhasse a favor da igualdade, percebemos em Sócrates um mestre emancipador, na medida em que trabalha para ampliar o campo do problematizável, os espaços daquilo que, a favor do perguntar filosófico, pode sempre ser de outra maneira. O saber de ignorância, o convite à inquietude sobre si, é filosófica e politicamente mais aberto que qualquer pretenso saber positivo a ser transmitido e, ainda, que qualquer valor no qual formar. Ele pode sempre ampliar os espaços de liberdade, qualquer que seja a pretensão que o impulsiona.

A igualdade como princípio

> Há política porque – quando – a ordem natural dos reis pastores, dos senhores da guerra ou dos possuidores é interrompida por uma liberdade que vem a atualizar a igualdade última sobre a que descansa toda ordem social.
>
> J. Rancière[22]

A partir de sua crítica à lógica da explicação e ao modelo socrático, Rancière extrai como princípio necessário do ensinar a igualdade das inteligências. Trata-se de um princípio, algo do qual se parte, uma opinião, um suposto, algo que não tem valor

---

[22] J. Rancière. *O desentendimento. Política e Filosofia.* São Paulo: Editora 34, 1996, p. 35.

de verdade, que não pode demonstrar-se, porém que, talvez, permita fundar uma educação radicalmente diferente daquela dominante segundo a lógica dominante da superioridade/inferioridade.[23]

Uma educação é emancipadora, na medida em que não dá aos outros a chave do saber, senão a consciência do que pode uma inteligência quando considera todas as inteligências iguais.[24] Doadora de poder, isso é uma tal educação. Ela parte de um princípio veraz, não verdadeiro. A partir desse princípio, o ato de ensinar é libertador quando permite ao aprendiz perceber a potência não inferior de sua inteligência, tudo o que ele pode quando se lhe permite andar sem molezas e distrações, quando esquiva duas frases que paralisam a inteligência: "eu digo a verdade" e "eu não posso dizer".[25] Na visão de Rancière, ensinar exige este gesto igualitário. Com relação à inteligência, ninguém é mais do que ninguém; quanto ao pensar, somos todos iguais. Sem esse princípio, ensinar, para emancipar, se torna impossível. Com ele, talvez, uma aventura interessante.

Os grandes artistas dão lições de emancipação. Não são seres de grandes pensamentos, mas de grandes expressões. Eles ensinam uma dupla lição: a) sempre temos que tentar fazer de cada ação um meio de expressão, uma forma de dizer que a humanidade está em nós como em todos os outros; b) sempre temos que tentar partilhar e não apenas experimentar: "o artista tem necessidade da igualdade, tanto quanto o explicador tem necessidade da desigualdade".[26]

---

[23] No terceiro capítulo de *O mestre ignorante*, "A razão dos iguais", (p. 71-107), J. Rancière argumenta sobre o que se pode fazer a partir desta suposição. Para ele, é suficiente que essa opinião seja possível, que nenhuma verdade ao contrário seja demonstrada. Ali também argumenta contra quem afirma que é evidente que as inteligências são desiguais. O argumento básico é que na idade mais tenra dos seres humanos não existem tais diferenças, produzidas por um diferente exercício das inteligências ou por uma atenção maior ou menor nesse exercício.

[24] J. Rancière. *Op. cit.*, p. 64-5.

[25] *Ibidem,* p. 86.

[26] *Ibidem*, p. 104.

Infância de um ensinar e aprender (J. Rancière)

Se pensarmos, ao contrário, como explicadores, que ensinar tem a ver com explicar, então estamos embrutecendo e embrutecendo-nos; submetemos os outros às nossas explicações e nos submetemos a um diálogo com quem, pressupomos, não tem nossa mesma inteligência. Não é a falta de inteligência dos outros o que embrutece, senão nossa crença na incapacidade de sua inteligência.

Como condição para poder emancipar, um mestre emancipador deve começar por ele mesmo. Para emancipar é necessário emancipar-se. Para isso, basta um gesto, uma postura, uma atitude: aceitar o princípio de que todas as inteligências são iguais, de que todos os seres humanos são igualmente pensantes; isso supõe inverter o *cogito* cartesiano ("sou um ser humano; portanto penso"), reconhecer que o pensamento é um atributo da humanidade.[27]

Esse gesto inicial de igualdade abre as portas para a razão na medida em que ninguém acredita ser o seu dono. Com efeito, só quando ninguém quer tê-la, a razão se torna uma possibilidade. E abre também as portas para o aprender, na medida em que só um igual compreende um igual. A seguir, vamos estudar o que pode significar aprender numa comunidade de iguais.

O que significa aprender?

> Queremos pedir-lhes que ensinem a aprender. Que olhem e ensinem a olhar tudo, inclusive nós, com espírito crítico e científico. Que ensinem e se ensinem a ver o outro, porque vê-lo é respeitá-lo. E respeitar o outro é respeitar a si mesmo. Que não permitam que seu trabalho de docência e investigação seja orçado segundo a lógica mercantil, onde importa o volume de laudas e não os conhecimentos que se produzem, onde só vale a assinatura no abaixo assinado em apoio ao senhor reitor, onde o critério para

---

[27] *Ibidem*, p. 60.

> que um projeto tenha orçamento é o número de horas
> invertidas em audiências e cortejos a funcionários cinzas
> e analfabetos. Que não façam do saber um poder que
> pretenda hegemoneizar e homogeneizar o outro pro-
> fessor, o outro investigador, o outro aluno, o outro
> trabalhador.
>
> Subcomandante Insurgente Marcos[28]

Vamos começar pela etimologia. O termo português 'apren-der' é de origem latina e remonta ao verbo *prehendo*, 'pegar', 'co-lher'.[29] A raiz indo-europeia que dá origem a esse verbo não tem pegadas no grego. Afirma a ideia de que o que se aprende é algo concreto, que se toma e se assimila como o fruto de uma planta. Essa origem não é estranha. Neste trabalho, já observamos a pro-ximidade dos campos semânticos do alimento e da educação.[30]

Da mesma raiz de aprender são os termos 'preso' (de *pren-sus*); 'prisão' (de *prehensio*); 'empresa' (de *imprehensa*); 'surpreender' e 'surpresa' (de *sub-prehendere*, 'tomar de improviso'); 'depredar' (de *depraedare*) e 'depredação' (de *depraedatio*, os dois a partir do latim *praeda* 'presa'); 'compreender' (de *cum-prehendere*, a ideia é de uma apreensão integrada na aprendizagem, de uma captação de conjunto e não de elementos isolados); com sentido contrá-rio a 'compreender', 'desprender' tem o prefixo separativo 'des', que implica o desmembramento de uma unidade primária.[31]

---

[28] Subcomandante Insurgente Marcos. "Mensaje en la UNAM, 21 de março de 2001". In: *La marcha del color de la tierra*. México, DF: Rizona, 2001, p. 344.

[29] Para estes aportes etimológicos, cf. A. Castello, C. Márcico. "Glosario etimológico de términos usuales en la praxis docente". 1998, p. 49-50.

[30] Cf. "Os traços de um problema", p. 27-34.

[31] Em latim há outras palavras que formam parte deste mesmo campo semân-tico. Sinônimo de *aprehendere* é *disco*, "aprender", em oposição a *docéo*, causativo: 'fazer aprender', 'ensinar'. Estas palavras estão ligadas ao grego *didásko*. Des-ta mesma raiz são, por exemplo, *autodidaés*, 'que aprende por si mesmo', 'autodidacta', *doctus*, "o que ensina', 'maestro', 'doutor' e docente, "o que faz aprender". (Cf., neste trabalho, "A invenção de uma disciplina", p. 69 ss.)

Infância de um ensinar e aprender (J. Rancière)

Em grego, o campo semântico do aprender está coberto pelo verbo *mantháno*, que significa, originariamente, 'aprender praticamente, pela experiência', 'aprender a conhecer', 'aprender a fazer'. Já na época clássica, há um deslocamento do âmbito do conhecimento concreto até um conhecimento mais abstrato. Da mesma raiz, *math- é o substantivo *máthos*, 'conhecimento', assim como *máthe* e *máthesis*, 'fato de aprender', *máthema*, 'o que é ensinado, conhecimento'; e seu plural *mathémata*, que deu origem à 'matemática'. A raiz *math-, refere a atividade mental, e dele surgem, numa direção, o verbo *maínomai*, 'estar fora de si', e palavras como *manía*, 'loucura', 'furor', e *mántis*, 'vidente', 'adivinho', 'possuído'; e, em outra direção, atividades mentais ligadas especialmente à recordação, como *mnéme*, 'memória', 'lembrança', de onde o privativo *amnesía*, 'perdão', 'esquecimento', 'amnistia'.

Em grego, são habituais as conexões entre *máthos* e *páthos*, 'experiência', especialmente a negativa, e daí, 'padecimento'. É muito frequente, na literatura clássica, a fórmula *têi páthei máthos*, 'pelo padecimento, o conhecimento', ou *tà pathémata mathémata*, 'os padecimentos, conhecimentos'. O que essas fórmulas dizem é que ao conhecimento se chega por meio da experiência.

Essas conexões mostram que os gregos sentiram o aprender como uma experiência. Para dizê-lo em outras palavras, sugerem que não há aprendizagem sem uma experiência de quem aprende e que o aprender está determinado pelo caráter dessa experiência, de modo muito mais marcante que por outros fatores como a intencionalidade de quem ensina. Dessa forma, a intencionalidade do ensinar não seria condição nem garantia do aprender. Alguém pode querer ensinar e ninguém aprender nada; alguém pode ter uma experiência de aprendizagem sem que ninguém queira lhe ensinar. Mais ainda, ninguém aprende o que outro ensina quando se aprende de verdade, pelo viés da experiência.

Dessa forma, aprender não é trazer para si algo de quem ensina. Ensinar não é levar para outro algo de si. Ensinar é oferecer signos, colocar um exemplo do aprender. Aprender é seguir esses signos por si mesmo. Podemos inspirar-nos em outras travessias para essa busca, mas ninguém nos pode substituir na experiência de aprendizagem. Ninguém pode buscar por nós nem nos passar o resultado de sua busca.

Há muitas formas e níveis de ensinar e aprender. Embora eles não se correspondam nem se condicionem, em um sentido forte, se chamam um ao outro. Quem ensina aprende e quem aprende ensina, se ensinar e aprender têm um caráter de experiência. Se quem ensina não aprende, pode duvidar-se que tenha passado por uma experiência, que alguma coisa nele tenha se transformado. Quem quer aprender de quem não aprende ao ensinar? Por sua vez, se quem aprende não ensina, pode duvidar-se do caráter de experiência de sua aprendizagem. Quem quer ensinar a alguém que não ensina ao aprender? Ninguém está isento de aprender nem de ensinar, quando ambos são companheiros da experiência.

O que significa aprender? Jacotot responde a essa pergunta de um modo geral e, a uma só vez, concreto: aprender é uma virtualidade que se verifica no encontro com os outros iguais. Aprender não é diferente de repetir, imitar, traduzir, decompor, recompor,[32] experimentar o prazer e a dor e comunicar esse prazer e essa dor aos seus semelhantes para comover-se reciprocamente, para compreender e ser compreendido pelos outros seres razoáveis. "A comunicação razoável se funda na igualdade entre a estima de si e a estima dos outros."[33] A razão e uma sociedade razoável nascem de uma sociedade de iguais.

Vejamos alguns exemplos, como a pintura. Disse Jacotot que seu objetivo ao ensinar pintura não é o de fazer grandes pintores, senão homens capazes de dizer "eu também sou pintor".[34] Não se trata de fazer artistas excelsos, nem pedantes ou soberbos,

---

[32] J. Rancière. *Op. cit.*, p. 101.

[33] *Ibidem*, p. 114.

[34] *Ibidem*, p. 99.

senão gente que afirme sua potência, suas possibilidades artísticas como membros do gênero humano, gente que perceba que, potencialmente, não é menos nem mais artista do que ninguém. Aprender a pintar é assumir-se como parte do gênero dos pintores, em igualdade com todos os outros colegas do gênero.

O que poderia significar ensinar filosofia, então? Acaso teria a ver não com *formar* excelsos filósofos, mas com *possibilitar*, pela emissão de certos sinais que alguns, não importa sua idade, digam "eu também sou filósofo"? Acaso teria a ver não com *explicar* qualquer coisa, mas com *afirmar* um exemplo de alguém que está tão preocupado em aprender quanto em ensinar? Acaso exigiria pressupor que, potencialmente, ninguém é mais filósofo do que ninguém? Apesar do caráter controverso dessa expressão, parece difícil negar a força criativa de uma tal empreitada.

Pode-se pensar que Rancière oferece um olhar romântico sobre a educação. Pode considerar-se Jacotot como um educador nobre, porém autor de uma pedagogia impraticável em nosso tempo, em nossas escolas. Em algum sentido é assim mesmo. A emancipação intelectual, como a infância, não é institucionalizável, não pode estar a serviço da formação de um tipo específico de atores sociais. Não é um método para formar cidadãos. É incompatível com as instituições porque seus princípios são opostos: entretanto, ele se origina na igualdade, estas representam a falta de igualdade. Jacotot tentou institucionalizar seu método e rapidamente se deu conta da impossibilidade.[35] Há somente uma forma de emancipar e essa forma não pode sustentar-se em nenhuma instituição social. Disse Rancière: "Jamais um partido, um governo, um exército, uma escola ou uma instituição emanciparão uma única pessoa".[36]

A emancipação intelectual não pode institucionalizar-se, mas sim pode ser praticada. É possível também anunciá-la para que

---

[35] *Ibidem*, p. 146-7.

[36] *Ibidem*, p. 142.

outros se inspirem na boa nova, sigam, por seu próprio caminho, esse sinal. Claro que, embora possamos anunciar a emancipação, não se pode outorgá-la: como a liberdade, a emancipação é algo que não se dá, senão que se toma.[37] É, sobretudo, o método dos pobres, dos excluídos do sistema educacional dominante, das crianças, das mulheres, dos negros, daqueles sobre os que mais pesa o prejuízo da não igualdade das inteligências.[38] Porém, não é um método exclusivo de pobres ou excluídos; é de todas as pessoas que buscam, por si mesmas, seu próprio caminho.

Rancière e Jacotot não se preocuparam com algumas especificidades. Por exemplo, não se interessaram por saber se a emancipação intelectual é aplicável a qualquer saber; também não se preocuparam pela aplicação da emancipação a aprendizes de diversas idades ou pela sua tradução pedagógica – ainda fora das instituições – da emancipação universal.

Interpreto que o interesse de Jacotot e de Rancière não é fundar uma nova proposta pedagógica nem assentar as bases de um novo método. Em sentido forte, a emancipação intelectual não é isso ou pelo menos é muito mais do que isso. É um princípio que pode permitir-nos pôr em questão nossa prática, o sentido de nossos ensinos e aprendizagens. É uma infância do ensinar e do aprender. É uma possibilidade de eles interromperem sua forma atual e de renasceram sob outra forma. A emancipação intelectual não é um novo modismo pedagógico nem algo que vá resolver nossos problemas educacionais. Ao contrário, talvez os complique. Porque se trata, sobretudo, de problematizar os valores que afirmamos quando dizemos que ensinamos, de tornar complexo o que parecia tão simples.

A emancipação é também um princípio que funda uma outra educação, um princípio político de nossa prática. Poderíamos imaginar as repercussões desse princípio de igualdade em

---

[37] *Ibidem*, p. 148.

[38] *Ibidem*, p. 147-8.

uma sociedade cheia de excluídos e analfabetos como a nossa, em uma sociedade que explode de desigualdades como a que temos? Poderíamos visualizar, naqueles que sempre ouviram que eles não são capazes sequer de aprender, algumas implicações da afirmação de que todos estão igualmente aptos para ensinar?

A emancipação intelectual é um princípio infantil do ensinar e do aprender. É pensar na contramão do que se costuma pensar sobre um e outro. É renová-los, recriá-los, repensá-los. Jacotot sabia que a emancipação universal não se engrenaria em qualquer sistema. Sabia que não teria êxito. Porém também sabia que ela nunca iria morrer, pelo menos como possibilidade e ousadia do pensamento.[39] A fertilidade e a radicalidade desse pensamento merecem uma infância duradoura.

---

[39] J. Rancière. *Op. cit.*, p. 191.

CAPÍTULO QUARTO

Infância de um pensar (G. Deleuze)

> Estou também convencido de que não se pode render
> melhor homenagem à filosofia de Gilles Deleuze que uti-
> lizá-la para seus próprios fins, pô-la à prova com algum
> objeto novo e desconhecido, mesmo correndo o risco de
> que a prova e a ilustração manquem.
>
> R. Schérer[1]

Como escrever sobre um filósofo? Como escrever com
ele? Talvez o autor no qual a violência seja mais acentuada seja
Sócrates: escrever o não escrito, escrever quem fez opção de
não escrever. Mas a pergunta não é menos importante, quando
só temos fragmentos (Heráclito) ou a expressão de uma filosofia por meio de conversações de terceiros (Platão). Na verdade,
o problema está presente, ainda que de forma mais atenuada,
em qualquer filósofo. Como escrever o pensamento de outro?
As diferentes alternativas, sintetizadas em duas possibilidades
extremas, parecem igualmente interessantes e, a uma só vez, pro-
blemáticas: fundirmo-nos num estilo que torna o filósofo em questão mais presente e, a nós, mais ausentes; transpô-lo a um estilo
próprio que traduz essa filosofia em nossa maneira de escrever

---

[1] R. Schérer. Deleuze Educador. *Archipiélago*, Madrid, v. 17, 1994, p. 35.

207

filosofia. Na primeira alternativa, a busca da fidelidade pode tornar opaca a perspectiva própria e tornar a leitura mera reprodução do já dito; na segunda, a filosofia em questão pode aparecer desfigurada.

Esse problema pressupõe, talvez, uma interrogação prévia, mais radical: como pensar com um filósofo? Como pensar com outro? Não se trata de pressupor uma prioridade temporal, lógica ou ontológica entre o pensar e o escrever, mas de radicalizar a relação: como pensar Heráclito? Com suas categorias? Com uma lógica da contradição, do aforismo e do enigma? Como pensar Platão? Dialeticamente? Dialogicamente? Como pensar Sócrates, então? Abertos à sua forma, somos nós que pensamos a esses filósofos ou é seu pensamento que nos pensa? Talvez essas alternativas contrárias não retratem os movimentos e as nuanças do pensar. Em todo caso, essa percepção não elimina o sentido da pergunta. Pelo contrário, aprofunda-o.

Essas perguntas, sempre presentes ao escrever filosofia, se intensificam quando o pensador em questão é Gilles Deleuze. Como escrever a quem fez da diferença em si mesma, da ideia de diferença, a diferença enquanto diferença, pedra de toque de seu pensamento? Como pensar a quem disse que "devir é jamais imitar"[2] e que negou as escolas, seja para fazer parte de alguma ou, o que costuma ser mais tentador, para fundar uma? Deleuzianamente? Nada parece menos deleuziano.

Deleuze concebia o trabalho filosófico como um trabalho em solidão, mas uma solidão povoada de encontros com pessoas, movimentos, ideias, acontecimentos, entidades. É em encontros desse tipo que se habita um espaço "entre", que algo passa ou se passa entre dois. É o espaço do devir, um único devir entre dois, que tem sua própria direção.[3] É o espaço do roubo, do achado, da captura, que são o contrário do plágio, da cópia, da imitação. Nesse espaço,

---

[2] G. Deleuze, C. Parnet. *Diálogos*, 1998/1977, p. 10.

[3] *Ibidem*. p. 14-5.

> Não se deve procurar [saber] se uma idéia é justa ou verda-
> deira. Seria preciso procurar uma idéia bem diferente, em
> outra parte, em outro domínio, tal que entre os dois algu-
> ma coisa se passe, que não está nem em um nem em
> outro.[4]

Talvez nossas perguntas devam ser ainda mais radicaliza-
das: o que significa pensar? Eis uma primeira significação: pensar é encontrar. Pensar com outro é encontrar-se com outra ideia,
outro conceito, outro acontecimento de pensamento. Como se
fossem duas pedras a serem friccionadas. Não há nada que reconhecer, ninguém por homenagear, nada por adequar. É o acontecimento do encontro que se passa entre duas ideias, conceitos,
acontecimentos. A seguir, procuraremos ver o que pode acontecer no encontro de algumas ideias de Deleuze e algumas inquietações próprias. Tentaremos pensar com Deleuze, capturar a
lgumas de suas ideias expostas e fazê-las jogar entre a filosofia, a
educação e a infância.

O tema que nos interessa especialmente é o pensar. "Que
significa pensar?" é uma pergunta com uma longa tradição na
história da filosofia. Poderíamos dizer que pensar sobre o pensar é uma preocupação *clássica* na filosofia. Mas não se trata apenas de uma preocupação, senão de uma prática: cada pensador
não só pensa o que significa pensar, mas também traça uma
nova imagem do pensamento, intervém decisivamente no modo
de pensar de seu tempo.[5]

Mais uma vez, os filósofos gregos mais influentes em nossa cultura deixaram sua marca, sua imagem sobre o que significa
pensar. A longevidade de alguns conceitos impressiona. Basta
recordar a identidade entre o ser e o pensar que sentenciou Parmênides,[6] que demarcou uma identidade que, restituída, negada

---

[4] *Ibidem,* p. 17-8.

[5] G. Deleuze. *O que é a filosofia?*, 1993/1991, p. 89. O citaremos como *QF.*

[6] DK 28 B 3: "Com efeito, o mesmo são pensar e ser".

ou afirmada, já não pode ser abandonada;[7] ou a caracterização do pensar como um "dialogar da alma consigo mesma" do *Teeteto*, de Platão,[8] que abriu uma brecha de movimentos no pensar.

Contemporaneamente, não tem diminuído o interesse por essa pergunta nem o impacto da filosofia sobre o pensar. Ao contrário, se sofisticou. Embora a pergunta se repita, o problema não é o mesmo. Para nós, interessados nas relações entre filosofia, educação e infância, ela reveste um sentido particular. Existe hoje em dia uma insistência persistente, quase moda, em diversas propostas pedagógicas por "ensinar a pensar", por desenvolver o pensamento "crítico" e "criativo" das crianças. No terceiro capítulo deste texto, analisamos o programa de FpC. Contudo, a questão é mais ampla. Inclusive documentos oficiais no Brasil (PCN, LDB) enfatizam, uma e outra vez, a importância de educar o pensamento das crianças e jovens. O que se entende nesses casos por "pensamento"? Qual imagem do pensar pressupõem essas tentativas? Que intervenção realizam essas práticas (discursivas e não discursivas) no modo em que pensamos e no espaço atribuído ao pensamento?

O problema deve ser situado num marco mais amplo. Em diversos sentidos, o pensamento parece situar-se na retaguarda nos dias de hoje. Por um lado, no próprio âmbito do pensamento, onda já não há muito espaço para grandes relatos, sistemas completos, explicações últimas e fundadoras. Por outro lado, em diversas expressões da vida social, na mídia, nas artes, no trabalho, há uma visível desvalorização generalizada

---

[7] Os próprios Deleuze e Guattari dão testemunho da atualidade desse pensamento ao reafirmar a identidade do ser e do pensar (*QF*, p. 54).

[8] Platão, *Teeteto* 189e-190a: "Sóc.: E por "pensar" entendes tu o mesmo que eu? Teet.: Tu, o que entendes? Sóc.: Um discurso que a alma recorre em si mesma acerca do que quer investigar. Certamente, só posso descrevê-lo para ti como alguém que não sabe. Tal como a imagino, a alma, enquanto pensa, não faz outra cosa que dialogar consigo mesma, enquanto se pergunta e se responde a si mesma, afirma e nega." (da trad. cast. de Manuel Balasch. Barcelona: Anthropos, 1990).

Infância de um pensar (G. Deleuze)

do pensamento, pelo menos de formas rigorosas como as afirmadas pelo discurso filosófico. Como entender então essa tensão? Como explicar que o pensamento se mostre tão pouco valorizado e estimulado socialmente e que, ao mesmo tempo, exista toda uma incitação de discursos pedagógicos voltados a "desenvolver o pensamento"? Há pelo menos duas explicações. A primeira é que esses discursos são, justamente, uma resposta àquele clima dominante ou que, em outras palavras, eles procuram restaurar um certo espaço protagonista para o pensamento. A segunda, que defenderemos a seguir, é que, em verdade, o que está sendo cogitado é uma versão desvalorizada do pensamento. Pensamos que, sob essa incitação a educar o pensamento, ele está reduzido a uma imagem mansa, inofensiva para o estado de coisas dominante. A suspeita que procuraremos justificar no que segue é que a fase oposta de tanta incitação discursiva sobre a necessidade de educar o pensamento é um esgotamento e uma ausência do pensar, pelo menos daquilo que, no próprio pensamento, pode transformar o que pensamos e o que somos.

No que segue, iremos explorar essa suspeita. Vamos explicitá-la, examiná-la, ampliá-la. Buscaremos ajuda para isso em G. Deleuze, quem se interessou de forma quase permanente pelo pensar em toda a sua obra.[9]

---

[9] Em *Nietzsche e a filosofia* (1962) e *Proust e os signos* (1964) há partes intituladas "A imagem do pensamento", que será alguns anos depois o título do célebre capítulo III de *Diferença e Repetição* [1968, a citaremos, segundo a tradução de Luiz Orlandi e Roberto Machado (Rio de Janeiro: Graal, 1988), como *DR*], sua tese de doutoramento e preocupação principal da *Lógica do Sentido* (1969). A preocupação com a imagem do pensamento pressuposta no próprio pensar acompanha o percurso de seus textos com Guattari, sua crítica conjunta da psicanálise e sua grande afirmação sobre a própria tarefa em *O que é a filosofia?* (1991). Também está presente notadamente em seus textos sobre cinema (1983-5), em sua leitura de Foucault (1986), em seus *Diálogos* (1977) e em *Conversações* (1990). Recentemente aparecido, um livro de textos inéditos (*L'île déserte et autres textes,* 2002) inclui um ensaio sobre "Nietzsche et l'image de la pensée", publicado em 1986).

Trata-se, mais uma vez, de um exercício infantil. Não anima este capítulo qualquer pretensão de esgotar o âmbito do pensamento, de descrever como pensamos, de dar conta acabadamente da natureza e da função do pensamento. Sabemos que o pensamento é muito mais do que uma imagem. Mas pretendemos explorar em que medida o renascer de uma imagem pode permitir pensar de outra forma, ser de outra forma, agir de outra forma em educação. Nos preocupa em que medida a afirmação do novo no próprio pensamento e naquilo que se deixa pensar por ele pode propiciar outras formas de pensar a educação, de educar no pensamento e de ser educados pelo pensamento.

Nas seções seguintes, descreveremos aquilo que possibilita o pensar e aquilo que impede sua emergência. Buscaremos a infância do pensar, o que o pensar tem de não pensado e que abre as portas ao impensável. Estudaremos, por fim, a que tipo de filosofia dá lugar uma nova imagem do pensamento. Antes de Deleuze, no início, ofereceremos umas notas sobre um outro crítico das imagens dominantes do pensar: Heidegger.

O que significa pensar?

> O que têm em comum, esses três empreendimentos da vida [*sc.* filosofia, arte e ciência], para merecer o mesmo nome, "pensamento"? Para Gilles, "pensamento" quer dizer: fazer um corte no caos, mas ao mesmo tempo se abrigar contra ele. A potência de um pensamento é a capacidade de se manter o mais perto possível do infinito, com o mínimo de espessura do abrigo. Um pensamento é tanto mais criativo quanto menor for seu abrigar. Um pensamento poderoso encontra-se, quase nu, no fogo do virtual.
>
> A. Badiou[10]

---

[10] A. Badiou. "O que é pensar?". *Cadernos da Subjetividade*. São Paulo, PUC, 1996, p. 69.

Entre os filósofos contemporâneos, Heidegger fez, em diversos momentos, uma ácida crítica ao modo de pensamento instituído na cultura e na filosofia ocidentais. A seguir, vamos nos referir especificamente a algumas aulas publicadas sobre o significativo título de *O que significa pensar?*.[11]

Vamos começar pelas primeiras palavras da primeira das aulas contidas nesse livro. O texto se inicia assim: "ao âmbito do que se chama pensar, chegamos quando nós mesmos pensamos"[12]. Vou sugerir algumas notas a partir desse começo, analisando algumas de suas palavras. "Âmbito" sugere que o pensar ocupa uma localidade, uma geografia, um território; "se chama" diz que o pensar é chamado, é dito na linguagem; trata-se, então, de uma geografia povoada de discurso; com "pensar" percebemos que se trata de um infinitivo verbal, é o movimento do pensar, a sua experiência, a sua ação; "chegamos..." significa que, para pensar, há que se deslocar, movimentar-se, viajar, e significa, portanto, que não estamos instalados no pensar; o pensar não está dado para nós, temos de sair de onde estamos para chegar a esse âmbito; "quando" sugere que há momentos, tempos para pensar; significa, também, nem sempre nem nunca, estabelece uma condição no tempo, um "cada vez que"; "nós" alude a mais de um, não é restrito a indivíduos, é a primeira pessoa do plural majestático, convidativa, inclusiva, irrestrita; "mesmos", quer dizer não outros, ninguém pode chegar ao pensar por ninguém, ou chegamos por nós mesmos ao pensar, ou chegamos a outra parte, ao pensar por outro, ao não pensar; por último, "pensamos", estamos pensando, o fazemos, nas condições anteditas, no espaço e na temporalidade já demarcados.

Pensemos, por um momento, na sentença toda deste começo. O que nos sugere Heidegger é que o pensar é um território, que podemos habitá-lo por meio de, apenas, nosso próprio

---

[11] M. Heidegger. *¿Qué quiere decir pensar?*, 1994/1954.

[12] *Ibidem,* p. 113. Tradução levemente modificada.

pensar. Só pensando podemos chegar ao pensar. Por nós mesmos. Ninguém pode pensar por outro, nem chegar ao pensar por outro. E se chegamos, pelo pensar, ao pensar, é porque não estávamos nele quando começamos a pensar. Embora pensando, não estávamos no pensar. O pensar não está dado no pensamento. Ele se gera ali mesmo.

Avancemos mais um pouco no texto de Heidegger. "A pensar aprendemos quando atendemos a aquilo que dá o que pensar".[13] Aqui se estabelece que há algo que dá o que pensar, algo que não somos nós que estabelecemos e que não depende de que nós o representemos ou não. É o pré-ocupante, *o que dá o que pensar.* Quando Heidegger diz que ainda não pensamos, está querendo dizer também que ainda não chegamos a essa região da absoluta presença, do ser do ente. Isso faz parte da aposta metafísica do Heidegger e não pretendemos entrar no mérito da questão. Não nos interessa subscrever aquilo que Heidegger considera como sendo o que dá o que pensar, mas sim a ideia de que o pensar se dá a partir da atenção que se dá ao que dá o que pensar. A geração do pensar teria a ver com atenção no pensar. As próprias notas sobre o pensar de Heidegger chamam nossa atenção, dão o que pensar. Por isso as trouxemos.

Dão a pensar, por exemplo, que o pensar pode-se aprender, e que essa aprendizagem tem a ver com a atenção. Chega-se ao pensar a partir da atenção. Sem atenção, não há aprendizado, nem pensar. É aquilo que dá o que pensar que chama a atenção de quem o aprende. O atender, diz Heidegger, não deve reduzir-se ao nosso tão comum hoje "ter interesse por". Para o *interesse*, para o estar entre as coisas, só vale o interessante. E o interessante de hoje é o indiferente de amanhã. Ao contrário, a atenção a que se refere Heidegger não é tão passageira. Ela também não pode ser superficial ou passiva. É uma espera atenta, como a que alude Heráclito no fr. 18, que já analisamos.[14] O interesse pode ser circunstancial, acessório, superficial; o que merece nossa

---

[13] *Ibidem,* p. 114.

[14] Cf. "Infância de uma espera", p. 146-150.

atenção é aquilo que não pode deixar de ser pensado. Assim, um certo *páthos*, um estado de espírito é colocado na base do pensamento. É algo da ordem da atitude o que possibilita o pensar, uma postura, uma forma de viver, um estar à espreita, um pensar à espreita.

Mais ainda, um interesse ou um trato insistente com a filosofia, diz Heidegger, não é garantia alguma de que pensemos. Também não o é um contato intensivo com a lógica clássica, porque a lógica, como disciplina da filosofia, está fixa já num determinado modo de pensar. A lógica não pensa, diz Heidegger, apenas desenvolve um modo do pensar.[15] O mesmo pode acontecer com a história da filosofia e aqueles que têm um contato intenso com os textos dos filósofos da história.

"Talvez ainda não pensemos", sugere Heidegger, inclusive na própria filosofia. Este mesmo tema é trabalhado por G. Deleuze. Ele enfatiza em que medida certo trato com a história da filosofia pode impossibilitar muito mais do que facilitar a emergência do pensar no pensamento. Diz Deleuze:

> A história da filosofia sempre foi um agente de poder na filosofia, e mesmo no pensamento. Ela desempenhou o papel de repressor: como você quer pensar sem ter lido Platão, Descartes, Kant e Heidegger, e o livro de fulano ou sicrano sobre eles? Uma formidável escola de intimidação que fabrica especialistas do pensamento, mas que também faz com que aqueles que ficam fora se ajustem ainda mais a essa especialidade da qual zombam. Uma imagem do pensamento, chamada filosofia, constituiu-se historicamente e impede perfeitamente as pessoas de pensarem.[16]

O que retrata Deleuze é a imagem da filosofia como polícia do pensamento, aquela da qual gostam tantos filósofos profissionais de nossa academia. É a trajetória a que estão obrigados a

---

[15] M. Heidegger. *Op. cit.* 1994/1954, p. 120.

[16] G. Deleuze, C. Parnet. *Diálogos*, 1998/1977, p. 21.

seguir quase todos os alunos de filosofia de nossos cursos universitários: "Como você vai entender Aristóteles se antes não entendeu Platão?", "Como você vai ler Fichte se antes não leu Kant?", "Como você vai pensar sobre um problema se antes não leu todo o que os filósofos da história disseram sobre esse problema?". As perguntas poderiam resumir-se numa só: "como você se atreve a pensar sem a legitimação institucionalizada do pensamento?". "Como você se atreve a pensar...?" é a voz inquisidora dos policiais do pensamento, de seus protetores de consciência. Nas palavras de Deleuze:

> Sou de uma geração, uma das últimas gerações que foram mais ou menos assassinadas com a história da filosofia. A história da filosofia exerce uma função repressora evidente, é o Édipo propriamente filosófico: "Você não vai se atrever a falar em seu nome enquanto não tiver lido isto e aquilo, e aquilo sobre isto, e isto sobre aquilo". Na minha geração, muitos não escaparam disso, outros sim, inventando seus próprios métodos e novas regras, um novo tom.[17]

A filosofia constitui uma imagem de si mesma, uma representação, um duplo, que obtura o pensamento, o reprime. Não se trata de tirar o papel da história da filosofia no próprio fazer filosófico, que Deleuze descreve, com imagens artísticas, como análogo à arte do retrato[18] e à colagem na pintura.[19] Seus livros de história da filosofia, sobre autores como Espinosa, Hume, Leibniz, Kant, Nietzsche, Bergson, Foucault desmentiriam tamanha insensatez. Mas o que importa é um

---

[17] G. Deleuze. *Conversações*, 1992/1973, p. 14.

[18] *QF*, p. 74: "A história da filosofia é comparável à arte do retrato. Não se trata de 'fazer parecido', isto é, de repetir, o que o filósofo disse, mas de produzir a semelhança, desnudando ao mesmo tempo, o plano de imanência que ele instaurou e os conceitos que criou."

[19] G. Deleuze. *DR*, p. 19. Para um tratamento mais extenso da relação de Deleuze com a história da filosofia, *cf.* Th. Bénatouil. "L ́histoire de la philosophie: de l ́art du portrait aux collages". *Magazine litteraire*, n. 406, fevereiro 2002, p. 35-7.

Infância de um pensar (G. Deleuze)

tipo de relação com os filósofos da história que afirma métodos próprios e tons novos. No caso de Deleuze, é a busca de autores que se oponham à tradição racionalista dessa história, ou, pelo menos, autores nos quais há brechas para explorar uma tal oposição (o livro sobre Kant é uma exceção, "um livro sobre um inimigo, procurando mostrar como ele funciona"[20]) e, sobretudo, uma tarefa de descentramentos, deslizes e quebras; é a necessidade de ar novo para que o pensamento respire, para que ele encontre uma linha de fuga a respeito de tudo aquilo que o quer aprisionar. Assim percebida, a história da filosofia é um aparelho que demarca problemas e não histórias; ela é mais temática do que erudita, mais criativa do que crítica. É uma fábrica de personagens conceituais, uma força afirmativa, um culto à vida no pensamento. Na história filosófica da filosofia não há nada a interpretar, reconhecer e resgatar. Tudo a traçar, inventar e criar.

De modo que há diferentes usos da história da filosofia. Um deles atenta contra a própria filosofia, a aprisiona, a reprime. É a filosofia inspirada no Estado real, como pretensão de tornar-se língua oficial de um Estado puro. É o pensamento que se reprime a si mesmo no sonho dogmático de configurar um Estado de policiamento do pensamento. É uma aventura política do pensamento que se legitima, mas também se clausura a si mesmo. É a filosofia convertida em língua oficial e em polícia das línguas que podem ser faladas num Estado de direito.

É a filosofia que julga, limita, legisla. Essa filosofia serve às exigências da ordem dominante, embora se postule subversiva e contestadora. Podem fazer-se outros usos da filosofia. Podem também afirmar-se outras imagens do pensamento que afirmem um modo antagônico de exercer o pensamento. Podem constituir-se não só outros usos, mas também outros

---

[20] G. Deleuze. *Conversações*, 1992/1973, p. 14.

espaços para pensar. Pode pensar-se de outra forma. Mas antes, vamos descrever com certo detalhe essa imagem dogmática e repressora do pensamento instalada na filosofia.

A imagem dogmática do pensamento

> Deleuze rejeitaria o fato de falar, por um lado, de um modo de pensar e, por outro, de um modo de agir. Porque a imagem do pensamento em Deleuze é já um agir, dado que justamente não existem estas mediações platônicas ideais e representativas entre ação e pensamento. O que é absolutamente fundamental é a presença do agir na definição do pensamento.
>
> T. Negri[21]

Deleuze segue as pegadas de Heidegger quanto à percepção do pensamento em um estado de imobilidade, preso ao senso comum, à boa vontade, à opinião, à representação. Em *Diferença e Repetição* oferece uma crítica rigorosa do caráter dogmático da própria filosofia ocidental.[22] Ali considera que as condições de uma efetiva crítica e criação na filosofia são as mesmas: a destruição do que ele chama de imagem "dogmática", "ortodoxa", "moral", "pré-filosófica" ou "natural" do pensamento.[23] Essa imagem, quando está na base do pensamento, impede pensar, inibe o pensamento, o inviabiliza ao converter-se num pressuposto impotente, não pensado de si mesmo. A imagem se desdobra nos seguintes oito postulados que lhe são implícitos.[24]

---

[21] T. Negri. "Deleuze y la política". *Archipiélago*. Madrid, n. 17. 1994, p. 19.

[22] A seguir trabalharemos com o capítulo terceiro, "A imagem do pensamento", de *DR*.

[23] *DR*, p. 215-9.

[24] Uma síntese desses postulados se encontra ao final de "A imagem do pensamento" (p. 272-3), e uma explicação mais detalhada dos mesmos, no decorrer desse capítulo (p. 215-272).

Infância de um pensar (G. Deleuze)

O primeiro postulado, do princípio, afirma a boa vontade do pensador e a boa natureza do pensamento. Este postulado se sustenta na moral, a única capaz de persuadir-nos a respeito da afinidade do pensar com o bem. Pois tão somente o bem pode fundar a suposta naturalidade do bem e da verdade. Este postulado se inspira na denúncia nietzschiana da Moral como pressuposto geral da Filosofia e estabelece as condições de uma filosofia sem pressupostos de qualquer espécie, uma filosofia que encontra seu começo na crítica radical de si mesma, na sua libertação de uma tal imagem.[25]

O segundo postulado, do ideal ou do senso comum, sustenta que o senso comum é o que dá unidade e harmonia às faculdades e o bom senso é aquilo que garante essa unidade. Adquire formas como "todo o mundo já sabe que...", "ninguém pode negar que...", ou "todos reconhecem que...", nas quais *o que já se sabe,* o que *não se pode negar* ou o que *todos reconhecem* se volta com hostilidade ao pensar, torna-se seu ponto de partida não questionado, seu pressuposto impensado. Se já se sabe, se todos reconhecem, se não se pode negar, para que pensar? É a crítica a um pressuposto cartesiano, a sua célebre frase no começo do *Discurso do Método* que postula o bom senso (e a potência do pensar) como a coisa do mundo melhor repartida; desta forma, Descartes ergue o bom senso em pressuposto *de iure* do pensar, em universal de direito, e desenvolve o método necessário para aplicar a esse universal todo espírito bem-dotado. Uma crítica desse postulado se situará no seu mesmo nível e implicará saber se essa imagem não trai a própria essência do pensamento como pensamento puro, ou seja, em colocar em questão a forma como ela distingue entre o empírico e o transcendental.[26]

O terceiro postulado, o modelo ou a recognição, ou o modelo da recognição, pressupõe a identidade do sujeito e do objeto

---

[25] *Ibidem*, p. 219-220.

[26] *Ibidem*, p. 220-1.

na base do pensamento. Ele convida todas as faculdades a exercerem-se sobre um objeto que se supõe seja o mesmo, o mesmo objeto ora ouvido, ora imaginado, ora sentido, ora sonhado, ora lembrado. Todas as faculdades reconheceriam, em sua especificidade, estar se aplicando sobre um objeto único, idêntico. Por sua vez, todas as faculdades exprimiriam a identidade de um sujeito que as acolhe como modos de uma mesma unidade. Dupla identidade objetiva e subjetiva pressuposta. Este modelo pode ser empírico (Descartes) ou transcendental (Kant), mas em todos os casos não faz outra coisa que universalizar a *dóxa*, um senso pré-filosófico.[27]

Não se pode negar que o reconhecimento desempenha um papel principal na vida humana, contribui para ativar funções vitais. Ele está na base da vida, mas não do pensar, porque, quando se reconhece, se convalida, se legitima, se confirma, e quando se pensa de verdade, não se faz nada disso, senão que se busca propiciar o novo. O reconhecimento é um modelo inquietantemente complacente; ele não incomoda ninguém, não pode promover outras coisas que o reconhecido e o reconhecível; ele reconhece os valores estabelecidos; é incapaz de gerar mais do que conformidades: "mas quem pode acreditar que o destino do pensamento se joga aí e que pensemos quando reconhecemos?".[28] O pensar tem a ver com o propiciar o novo, e o próprio do novo, a diferença, é provocar no pensamento potências de um modelo totalmente distinto ao reconhecido e ao reconhecível.

O quarto postulado, do elemento ou da representação, subordina a diferença às dimensões complementárias do Mesmo e do Semelhante, do Análogo e do Oposto: a diferença só pode ser pensada com relação a essas quatro figuras. Segundo esse postulado, a imagem dogmática não permite pensar a diferença

---

[27] *Ibidem*, p. 221-3.

[28] *Ibidem*, p. 224.

como tal, a diferença enquanto conceito, a diferença livre, o novo, a intensidade como pura diferença, a criação: é incapaz de "fazer com que nasça o ato de pensar no pensamento", pois supõe tudo o que está em questão;[29] ao contrário, crucifica a diferença sobre esses quatro ramos: "é sempre por relação a uma identidade concebida, a uma analogia julgada, a uma oposição imaginada ou a uma semelhança percebida como a diferença se torna objeto de representação".[30] O mundo da representação é impotente para pensar a diferença em si mesma, da mesma forma que é incapaz de pensar a repetição para si mesma, fora da recognição, da repartição, da reprodução, da semelhança.

O quinto postulado, do negativo ou do erro, concentra no erro (entendido como desventura do pensamento, como "falso reconhecimento", como tomar o falso segundo a natureza por verdadeiro segundo a vontade) todo o negativo que pode ocorrer no pensamento, e o atribui a mecanismos externos ao pensamento. O erro, que é um simples fato, é projetado arbitrariamente a única figura explicativa transcendental do negativo. Assim, a imagem dogmática cai numa dupla redução: pretende que o erro seja a única figura do negativo (a ele reduz formas como a besteira, a maldade e a loucura); porém, o erro se atribui sempre a causas alheias ao próprio pensamento.[31]

O sexto postulado, da função lógica ou da proposição, designa a proposição como o lugar da verdade, neutraliza, na proposição, o sentido como sua dobra infinita. Define-se o sentido como a condição do verdadeiro, com o qual o sentido se torna também condição do erro e assim se encontra atrelado a um e outro. As proposições verdadeiras e falsas são todas proposições com sentido; o sem-sentido é o que não pode ser nem verdadeiro nem falso. Assim, o sentido se torna trivial como

---

[29] *Ibidem,* p. 230.

[30] *Ibidem,* p. 228-9.

[31] *Ibidem,* p. 243-250.

condição de possibilidade externa da verdade. Concomitantemente, se reduz a verdade à adequação da proposição a um fato extraproposicional e, na proposição, se transfere o verdadeiro e o falso da expressão (o que ela enuncia, o Ideal que exprime) à designação (o indicado).

Mas a verdade não é tanto resultado de uma adequação quanto de uma produção. E o sentido é o produtor, extraproposicional, da verdade, que é seu resultado empírico. O sentido está nos problemas, que vão muito além das proposições. Ele é uma condição de possibilidade da produção de verdade, mas que não pode ser dito por ela.[32]

O sétimo postulado, da modalidade ou das soluções, reduz os problemas àqueles que podem ser colocados a partir das respostas esperáveis, dáveis ou prováveis. A imagem dogmática apenas consegue construir as interrogações que as possíveis respostas permitem suscitar. Sob esta imagem, só se pergunta o que se pode responder. Considera-se que pensar tem a ver com encontrar soluções – já prefiguradas – aos problemas colocados em função de tais soluções e que os problemas desaparecem com as suas soluções. Assim, se situa o problema como obstáculo e não como produtor de sentido e de verdade no pensamento.[33]

Contra o que pressupõe esta imagem, o pensar começa quando se pode dispor dos problemas para criá-los, quando se pode colocar este problema e não aquele outro, quando se pode constituir as condições em que um problema cobra sentido. É no seio dos problemas que a verdade é produzida: "O problema é o elemento diferencial no pensamento, o elemento genético no verdadeiro".[34] Problemas e soluções são de distinta ordem: os primeiros são universais, as segundas, proposicionais. São os problemas que dão sentido às soluções, e não o contrário.

---

[32] *Ibidem*, p. 250-8.

[33] *Ibidem*, p. 259-263.

[34] *Ibidem*, p. 264.

O oitavo e último postulado, do fim ou do resultado, ou do saber, subordina o aprender ao saber e a cultura ao método. No entanto, sendo o aprender um movimento de um indivíduo em sua totalidade perante a universalidade de um problema, o saber é apenas a possessão de uma regra para resolver o problema. O aprendiz é um inventor de problemas, aquele que conjuga pontos relevantes para sua subjetividade com pontos relevantes na objetividade do problema. A imagem dogmática do pensamento reduz aquele movimento imprevisível à quietude prevista da consciência que se crê dona do caminho.

Porém, não há método para aprender porque não há como antecipar os caminhos pelos quais alguém abre sua sensibilidade àquilo que o força a problematizar sua existência, caminhos que fluem entre o saber e o não saber, e também porque não há produto ou resultado "fornecedor" de sentido fora do mesmo trajeto de busca. Aprender é uma tarefa infinita. Não há nada prefigurado, predeterminado, previsto a aprender; nada a aprender. Aprender é abrir os sentidos ao que carece de ser pensado. O saber e o método não são outra coisa que obturações desse movimento do aprender que é a própria cultura.[35]

Pensar sem limites ou ultrapassar os limites do pensar?

Um grande filósofo é aquele que convence seus leitores, seus ouvintes, a levar daqui para frente uma vida filosófica. Gilles Deleuze os convence disso. Não importa se todos conseguem; basta que todos que o lêem ou escutam percebam que tal vida lhes está doravante aberta. Há entonações da voz que são tal convite implacável e terno, há uma tensão do estilo que é tal direção do pensamento irreversível e gentil, há o próprio

---

[35] *Ibidem*, p. 268-272.

> pensamento, tão estranho e tão lógico que, criando pou-
> co a pouco seus problemas e encontrando para eles
> soluções igualmente novas, efetua viradas no pensa-
> mento em geral – descobrimos então que havia um – e
> no nosso próprio – percebemos então que pensáva-
> mos no geral.
>
> F. Negnault[36]

Nesses oito postulados se desdobra a imagem dogmática do pensamento e, segundo o Deleuze de *Diferença e Repetição*, na destruição desta imagem que se pressupõe a si própria, residem as condições de uma verdadeira crítica e de uma verdadeira criação, a possibilidade de que possa emergir o pensar no pensamento.[37] O pensar não está dado. Ele nasce, se gera, se produz, a partir do encontro contingente com aquilo que nos força a pensar, aquilo que instala a necessidade absoluta de um ato de pensar, de uma paixão de pensar.[38]

O pensar, então, encontra algo, um signo, que o obriga a pensar. É um encontro fortuito, desnecessário, produto do acaso. É "lançar os dados".[39] Não há "algo" que encontrar, apenas o cruzamento, regido pelo acaso no primeiro lance, de um signo. Mas produzido o encontro, ele sensibiliza, desencadeia uma força irrefreável, que problematiza o não problematizado; o signo força a colocar um problema onde não o havia, ele é portador de um problema.

Pensar é experimentar, problematizar. É considerar o saber como problema, o poder como problema, o si como

---

[36] F. Negnault. A vida filosófica. *Cadernos da Subjetividade*. São Paulo: PUC, 1996, p. 47.

[37] *DR*, p. 230-1.

[38] *Ibidem*, p. 236.

[39] G. Deleuze. *Foucault*, 1998/1986, p. 125. O citaremos como F.

problema,[40] bem como as relações múltiplas entre esses três motivos. Cada um desses campos de problematização permite um exercício específico do pensar: quando problematiza o saber, o pensar permite alcançar o limite do visível e, a uma só vez, aumentar o campo de visibilidade; quando problematiza o poder, o pensar permite emergir singularidades bem como alterar as relações entre os diversos tipos de singularidade; por fim, o pensar se problematiza a si próprio para dar lugar ao sujeito ético.[41]

As condições para produzir pensar no pensamento, para poder gerá-lo, estão dadas, até aqui, pela destruição daquela imagem dogmática do pensamento que a filosofia ocidental pacientemente consolidou ao longo de muitos séculos.[42] Deleuze procura não apenas mostrar essas condições, mas realizá-las. Ele se propõe não apenas dizer, mas também praticar essa outra imagem de um pensamento sem imagem, sem representação. Esse exercício não é fixo, planejado, pautado. Ele também não pode ser esquematizado, dissecado, reconstruído. O tom muda a cada passo. O estilo também.

O encontro com F. Guattari e um conjunto de livros produzidos "entre" os dois durante quase vinte anos desloca o próprio pensar. A crítica tem, naqueles primeiros trabalhos, um peso específico próprio que vai gradualmente se diluindo até subsumir-se na criação.[43] No último livro com Guattari, *O que é a filosofia?*, os que criticam sem criar são considerados a praga da filosofia, os discutidores, comunicadores do ressentimento.[44] Como vimos, em *Nietzsche e a Filosofia* e em *Diferença e Repetição* procurava-se a destruição da imagem pré-filosófica do pensamento, e

---

[40] *Ibidem*, p. 125.

[41] *Ibidem*, p. 124-6.

[42] *DR*, p. 232.

[43] Cf. não apenas *DR* mas o capítulo "Crítica" em *Nietzsche y la Filosofía*, 1993/ 1962, p. 105-156.

[44] *QF*, p. 42.

perseguia-se, numa imagem afirmada por Antonin Artaud, um pensamento sem imagem, um "novo direito [a pensar] que não se deixa representar", o pensamento como uma matrona que nem sempre existiu,[45] a genitalidade de um pensamento que vem de fora, mas atravessa as categorias do interior e do exterior.[46] No entanto, em *O que é a filosofia?* a imagem que o pensamento se dá a si mesmo do que significa pensar passou a ser um dos componentes insubstituíveis da filosofia, o plano de imanência sobre o qual se assenta a criação de conceitos, a tarefa própria da filosofia:

> Dir-se-ia que O plano de imanência é ao mesmo tempo o que deve ser pensado e o que não pode ser pensado. Ele seria o não pensado no pensamento. É a base de todos os planos, imanente a cada plano pensável que não chega a pensá-lo. É o mais íntimo no pensamento, e todavia o fora absoluto. Um fora mais longínquo que todo mundo exterior, porque ele é um dentro mais profundo que todo mundo interior: é a imanência [...].[47]

Esta imagem do "não pensado no pensamento" provavelmente espantaria aquele Deleuze vinte e poucos anos mais jovem,[48] que parecia não aceitar nenhum limite. Aquela descrição da imagem dogmática tornava inviável qualquer inscrição na tradição da filosofia ocidental que não fosse de ruptura, de destruição. Deleuze não podia apenas ficar na ruptura sendo sua filosofia

---

[45] *DR*, p. 243.

[46] *F*, p. 125.

[47] *QF*, p. 78.

[48] Num livro de 1990, portanto anterior a *O que é a filosofia?*, R. Machado diz: "Não acredito que haja várias filosofias de Deleuze. Essa é uma das hipóteses que tenho procurado confirmar. É verdade que até agora privilegiei em minhas análises seus escritos da década de 60. [...] Mas não me parece que haja ruptura entre os estudos que analisei – sem deixar de relacioná-los a todos os outros – e o que foi feito mais recentemente por Deleuze." (*Deleuze e a filosofia*, 1990, p. 181).

uma colagem da história que lhe antecede. Assim, essa única imagem dogmática, que impedia pensar e abarcava toda a filosofia, com algumas exceções como Espinosa e Nietzsche, é agora uma série de imagens: imagem grega, imagem medieval, imagem moderna. Na verdade, há uma multidão de imagens: cada grande filósofo estabelece uma nova imagem, um novo plano de imanência. Mais ainda, é possível que um mesmo filósofo (o próprio Deleuze!) mude várias vezes de imagem, de plano. Em palavras de Deleuze:

> No limite, não é todo grande filósofo que traça um novo plano de imanência, que traz uma nova matéria do ser e erige uma nova imagem do pensamento, de modo que não haveria dois grandes filósofos sobre o mesmo plano? É verdade que nós não imaginamos um grande filósofo do qual não se pudesse dizer: ele mudou o que significa pensar, "pensou de outra maneira" (segundo a fórmula de Foucault). E quando se distingue várias filosofias num mesmo autor, não é porque ele próprio tinha mudado de plano, encontrado mais uma nova imagem?[49]

Mudar o que significa pensar, eis a tarefa da filosofia. Instaurar o pensar sobre outra imagem. Mudar de plano, sem sair da imanência. Pensar de novo o que significa pensar e não deixá-lo repousar na imagem do pensamento em que se encontrava comodamente instalado. Pensar diferentemente o plano da imanência onde se situa o pensar, eis o que fazem os filósofos, seu gesto supremo, segundo Deleuze:

> Talvez seja o gesto supremo da filosofia: não tanto pensar O plano de imanência, mas mostrar que ele está lá, não-pensado em cada plano. O pensar desta maneira, como o fora e o dentro do pensamento, o fora não exterior e o dentro não interior. O que não pode ser pensado e todavia deve ser pensado [...][50]

---

[49] *QF*, p. 69.

[50] *Ibidem*, p. 79.

Eis um gesto dos filósofos, alguns dos quais consideram a filosofia o pensamento mais pensado: colocar manifestamente que o não pensado está nela mesma, no seu próprio pensar; que não se pode pensar sem o não pensado, mas que também não se pode pensar se se permanece nele. O plano de imanência é a imagem que o pensamento se dá a si mesmo para poder pensar, para orientar-se no pensamento, sem ser um método, um conhecimento ou uma opinião. No plano de imanência, o pensamento reivindica o movimento que pode ser levado ao infinito,[51] o puro movimento, o movimento mesmo do horizonte, até que ele se desloca a um outro plano sobre o qual pensar.

A anterior referência a Foucault ("pensar de outra maneira") carece ser notada. A infinitude no movimento do pensar não está dada pela sua ausência de limites, mas pela sua ausência de quietude, de identidade. É o movimento que é infinito. A imagem que Deleuze busca não é de um pensamento sem limites, mas de um pensar sem pontos fixos.[52] Para analisar seus outros componentes, estudaremos seu conceito de filosofia.

A nova imagem: filosofia

> Isso é, finalmente, o que essa cantiga deleuziana tem a ver com a filosofia, pois tal é o problema mesmo da filosofia: pensar as figuras, os ritmos, os intervalos, encontrar o conceito que "corresponde" a tal ou qual cantiga, elevar o pensamento a certo grau de tensão,

---

[51] *Ibidem*, p. 53.

[52] P. Hallward ("The limits of individuation, or how to distinguish Deleuze and Foucault", 2000), a partir das categorias do "singular" e do "específico", traça uma distinção entre Deleuze e Foucault: o primeiro teria uma concepção singular do indivíduo e o segundo, uma concepção específica, sendo o singular o não específico, o que transcende todas as relações. Diz Hallward: "A diferença essencial entre Deleuze e Foucault, então, pode ser colocada muito simplesmente: Deleuze procura escrever uma filosofia sem limites

Infância de um pensar (G. Deleuze)

submetê-lo a tal ou qual velocidade, pensar o intervalo da representação, pensar nos interstícios da representação, na interrupção – no re-verso, na reversão – do próprio pensamento.

J. L. Pardo[53]

É o filósofo que faz o plano de imanência no qual pensa. O plano é uma geografia, um espaço, uma terra, e suas regiões são os conceitos. A criação de conceitos, essas tribos que povoam as regiões do plano e se deslocam nele, é a tarefa mais propriamente filosófica.[54] Se a filosofia começa pela criação de conceitos, o plano de imanência é pré-filosófico. Isso não significa que ele preexista à filosofia senão que ele não pode existir fora dela, embora esta o suponha. Sem filosofia não há plano, e as filosofias instauram seus planos como seu solo absoluto. Com a instauração de seu próprio plano, cada filosofia procura dar consistência ao movimento caótico sem perder nada do infinito no qual o pensamento mergulha.[55]

A filosofia consiste, então, em fazer planos, colocar problemas e criar conceitos[56] sendo que os problemas dão sentido aos conceitos no plano em que se inscrevem. Todos os filósofos fazem isso entrelaçados por uma história que ela própria é antes devir do que história, coexistência de planos mais do que

---

(através da intuição imediata do ilimitado, ou puramente criativo); no entanto, Foucault escreve uma filosofia do limite enquanto tal (nos limites da classificação, no fio do vazio que se estende para além de qualquer ordem de recognição ou normalização)" (p. 93). Embora não possamos entrar aqui na análise das diferenças entre Deleuze e Foucault, nos interessa afirmar que estas passagens que acabamos de analisar de *O que é a filosofia?* tornam problemática a atribuição de Hallward a Deleuze de uma filosofia "sem limites".

[53] J. L. Pardo. Y cantan en llano. *Archipiélago*. Madrid, v. 17, 1994, p. 76.

[54] *QF*, p. 52-3.

[55] *Ibidem*, p. 57-9.

[56] *Ibidem*, p. 40.

Coleção "Educação: Experiência e Sentido"

progressiva sucessão de sistemas. O tempo da filosofia não é linear, não segue estritamente a cronologia do antes e depois, a continuidade do passado, presente e futuro. Ele é estratigráfico[57]: os planos se superpõem, coexistem. É apenas a vida dos filósofos que segue uma sucessão ordinária, mas não seus planos e conceitos que vão e vêm o tempo todo.

Além dos planos e conceitos, a filosofia tem um terceiro elemento: os personagens conceituais. Os três elementos são necessários para que haja uma filosofia, mas não há entre eles qualquer relação de inferência, dedução ou causalidade. Eles dão lugar a três atividades simultâneas, intercaladas: a livre criação, sem medida, do conceito; o traçado singular de um plano como única regra; a invenção de personagens conceituais estranhos aos quais cada invenção dá vida. As três atividades se entrelaçam e cada uma delas só encontra critério nas outras duas. Por exemplo, um conceito só tem sentido em função de um plano ao qual remete e de um personagem do que precisa. Diz Deleuze:

> [...] as três atividades que compõem o construcionismo filosófico não cessam de se alternar, de se recortar, uma precedendo a outra e logo o inverso, uma que consiste em criar conceitos, como caso de solução, outra em traçar um plano e um movimento sobre o plano, como condições de um problema, outra em inventar um personagem, com a incógnita do problema. O conjunto do problema (de que a própria solução faz parte) consiste sempre em construir as outras duas quando a terceira está em curso.[58]

A filosofia consiste em traçar inumeráveis planos, inventar personagens de contornos variados, criar conceitos de superfícies irregulares. Nunca é possível determinar *a priori* se o plano é importante, o personagem notável e o conceito interessante. Não

---

[57] *Ibidem*, p. 77-78.

[58] *Ibidem*, p. 106.

se pode antecipar se um problema está bem-colocado, se uma solução é adequada e se um personagem é viável. É sempre questão de experiência, de pensar, no pensamento·

> A filosofia vive assim numa crise permanente. O plano opera por abalos, e os conceitos procedem por saraivadas, os personagens por solavancos. O que é problemático, por natureza, é a relação das três instâncias.[59]

Os filósofos criam os conceitos a partir dos personagens conceituais. Melhor, os personagens conceituais os criam por meio dos filósofos. São os personagens os sujeitos da criação, o devir de uma filosofia assubjetiva, os agentes de enunciação de uma filosofia.[60] Os personagens não são a voz do filósofo nem seu representante; eles são o desenvolver de uma trama conceitual sem voz. Há os simpáticos e os antipáticos, manifestos e implícitos.[61] Todos eles revelam a força de um pensamento capaz de se expressar em planos que atravessam em vários lugares a subjetividade do filósofo, pelo qual os personagens se expressam.

Os conceitos são históricos, todos eles têm essa história estratigráfica, não linear, que pode até passar por vários problemas e planos diversos. Os conceitos são acontecimentos do pensar: eles permitem criar novas constelações, novas configurações, novas ordenações de ideias. Assim,

> [...] um conceito possui um *devir* que concerne, desta vez, a sua relação com conceitos situados no mesmo plano. Aqui, os conceitos se acomodam uns aos outros, superpõem-se uns aos outros, coordenam seus contornos, compõem seus respectivos problemas, pertencem à mesma filosofia, mesmo se têm histórias diferentes. Com efeito,

---

[59] *Ibidem*, p. 107.

[60] *Ibidem*, p. 87.

[61] Nietzsche é, talvez, quem operou com mais personagens conceituais: simpáticos (Dioniso, Zaratustra), antipáticos (Cristo, o Pregador, Sócrates). Cf. *QF*, p. 87.

todo conceito, tendo um número finito de componentes, bifurcará sobre outros conceitos, compostos de outra maneira, mas que constituem outras regiões do mesmo plano, que respondem a problemas conectáveis, participam de uma cocriação.[62]

Os conceitos são compostos, irregulares e muitas vezes se entrelaçam e justapõem: infância e educação, educação e filosofia, filosofia e infância. O que conecta os conceitos são os problemas que lhes conferem sentido: Para que educar a infância? Qual o estatuto filosófico da educação? Qual o papel da infância no pensamento e da filosofia na infância?

É possível ensinar a pensar?

> E Deleuze dava. Tudo o que pensava o dava alegremente.
>
> J. Ferrero[63]

A seguir, vamos sintetizar ideias deste capítulo e do anterior. O pensar é um encontro. Todo encontro que se aprecie como tal não pode ser antecipado, deduzido ou previsto em formato que possa ser utilizado para fins didáticos. É o choque imprevisto com o que nos obriga a pensar, que nos comove inteiramente, que nos deixa perplexos, que nos leva a problematizarmo-nos, a pensar o que até agora não podíamos pensar.

Nesse sentido, o pensar é um acontecimento imprevisível. Não há formas predeterminadas que o produzam. As técnicas, os métodos, podem inibir sua emergência: os modelos quando creem apreender o pensar e torná-lo transmissível, antecipam o inantecipável. O método consiste em constituir cada vez o

---

[62] *Ibidem*, p. 30.

[63] J. Ferrero. El año del doble siete. *Archipiélago*, Madrid, n. 17, 1994, p. 15.

caminho, como problema, com sua solução.[64] Assim, Deleuze nos força a desconfiar de qualquer método que afirme saber como ensinar a pensar, como ensinar filosofia.

É possível ensinar a pensar? Como diria Kant, talvez só seja possível aprender a pensar![65] Há como possibilitar (facilitar) essa aprendizagem? Há como propiciar que alguém encontre o pensar no seu pensamento? Não estamos certos. Não há respostas que possam normalizar-se. Não sabemos por que caminhos alguém aprende a pensar. Porém, sabemos que sem o heterogêneo, sem a diferença livre e a repetição complexa, não há aprendizagem, nem pensamento; que ensinar segundo as formas da imitação, da reprodução do mesmo, da causalidade ou do instrumento é não favorecer o encontro do pensar Os que acreditam que no seu saber ou no seu método está contido o que o outro "deve" aprender para pensar, dificilmente gerarão pensar no pensamento. Pensamos, portanto, que não é possível ensinar nem aprender a pensar reproduzindo, copiando, sem estar a caminho de aprender a pensar. Diz Deleuze:

> Professor, gostaria de dar aula como Dylan organiza uma canção, surpreendente produtor, mais que autor. E que comece como ele, de repente, com sua máscara de palhaço, com uma arte de cada detalhe arranjado e, no entanto, improvisado. O contrário de um plagiador, mas também de um mestre ou de um modelo. Uma preparação bem longa, mas nada de método nem de regras ou receitas. Núpcias, e não casais nem conjugalidade. Ter um saco onde coloco tudo o que encontro, com a condição que me coloquem também num saco. Achar, encontrar, roubar, ao invés de regular, reconhecer e julgar. Pois reconhecer é o contrário do encontro.[66]

---

[64] F. Regnault. A vida filosófica. *Cadernos da Subjetividade*. Dossiêr: Deleuze. São Paulo: PUC, 1996, p. 51.

[65] Aludimos à clássica distinção entre a impossibilidade de ensinar filosofia e a possibilidade de aprender a filosofar. Cf. I. Kant. *Crítica da razão pura*. São Paulo: Abril Cultural, 1983. 2da Ed., p. 407-9 (B 865-9)

[66] G. Deleuze, C. Parnet. *Diálogos*, 1998/1977, p. 16.

O professor, produtor. Produtor de imprevistos, de surpresas, numa performance que prepara todos os detalhes mas se dispõe a prescindir de todos eles. Contra Lipman, sem modelo. Contra Sócrates, sem nada prévio para ensinar. O contrário das regras, das receitas, dos combinados. Não há nada a combinar, há tudo a encontrar. Não há nada a explicar, há tudo a receber. Há que se preparar para isso, longa e trabalhosamente. Pensar dá muito trabalho. Ensinar a pensar, se possível, dá ainda muito mais trabalho.

Dessa forma, se afirma uma política do ensinar. Ensinar a pensar exige afirmar a diferença. Se alguém pensa que há algo a explicar ou a modelar sobre o pensar para que os outros pensem "melhor" – que, em última instância, significará que os outros pensem o que funda o pensar da sua mesma forma, que compartilhem sua imagem do pensamento – terá inviabilizado seu pensar. Terá detido seu movimento, o que ele pode ter de acontecimento. Também inviabiliza o seu próprio pensamento, na medida em que o congela numa imagem que já não pensa e que apenas procura que os outros a reproduzam mimeticamente. Não é o pensamento "ordinário", de "baixo nível", dos outros, o que embrutece, mas a crença na incapacidade de pensar dos outros e na superioridade do próprio pensar.

Consideramos importante manter aberta a interrogação e o sentido do que fazemos cada vez que dizemos que ensinamos a pensar ou, mais especificamente, cada vez que situamos em terra pedagógica essa forma do pensar que em nossa cultura chamamos filosofia. Vemos ali um problema relevante de nossa prática. A partir de um problema podemos, eventualmente, criar um conceito. Assim, podemos estar contribuindo para gerar acontecimentos impensados, impensáveis, no pensamento, próprio e dos outros.

Suspeitamos que se o pensar é um encontro, ensinar a pensar tem a ver com propiciar esse encontro, com preparar as condições de sua irrupção. Mas não há fórmulas nem receitas para isso. Apenas uma extensa e trabalhosa preparação. Nada de "aprenda a pensar em seis meses", "novo método para aprender a pensar.

Garantimos resultado", "como aprender a pensar em XYZ minutos". Nada a prometer. Nada a vender. Nada a comprar. Ninguém está isento de aprender a pensar. Ninguém pode declarar-se *expert* na arte de pensar. Talvez por isso, uma bela imagem de um professor seja a daquele que pensa com outros sem que importe sua idade, sua cor, seu gênero, sua cabeça, sua biografia. Ele exercita o pensar e dá o que pensar a seus alunos. Propicia encontros que ele mesmo não pode antecipar, embora prepare cada detalhe de sua aula com a meticulosidade de quem se prepara extensamente para improvisar e não com a superficialidade daquele que improvisa por falta de preparação. Esse professor deixa que os outros construam suas imagens de pensamento. Deixa-os colocar seus problemas. Deixa-se colocar seus problemas.

EPÍLOGO

DA MAIORIDADE
À MINORIDADE:
Filosofia, experiência e afirmação da infância

> Apenas com a ajuda de um pessoal adequado poderemos
> conseguir que o mundo inteiro volte à infância.

> W. Gombrowicz[1]

O espaço da infância em nossa tradição educacional é bem-ilustrado pelo filósofo francês J-F. Lyotard,[2] que se vale de um símile com as figuras do *manceps* (quem toma algo em suas mãos, quem se apropria ou possui algo ou alguém) e do *mancipium* (que designa o gesto de tomar pela mão e a uma só vez àquele que é tomado pela mão do amo, o escravo, aquele que não se pertence a si mesmo, mas pertence a um outro) para analisar uma forma dominante de pensar a infância.

De modo geral, nos discursos pedagógicos se percebe a criança nos termos de um *mancipium*, alguém que é levado pela mão. Isso se verifica, ainda, nos discursos da emancipação, palavra etimologicamente advinda do mesmo grupo temático "manc-", de *manceps* e *mancipium*. A infância é associada à imaturidade, à minoridade, e seria um estado do qual haveria que se emancipar para se tornar dono de si mesmo. Ela é uma metáfora de uma vida sem razão, obscura, sem conhecimento. A emancipação seria

---

[1] W. Gombrowicz. *Ferdydurke apud* P. Bruckner. *La tentación de la inocencia*, 1996, p. 86.
[2] J.-F. Lyotard. Mainmise, 1992, p. 419.

um abandono da infância, a sua superação. O tema é recorrente na modernidade. Um breve e conhecido ensaio de Kant é ilustrativo dessa visão. Diz Kan ali:

> Iluminismo é a emergência do homem de sua autoincursa minoridade. Minoridade é a incapacidade de usar o próprio entendimento sem o auxílio de outrem. Esta minoridade é *autoincursa* não quando sua causa é a falta de entendimento, mas a falta de resolução e coragem para usá-lo sem o auxílio de outrem.[3]

A minoridade é uma figura da incapacidade, da falta de resolução e da preguiça no uso das próprias capacidades intelectuais. É o estado de *mancipium* deliberado, aquele que escolhe guiar-se pelo entendimento de outro. O Iluminismo seria aquele movimento histórico que permitirá à humanidade em seu conjunto sair de sua minoridade e valer-se da força inscrita em sua própria razão. Se alguém se mantém na minoridade é por falta de resolução e de coragem. Talvez na língua portuguesa o termo "minoridade" ecoe, sobretudo, uma incapacidade civil como produto dos diversos estatutos jurídicos sobre a matéria em questão. Em todo caso, o termo aparece no texto de Kant oposto à racionalidade, autossuficiência, determinação.

A infância, como fase a ser abandonada, foi objeto das mais diversas tentativas de silenciamento bem como dos mais diversos sonhos de emancipação, liberdade e racionalidade que foi capaz de pensar o homem moderno.[4] Nos três primeiros capítulos da primeira parte deste trabalho, analisamos traços de alguns desses sonhos, antigos, modernos, contemporâneos. Nos capítulos 4 a 7 da segunda parte, afirmamos uma outra imagem da infância, para pensar a própria filosofia. A seguir, iremos justificar, desdobrar, expandir essa imagem.

---

[3] I. Kant. O que é o Iluminismo?, 1982/1784, p. 49, tradução levemente modificada.

[4] J.-F. Lyotard. Mainmise, 1992, p. 421.

Lyotard dá um primeiro alerta. Por um lado, há signos evidentes em nossas civilizações que contradizem as projeções iluministas: o desenvolvimento não amplia a liberdade. Por outro lado, em que pesem as pretensões da modernidade, a infância não nos abandona: tomados da mão pelos outros durante a infância, ela continua a exercer seu *mancipium* ainda quando nos imaginamos emancipados ou independentes. Dessa forma, a infância não seria a idade sem razão, mas:

> [...] a condição de ser afetado, embora não tenhamos os meios - linguagem e representação - de nomear, identificar, reproduzir e reconhecer o que nos afeta. Por infância entendo que nascemos antes de nascer para nós mesmos. E, portanto, nascemos através de outros, mas também para outros, entregues, sem defesa, aos outros. Estamos sujeitos a seu *mancipium* que eles próprios não podem avaliar. Porque, embora sejam mães e pais, eles mesmos são também infantes. Eles não estão emancipados de sua própria infância, da ferida da infância ou do apelo que ela lança.[5]

A infância é a condição de ser afetado que nos acompanha a vida toda. O dito e o não dito, a falta de palavra, a ausência de voz (*in-fans*), nos afetos. É aquela singularidade silenciada que não pode ser assimilada pelo sistema. Uma condição de estar afetado que não pode nomear ou reconhecer essa afeição, isso é a infância, segundo este texto de Lyotard.

Infância, experiência, história, linguagem

> Repito: nós conhecemos uma outra experiência. Essa experiência pode ser hostil ao espírito e destruir muitos sonhos; porém, é o mais lindo, o mais intocável, o mais

---

[5] J.-F. Lyotard. Mainmise, 1992, p. 420.

imediato, porque jamais pode faltar ao espírito se nós continuamos a ser jovens.

W. Benjamin[6]

As pretensões de emancipação da infância costumam esconder sua negação. Sabe-se por ela, pensa-se por ela, luta-se por ela. Paralela dessa negação da infância é a negação da experiência. A ausência de espaço para a experiência nas sociedades modernas é um motivo de diversas tendências filosóficas de nosso tempo. W. Benjamin dizia que a experiência se tornou uma máscara "inexpressiva, impenetrável, sempre igual" do adulto.[7] A experiência até pode ser usada para encobrir o pessimismo, o determinismo e o fatalismo contido em frases tão repetidas em nossos dias, tais como "eu já vivi isso, não há nada que fazer", "você não sabe, mas assim são as coisas", "sempre foi assim e assim sempre o será". A experiência pode ser a máscara da derrota, da resignação, do consenso. Ela passa a ser o simulacro de uma vida não vivida, de sonhos não realizados, nem sequer intentados; a lança de um adulto que combate sua própria infância – essa que não esquece as utopias.

Nossos tempos são hostis a uma infância afirmativa, resistente, duradoura, e esse simulacro de experiência é uma de suas armas prediletas. Mas podemos pensar em outra experiência, a máscara de sonhos incômodos, imprescindíveis embora irrealizáveis; a que enfrenta sua outra máscara, a combate, a resiste, a hostiliza; uma experiência amiga da infância.

G. Agamben, tradutor italiano de Benjamin, pode nos ajudar a propiciar esse encontro, em particular num livro em que estabelece uma conexão mutuamente fundadora e inseparável entre

---

[6] W. Benjamin. Experiência. In: *Escritos. La literatura infantil, los niños y los jóvenes*. 1989/1913, p. 43.

[7] *Ibidem*, p. 41.

Da maioridade à minoridade: filosofia, experiência e afirmação da infância

infância e experiência.[8] Seu trabalho se inscreve num projeto teórico por reverter "a pobreza da experiência" do mundo contemporâneo, um estilo de vida cotidiano carregado de acontecimentos que não podem converter-se em experiência. Assim começa Agamben o livro que nos ocupa: "todo discurso sobre a experiência deve partir da constatação de que ela já não é realizável".[9]

Com efeito, a existência cotidiana nos grandes conglomerados urbanos se torna insuportável, pelo acúmulo de situações passadas superficialmente, sem deixar espaço para a experiência. Um caso exemplificador é o turismo: as maiores maravilhas da terra despertam um interesse por capturar o vivido por meio da câmara fotográfica ou a câmara de vídeo e não por dar espaço à experiência. Não se trata de reprovar esta rejeição contemporânea à experiência; ao contrário, ela pode esconder uma semente de uma experiência futura. Perante essa constatação, Agamben inscreve seu trabalho no programa benjaminiano de uma filosofia por vir e prepara "o lugar lógico onde essa semente possa alcançar sua maturidade".[10]

Analisemos esse "lugar lógico". A rejeição contemporânea à experiência se origina na desconfiança da ciência moderna frente à experiência. As pretensões de objetividade, universalidade e certeza dessa ciência são incompatíveis com o caráter subjetivo, incerto e particular da experiência. Por isso, a ciência a instrumentaliza e a quantifica por meio do experimento. Com ele, faz dela o caminho do conhecimento. Assim a anula, da mesma forma que anula o sujeito individual na objetividade do sujeito universal.[11] A filosofia moderna acompanha este movimento de silenciar a experiência; seu ponto mais alto é a postulação husserliana

---

[8] As ideias que seguem foram retiradas do primeiro capítulo "Infancia e historia", 2001/1978, do livro do mesmo nome, p. 17-82.

[9] G. Agamben. *Infancia e historia*, 2001/1978, p. 7.

[10] *Ibidem*, p. 10.

[11] *Ibidem*, p. 13-25.

de uma experiência muda. Agamben ao perguntar se existe uma tal experiência sem linguagem, uma *in-fância* da experiência, afirma que o problema da experiência leva irremediavelmente ao problema da linguagem.[12]

Agamben responde negativamente à possibilidade de uma experiência sem linguagem.[13] A ideia de uma infância pré-linguística é um mito: infância e linguagem se remetem uma à outra.[14] Na infância, o ser humano se constitui como sujeito na linguagem e pela linguagem. Na medida em que o ser humano não chega ao mundo já falando, a *in-fância* é ausência e busca de linguagem, e é na infância que se dá essa descontinuidade especificamente humana, que se produz a passagem da língua à palavra (Saussure), da semiótica à semântica (Benveniste) ou do sistema de sinais ao discurso.

É na infância que cada ser humano se apropria da linguagem e faz do sistema de sinais adquirido um discurso com sentido, isto é, se constitui em sujeito da linguagem ao dizer "eu". A infância, carente de linguagem, é também sua condição de emergência. Mas também o acesso à infância apenas pode acontecer pela linguagem: infância e linguagem coexistem originariamente: "nunca encontramos o homem separado da linguagem e nunca o vemos no ato de inventá-lo".[15]

É precisamente nesse círculo em que se encerram linguagem e infância que deve ser procurada a experiência, e não num plano transcendental prévio à linguagem. A experiência é a diferença entre o linguístico e o humano, entre o dado e o aprendido,

---

[12] *Ibidem*, p. 37-48; p. 59.

[13] *Ibidem*, p. 64.

[14] *Ibidem*, p. 66.

[15] *Ibidem*, p. 67. Agambem afirma que a tentativa de procurar um momento originário do homem sem linguagem pressupõe um duplo problema: a) a fantasia própria de encontrar algo inexistente; b) o problema do conceito de origem, que afirma um modelo baseado numa localização cronológica e numa causa inicial, não causada, historiadora mas não historiada.

Da maioridade à minoridade: filosofia, experiência e afirmação da infância

entre o que temos e o que não temos ao nascer. Desse modo, que o ser humano não nasça já falando, que tenha infância, que seu falar e ser falado não estejam determinados de antemão, é o que constitui a experiência, o que a torna possível.[16] Não é este um traço qualquer para o ser humano: é aquilo que o constitui como tal: o ser humano é o único animal que precisa aprender a falar, que não está inscrito na língua desde sempre. Assim, a experiência, a infância do ser humano, constitui e condiciona de maneira essencial a linguagem, como hiato, como descontinuidade, como diferença entre língua e discurso.[17]

Além do mais, nessa descontinuidade entre o linguístico e o humano, entre a semiótica e a semântica, Agamben funda a historicidade do ser humano.[18] O ser humano é um ser histórico porque tem infância, porque a linguagem não lhe vem dada "por natureza", senão porque tem que aprender a falar (desde que nasce), porque não fala desde sempre (porque não é falado desde sempre pela linguagem), senão porque fala e é falado submergido numa história. Se não há possibilidade de que o ser humano seja a-histórico, é precisamente porque não fala desde "sempre", porque tem que aprender a falar (a falar-se, a ser falado) numa infância que não pode ser naturalizada, universalizada nem antecipada. No humano, a infância é a condição da história.

Importa-nos destacar que não se trata apenas de uma questão cronológica. A infância não funda a história e se retira dela. A experiência e infância não antecedem temporalmente à linguagem em cada ser humano e deixam de existir uma vez que ele acede à palavra, ou é acesso por ela. Agamben defende que uma e outra são condições basais, fundadoras, transcendentais, porque não há humanidade (condição de ser humano) sem elas, não há sujeito que possa falar (ou ser falado) sem elas.

---

[16] *Ibidem*, p. 70.

[17] *Ibidem*, p. 72-3.

[18] *Ibidem*, p. 73.

Num certo sentido, estamos sempre aprendendo a falar (e a ser falados), nunca "sabemos" falar de forma definitiva (ou somos totalmente "sabidos" pela linguagem), nunca acaba nossa experiência (infância) da e na linguagem. Quando acreditamos sabê-lo todo, nos voltamos natureza. Sem experiência da infância, somos natureza inerte, normalidade não modificável, mas não poderíamos ser historicidade sempre modificável. Desse modo, experiência e infância (experiência da infância, infância da experiência) são condições de possibilidade da existência humana, sem importar a cronologia nem a idade. Diz Agamben:

> É por isso que a história humana não pode ser progresso contínuo da humanidade que fala, ao longo de uma continuidade linear; em sua essência, a história é intervalo, descontinuidade, *epoché*. O que tem a infância por pátria e origem deve prosseguir seu caminho até a infância e na infância.[19]

Não há progresso na história humana. Porque há infância (experiência), ela não pode ser contínua, linear, natural. Que a história humana tenha infância por pátria significa que dela se deriva, que a infância é sua condição de possibilidade, já que sem ela não existiria. Por isso, a infância é sentido ("até") e ambiente ("na") da experiência. Uma hipotética humanidade sem infância seria uma humanidade sem história, sem experiência: seria ainda humanidade?

Eis algumas notas da infância assim concebida: condição, sentido, ambiente, da existência humana. Neste registro, a infância passou de ser um momento, uma etapa cronológica, a uma condição de possibilidade da existência humana. Essa passagem não significa um abandono da infância como primeira idade, mas a ampliação desse sentido. Quando a infância é amiga da experiência, longe de ser uma fase a ser superada, ela se torna uma

---

[19] *Ibidem*, p. 74.

situação a ser estabelecida, atendida, alimentada, sem importar a idade da experiência.[20]

Em outro texto,[21] Agamben postula um animal hipotético que pudesse dar atenção ao que os animais não podem dar, que é o que está inscrito no seu código genético, a Lei. Imaginemos, diz Agamben, um animal que pudesse dar atenção àquilo que não está escrito na Lei, às possibilidades somáticas ocasionais, não codificadas. Esse hipotético animal poderia ser capaz de nomear, de dar-se linguagem e ilustraria a mais autêntica condição humana: a aprendizagem da linguagem. Seria um animal em condição infantil. Em palavras de Agamben:

> Por isso um adulto não pode aprender a falar; foram crianças e não adultos os que acessaram pela primeira vez a linguagem e, embora os quarenta milénios da espécie *homo sapiens*, precisamente a mais humana de suas características – a aprendizagem da linguagem – tenha permanecido tenazmente ligada a uma condição infantil e a uma exterioridade: quem acredita num destino específico não pode verdadeiramente falar.[22]

A ausência de voz, *in-fância*, não é uma falta, uma carência do ser humano. Ela é condição. Não há como abandonar a infância, não há ser humano inteiramente adulto. A humanidade tem um *sôma* infantil que não lhe abandona e que ela não pode abandonar. Rememorar esse soma infantil é, segundo Agamben, o nome e a tarefa do pensamento.[23]

---

[20] Agamben também introduz a verdade neste jogo entre infância, experiência, linguagem e história. Afirma coisas tais como "a linguagem é o lugar onde a experiência deve tornar-se verdade" (p. 70) e "a linguagem constitui a verdade como destino da experiência" (p. 71). Segundo Agamben, a verdade constitui também a infância e a linguagem numa relação originária e histórico-transcendental. Preferimos prescindir desta associação pelos compromissos ontológicos, metafísicos e políticos que ela supõe.

[21] "Idea de la infancia", 1989/1985, p. 77-81.

[22] *Ibidem*, p. 79-80.

[23] Agamben chama a este pensamento de política. Cf. *ibidem*, p. 81.

Há aqui uma inversão daquela versão iluminista, segundo a qual a infância é algo da ordem da passividade, da exoneração, da dependência. Para Agambem, a infância reveste uma outra posição. Ela deixa de estar associada à debilidade, precariedade, inferioridade. Ela já não é mais medida pela categoria de progresso, numa temporalidade contínua; ela é descontinuidade, irrupção do pensamento, do possível, do porvir. Assim, o conceito de infância proposto por Agamben tem um duplo impacto na forma dominante de pensar a infância. Por um lado, ela deixa de estar necessariamente associada a crianças, e a sua visão concomitante como seres humanos pequenos, frágeis, tímidos. Por outro lado, ela passa a ser condição de rupturas, experiência de transformações e sentido das metamorfoses de qualquer ser humano, sem importar sua idade.

Esse conceito de Agamben permite-nos pensar a infância desde outras bases. Ele parece indicar uma ruptura, uma diferença, uma quebra, na continuidade dos discursos filosóficos e pedagógicos tradicionais sobre a infância. Os casos de Platão e Lipman, exemplificados na primeira parte do trabalho, podem servir como exemplos, num momento inicial e presente dessa tradição. Se a prática educativa da filosofia pretende afirmar uma política pluralista, sensível à diferença; se ela não quer ser totalitária, arrogante e tola com relação à infância, é preciso quebrar essa linha que pensa a infância apenas como possibilidade, como inferioridade, como outro excluído ou como matéria dos sonhos políticos; aquela imagem que concebe a educação da infância como preenchimento de um receptáculo disposto por natureza para acolher os sonhos adultos.

Infantes são os sem voz, os que não nascem falando, aqueles que estão aprendendo a falar e a ser falados. Mais uma vez, não devemos entender a infância apenas como uma idade cronológica. Infante é todo aquele que não fala tudo, não pensa tudo, não sabe tudo. Aquele que, como Heráclito, Sócrates, Rancière e Deleuze, não pensa o que todo mundo pensa, não sabe o que todo mundo sabe, não fala o que todo mundo fala. Aquele que não pensa o que já foi pensado, o que "há que pensar". É aquele que pensa de novo e faz pensar de novo. Cada vez pela primeira vez. O mundo não é o que pensamos. "Nossa" história está inacabada. A experiência está aberta. Nessa mesma medida somos seres de linguagem, de história, de experiência. E de infância.

Educação, filosofia e política da infância

> A meu ver, você foi o primeiro a nos ensinar – tanto em seus livros quanto no domínio da prática – algo de fundamental: a indignidade de falar pelos outros.
>
> G. Deleuze[24]

Quais são as implicações para a educação dessa concepção de infância? Na medida em que somos impelidos a abandonar rapidamente a infância, na medida em que nossas sociedades parecem hostis a uma infância como a que acabamos de caracterizar, um sentido importante da educação de nosso tempo pode ser visto na restauração da infância, na criação de situações propícias à experiência, na geração das condições para que sejam possíveis, entre nós, outra infância e outra experiência, a infância da experiência e a experiência da infância.

Assim, estaríamos muito distantes de uma educação que "prepara as crianças para o futuro" ou "para o mercado de trabalho" ou "para a democracia" ou para qualquer outra coisa que não seja a própria infância, entendida como experiência da diversidade, da novidade, do inesperado. Uma tal educação permite viver a infância

---

[24] M. Foucault, G. Deleuze. Os intelectuais e o poder. In: M. Foucault. *Microfísica do Poder*. Rio de Janeiro: Graal, 1999/1972, p. 72 (a fala é de G. Deleuze dirigida a M. Foucault).

como novidade, como experiência, como descontinuidade, como multiplicidade, como desequilíbrio, como busca de outros territórios, como história sempre nascente, como devir, como possibilidade de pensar o que não se pensa e de ser o que não se é, de estar em outro mundo daquele no qual se está. Se há algo a se preparar por meio da educação, é a não deixar a infância, a experiência. Prepararmo-nos para recuperá-las, se as perdemos. Se a educação é educação dos que não estão na infância, dos excluídos da experiência – sejam crianças ou adultos –, a tarefa de uma tal educação é inventar essa infância e não deixar que se volte a perder.

Uma tal educação seria emancipatória? Em que sentido? Em que dimensão a infância é uma figura da emancipação? Emancipar tem a ver com eximir da tutela, com livrar, com tornar livre, com libertar. A educação ilustrada pensou a emancipação como algo externo, como algo que se dá, como uma passagem da minoridade, da ausência de razão, à maioridade, à adultez, à presença da razão. Emancipar-se, modernamente, é abandonar a infância para habitar a terra da liberdade e autonomia adultas.

Pensamos diferentemente a emancipação e a infância. Na medida em que está em jogo uma relação com nós mesmos, na medida em que se trata de gerar relações mais livres em nossa própria subjetividade, parece-nos que toda emancipação real é uma emancipação que cada qual faz. Ninguém emancipa ninguém. Só é possível emancipar-se, liberar-se, tornar-se livre. Sócrates que o diga. Jacotot (Rancière) que o diga. Foucault que o diga. Assim, uma educação emancipatória, aquela que visa horizontes de emancipação, não é uma educação que emancipa, mas uma educação que permite emanciparmo-nos. Um professor emancipador não é aquele que liberta os seus alunos, mas aquele que trabalha na sua própria emancipação e contribui para que os outros possam fazer seu próprio trabalho emancipatório.

O caso da infância é exemplar. Em nossas sociedades ela é uma figura do tutelado, do campo onde se exerce o pátrio poder, do que não é dono de si, do que precisa, até para livrar-se dessa

Da maioridade à minoridade: filosofia, experiência e afirmação da infância

tutela, de um instrumento jurídico emitido por um outro. A infância é, entre nós, um dos símbolos mais fortes da ausência de liberdade. Talvez também por isso seja uma figura interessante para pensar a emancipação.

Essa emancipação não leva a nenhuma refundação, a nenhum reencontro ou restauração de qualquer natureza ou estado humanos perdidos, oprimidos ou subjugados. Essa forma da subjetividade, que chamamos de infância, não tem idade. Ela é emancipatória na medida em que nos abre as portas a uma experiência múltipla de nós mesmos. Na medida em que emancipa a própria infância de uma imagem de si mesma que a apressa. Na medida em que permite a experiência da infância, um encontro com a infância, com a infância da experiência, da história, da linguagem, do pensamento, do mundo. Com a infância do que somos e do que podemos ser. Na medida em que ela é experiência, é inerentemente transformadora do que somos, sem importar a idade.

É possível que essa experiência da infância aconteça em instituições superpovoadas de ordens determinantes como a escola ou a universidade? Que jogo de poder daria ali lugar ao mínimo de dominação? É possível promover ou provocar uma experiência, um acontecimento? De que maneira? Há compatibilidade entre essa infância, essa experiência e a instituição escolar moderna? Um território infantil é um território cheio de questões. Como um horizonte de emancipação. Talvez essas perguntas pareçam um tanto infantis. O são. Tratando-se de pensar uma educação que emancipe, talvez seja ainda mais interessante que o sejam.

É momento de alguns esclarecimentos. Não estamos idealizando a infância nem a criança, não vemos uma e outra com romantismo; não entendemos o resgate da infância como a restauração de uma natureza perdida, oprimida, originária, como a postulação de uma metafísica e de uma ordem transcendente, um estado ideal ou algo desse tipo. Não afirmamos uma "república dos brinquedos" como a sonhada por Pinóquio. Não veneramos a infância, não a consideramos "um mundo completo, um estado de perfeição à qual nada falta", nem propomos a confusão das idades, o "pastiche recíproco".[25] Nada nos parece menos infantil que o infantilismo tão em voga em nossas sociedades. Nem sequer nos referimos à questão dos "direitos das crianças" e de outros instrumentos jurídicos com os quais nossas sociedades mostram toda a sua "preocupação" pelas crianças e acalmam as consciências. Não se trata de confundir idades nem de acalmar consciências. Pelo contrário.

Trata-se de uma questão política. Afirmamos, nesta imagem da infância, uma política do pensamento. Uma aposta pela igualdade e pela diferença, pelo não hierarquia, pela não representatividade em qualquer nível em que se manifeste. Ninguém está habilitado a pensar por ninguém. Todos podem pensar por si mesmos. Neste ponto, pensar não é questão de idade nem de capacidade, mas de condição e de sentido. Aqueles que negam às crianças (e a qualquer ser humano) a capacidade de pensar – ainda que o façam revestidos da mais so fisticada cientificidade – é porque previamente têm constituído uma imagem do pensamento autoritária, hierárquica, que exclui o que depois qualificará de incapaz.

Nossa aposta política é também uma aposta pela transformação, pela inquietude, pelo não conformismo, pela perspectiva de um vir a ser de outra maneira que não pode ser antecipado nem previsto. É a afirmação de uma política que se recusa a aceitar o que é, mas não postula um dever ser. Uma política que assevera o valor de manter aberto o sentido das transformações.

A infância que afirmamos é uma dimensão ainda não suficientemente pensada da experiência humana. É uma chance de assumir a descontinuidade como condição ontológica da existência, uma abertura dessa experiência ao imprevisto, ao que pode ser de outra forma, ao que ainda não sabemos nem podemos.

---

[25] P. Bruckner. *La tentación de la inocencia*, 1996, p. 96

Essa infância é uma "figura do começo",[26] no sentido de uma imagem que abre a possibilidade de um porvir aberto, inesperado, inesperável, segundo a lógica prévia à ruptura que ela introduz; um porvir insuspeito, insólito.

Lyotard apresenta, em outro texto, uma outra visão afirmativa da infância:

> a infância consiste em que um é e faz *como se* se tratara, porém, de liberar-se do enigma do ser-aí, do fazer frutificar a herança do nascimento, do complexo, do acontecimento, não para gozar dela, mas para transmiti-la e para que permaneça remitida.[27]

Fazer frutificar o acontecimento que leva consigo cada nascimento sugere aqui Lyotard. Não nos interessa ler aqui qualquer natureza ou essência que o acontecimento carregaria em si. Lemos que com cada nascimento pode acontecer algo único, indeterminado, revolucionário. Assim percebida, a infância é o reino do "como se", do "faz de conta", do "e se as coisas fossem de outro modo...?", do caráter único e a uma só vez múltiplo de todo acontecimento; é levar a sério a novidade de cada nascimento; é não se deixar determinar pelos mais diversos condicionamentos sem ignorá-los; é impedir que cada nascimento se esgote em si mesmo; é apostar nos frutos que dele possam emergir; é tornar múltipla, diversa, essa novidade; é prolongar a vida do acontecimento sem que deixe de ser acontecimento para manter viva a possibilidade da transformação, da criação. É dar espaço à outridade, ao que cada acontecimento não contém, nem revela. Como se o nascer não devesse ser restrito apenas ao acontecimento biológico do parto:

> Uma criança não deixa de nos ter nascido. O nascer não é apenas o fato biológico do parto, mas sob a cobertura

---

[26] J. Larrosa. *Filosofía e Infancia*, 2000, p. 16.

[27] J.-F. Lyotard. *Lecturas de Infancia*, 1996, p. 69.

e a descoberta deste fato, o acontecimento de uma possível alteração radical no curso que empurra as coisas a repetir o mesmo. A infância é o nome desta faculdade, tanto mais quanto aporta, no mundo do que é, o espasmo do que, por um instante, não é ainda nada. Do que *já é* mas ainda sem ser *algo*. Digo esse nascimento incessante porque marca o ritmo de uma "supervivência" recorrente, sem metro (sem medida).[28]

Infância, de contínuo nascer, ela é a possibilidade de quebrar essa inércia repetitiva do mesmo que seduz a um mundo sem nascimento. Ela simboliza a possibilidade de uma ruptura radical com a repetição do mesmo, a expectativa de uma repetição livre e complexa, do radicalmente novo, do que não pode ser inscrito na lógica do estabelecido. Assim, o nascimento não engendra apenas um ser vivo, mas a possibilidade de nascer de todos os seres já nascidos e por nascer, de não se abandonarem à inércia do estado das coisas, de se espantarem com aquilo que nem sequer pode ser chamado com os nomes já nomeados. Uma faculdade, uma potência, uma força, isso é também a infância.

Como faculdade, a infância é a positividade de um devir múltiplo, de uma produtividade sem mediação, a afirmação do ainda não previsto, não nomeado, não existente; a asseveração de que não há nenhum caminho predeterminado que uma criança (ou um adulto) deva seguir, que não há nenhuma coisa que ela (ou ele) deva se tornar: a infância é "apenas" um exercício imanente de forças.[29] Leiamos esta homenagem a Deleuze:

> *Crianceira* é devir, não delimitada por algum pacto social, nem algo que desapareça pelo fato de se encontrar "adulto". Devir que não se captura por nenhum estado de adulto, devir que se capacita sempre por expressões longe de equilíbrio. Digamos, procura incessante de novos mapeamen-

---

[28] *Ibidem*, p. 72.

[29] Ch. Katz. Crianceira. O que é a criança, 1996, p. 90.

Da maioridade à minoridade: filosofia, experiência e afirmação da infância

tos, encontro real-imaginário. Crianceira se constitui de multiplicidades em processo, diferença enquanto o eu experimenta a vida.[30]

Na infância aprendemos a falar e a ler. Leiamos esta homenagem como lemos na infância, de olhos abertos, em busca da novidade: a infância é devir; sem pacto, sem falta, sem fim, sem captura; ela é desequilíbrio; busca; novos territórios; nomadismo; encontro; multiplicidade em processo, diferença, experiência. Diferença não numérica; diferença em si mesma; diferença livre de pressupostos. Vida experimentada; expressão de vida; vida em movimento; vida em experiência.

Essa política da infância tem implicações decisivas sobre a forma de pensar a filosofia da infância, a educação filosófica da infância e, por que não, a própria filosofia da educação. Diz Deleuze, a respeito da literatura:

> A tarefa do escritor não é vasculhar os arquivos familiares, não é se interessar por sua própria infância. Ninguém se interessa por isso. Ninguém digno de alguma coisa se interessa por sua infância. A tarefa é outra: tornar-se criança através do ato de escrever, ir em direção à infância do mundo e restaurar esta infância. Eis as tarefas da literatura.[31]

De uma infância como a que delineamos anteriormente parece estar falando Deleuze. Recuperar a infância no ato de escrever significa afirmar a experiência, a novidade, a diferença, o não determinado, o não previsto e imprevisível, o impensado e impensável; um devir-criança singular que busca encontros e resiste aos agenciamentos individualizadores e totalizadores, mas que aposta na singularidade do acontecimento. A tarefa parece ser a de ir ao encontro da infância do mundo e restaurá-la. Buscar propiciar relações "infantis" com os outros e

---

[30] *Ibidem*, p. 93.

[31] G. Deleuze. Abecedário. 2002/1997. E como infância (*enfance*), s/p.

253

com o mundo. Essa perspectiva parece ultrapassar os limites da escrita. Diz respeito, por exemplo, à educação. Peço licença para alterar leve e infantilmente as palavras de Deleuze:

> A tarefa do *educador* não é vasculhar os arquivos familiares, não é se interessar por sua própria infância. Ninguém se interessa por isso. Ninguém digno de alguma coisa se interessa por sua infância. A tarefa é outra: tornar-se criança através do ato de *ensinar*, ir em direção à infância do mundo e restaurar esta infância. Eis as tarefas da *educação*.

Estamos atentos ao alerta de Gombrowicz na epígrafe: necessitaremos de um pessoal muito adequado para restaurar a infância do mundo inteiro. Não se pode prescindir da educação. Não se pode prescindir da política. Mas se pode pensar uma educação e uma política filosóficas, abertas, problematizadoras, não totalizadoras. É possível pensar uma educação e uma política infantis. É possível pensar. É possível. É.

Referências

Traduzimos os fragmentos de Heráclito do grego. Citamos os pré-socráticos segundo a edição de H. Dielz e W. Kranz. Para os *Diálogos* de Platão usamos, como base, as traduções da Biblioteca Clássica Gredos (Madri: 1983-1992), com algumas modificações. Colocamos os personagens dos *Diálogos* de Platão entre aspas simples (por exemplo, 'Sócrates'), para diferenciá-los dos indivíduos históricos.

AGAMBEN, Giorgo. *Infancia e historia*. Buenos Aires: Adriana Hidalgo, 2001/1978.

AGAMBEN, Giorgo. Idea de la infancia. In: *Idea de la prosa*. Barcelona: Península, 1989/1985, p. 77-81.

ALLIEZ, Éric. *A assinatura do mundo. O que é a filosofia? de Deleuze e Guattari*. São Paulo: Editora 34, 1995.

ALLIEZ, Éric (Org.) *Gilles Deleuze: uma vida filosófica*. São Paulo: Editora 34, 2000.

ÁLVAREZ URÍA, Fernando. Microfísica da escola. *Educação e Realidade*. Porto Alegre, RS, v. 21, n. 2, p. 31-42, jul./dez. 1996.

ANNAS, Julia. *An introduction to Plato's* Republic. New York: Oxford University Press, 1981.

ARAGUÉS, Juan Manuel. *Gilles Deleuze. Un pensamiento nómada*. Zaragoza: Mira, 1997.

ARCHIPIÉLAGO. Dossiêr: Gilles Deleuze: pensar, crear, resistir. n. 17. Madrid, 1994, p. 13-98.

ARENDT, Hannah. The Crises of Education. In: *Between Past and Future. Six Exercises in Political Thought.* New York: The Viking Press, 1961, p. 173-196.

ARIÈS, Philippe. *L'Enfant et la vie familiale sous l'ancient regime.* Paris: Seuil, 2 ed. Primeira edição em francês: (Librairie Plon). 1973/1960. Trad. Port.: *História Social da Criança e da Família.* Rio de Janeiro: LTC, 1981.

AXELOS, Kostas. *Héraclite et la Philosophie. La première saisie de l'être en deveir de la totalité.* Paris: Éditions de Minuit, 1962.

BENJAMIN, Walter. Experiencia. In: *Escritos. La literatura infantil, los niños y los jóvenes.* Buenos Aires: Nueva Visión, 1989/1913, p. 41-43.

BRICKHOUSE, Thomas C., SMITH, Nicholas D. *Socrates on Trial.* Princeton: Princeton University Press, 1989.

BRUCKNER, Pascal. *La tentación de la inocencia.* Barcelona: Anagrama, 1996.

BURNET, John. *Plato's Euthyphro, Apology of Socrates and Crito.* 2 ed. Oxford: Oxford University Press, 1954.

CASTELLO, Ángel, MÁRCICO, Claudia. Glosario etimológico de términos usuales en la praxis docente. Buenos Aires. 1998 (Mimeo).

CHANTRAINE, Pierre. *Dictionnaire étymologique de la langue grecque.* Paris: Klincksieck, 1975.

CHARLOT, B. L'idée d'enfance dans la philosophie de Platón. *Revue de Métaphysique et de Morale.* Paris, v. 82, n. 2, avril-juin 1977, p. 232-245.

CLAY, Diskin. The Origins of the Socratic Dialogue. In: WAERDT, Paul A Wander (Ed.). *The Socratic Movement.* Ithaca, NY: Cornell, 1994, p. 23-47.

CONCHE, Marcel. *Héraclite. Fragments.* Paris: P.U.F., 1991/1986.

CORDERO, Néstor Luis. La dinámica de la *pólis* en Heráclito. *Cuadernos de Filosofía,* Buenos Aires. V. XVII, n. 26-27, 1977, p. 15-25.

CHERNISS, Harold. *Aristotle's Criticism of Presocratic Philosophy.* Baltimore: John Hopkins, 1935.

CHERNISS, Harold. The history of ideas and Ancient Greek Philosophy. In: *Estudios de Historia de la Filosofía en homenaje al profesor Rodolfo Mondolfo.* Tucumán: Universidad Nacional de Tucumán, 1957, p. 93-114.

Referências

DANIEL, Marie-France. *La philosophie et les enfants*. Montreal: Les Éditions LOGIQUES, 1992.

DA SILVA, Tomás Tadeu (Org.). *O Sujeito da Educação. Estudos Foucaultianos*. 2 Ed. Petrópolis: Vozes, 1995.

DEACON, Roger, PARKER, Ben. Educação como Sujeição e como Recusa. In: DA SILVA, Tomás Tadeu (Org.) *O Sujeito da Educação*, 1995, p. 97-110.

DELEUZE, Gilles. *L'île déserte et autres textes*. Paris: Éditions de Minuit, 2002.

DELEUZE, Gilles. L'Abécédaire de Gilles Deleuze. Paris: Editions Montparnasse, 1997. Vídeo. Editado no Brasil pelo Ministério de Educação, "TV Escola", 2001.

DELEUZE, Gilles. *Conversações*. São Paulo: Editora 34, 1992/1972-1990.

DELEUZE, Gilles. *Foucault*. São Paulo: Brasiliense, 1998/1986.

DELEUZE, Gilles. *Diferença e Repetição*. Rio de Janeiro: Graal, 1988/1968.

DELEUZE, Gilles. *Nietzsche y la filosofía*. Barcelona: Anagrama, 1993/1967.

DELEUZE, Gilles. *Nietzsche*. Madrid: Arena, 2000/1965.

DELEUZE, Gilles, GUATTARI, Félix. *O que é a filosofia?* São Paulo: Editora 34, 1993/1.

DELEUZE, Gilles, PARNET, Claire. *Diálogos*. São Paulo: Escuta, 1998/1977.

DE STRYCKER, Émile, SLINGS, Simon S. *Plato's* Apology of Socrates. *A literary and philosophical Study, with a running commentary*. Leiden/New York/Köln: Brill, 1994.

DIELS, Hans, KRANZ, Walter. *Die Fragmente der Vorsokratiker*, Vol. I-III, Berlin:Weidmann, 1951-2/1903.

DREYFUS, Hubert L., RABINOW, Paul. *Michel Foucault. Beyond Structuralism and Hermeneutics*. Second Edition. Chicago: The University of Chicago Press, 1983. With an Afterword by and an Interview with Michel Foucault.

DUPRÉEL, E. *La légende socratique et les sources de Platon*. Bruxelles: Editions R. Sand, 1922.

EGGERS LAN, Conrado. Estudio Preliminar. In: *Apología de Sócrates*. Buenos Aires: Eudeba, 1984.

FIRESTONE, Shulamith. *The dialectic of sex. The case for feminist revolution*. New York: William Morrow, 1970.

FOUCAULT, Michel. *Dits et Écrits. 1954-1988.* Paris: Gallimard, 1994. Vol. I-IV.

FOUCAULT, Michel. The Subject and Power. In: DREYFUS, Herbert L., RABINOW, Paul, *Michel Foucault. Beyond Structuralism and Hermeneutics,* 1983a, p. 208-226.

FOUCAULT, Michel. On the Genealogy of Ethics: An Overview of Work in Progress. In: DREYFUS, Herbert L., RABINOW, Paul, *Michel Foucault. Beyond Structuralism and Hermeneutics,* 1983b, p. 229-252.

FOUCAULT, Michel. Politics and Reason. In: *Politics, philosophy, culture. Interviews and other writings 1977-1984.* New York: Routledge, 1988/1979, p. 57-85.

FOUCAULT, Michel. *A vontade de Saber.* Rio de Janeiro: Graal, 1997/1976.

FOUCAULT, Michel. *Os Anormais.* São Paulo: Martins Fontes, 2001/1975.

FOUCAULT, Michel. *Vigiar e punir.* Petrópolis, RJ: Vozes, 1997/1975.

FOUCAULT, Michel. *A verdade e as formas jurídicas.* Rio de Janeiro: NAU, 1999/1974.

FOUCAULT, Michel.. *Microfísica do Poder.* Rio de Janeiro: Graal, 1999/1972-5.

GARCÍA QUINTELA, Marco V.. *El rey melancólico. Antropología de los fragmentos de Heráclito.* Madrid: Taurus, 1992.

GOLDEN, Mark. *Child and Childhood in Classical Athens.* Baltimore: John Hopkins University Press, 1990.

GOLDEN, Mark. *Pais,* "child" and "slave". *L'Antiquité Classique,* Bruxelles, 1985, v. LIV, 1985

GRIMAL, Pierre. *Diccionario de mitología griega y romana.* Buenos Aires: Paidós, 1989/1965.

GUTHRIE, William Keith Chambers. *A History of Greek Philosophy.* Vol. I. Cambridge: Cambridge University Press, 1978/1962.

GUYOT, Violeta, MARINCEVIC, Juan, LUPPI, Alberto. *Poder saber la educación. De la teoría educativa a las prácticas docentes.* Buenos Aires: Lugar, 1992.

HADOT, Pierre. *O que é a filosofia antiga?* São Paulo: Loyola, 1999/1995.

HALLWARD, Peter. The limits of individuation, or how to distinguish Deleuze and Foucault. *Angelaki* v. 5, n. 2, 2000, p. 93-111.

HAVELOCK, Eric Alfred. The Evidence for the Teaching of Socrates. *Transactions of the American Philological Association*. New York. v. 65, 1934, p. 282-195.

HEIDEGGER, Martin. *Conferencias y artículos*. Barcelona: Del Serbal, 1994/1954.

HEIDEGGER, Martin, FINK, Eugen. *Heráclito*. Barcelona: Ariel, 1986/ 1966-7.

HOSKIN, Keith. Foucault a examen. In: BALL, Stephen (Org.). *Foucault y la educación*. Madrid: Morata, 1993, p. 33-57.

JAEGER, Werner. *La teología de los primeros filósofos griegos*. Trad. cast. Buenos Aires: Fondo de Cultura Económica, 1980/1947.

KAHN, Charles. *The Art and Thought of Heraclitus*. Cambridge: Cambridge University Press, 1979.

KANT, Immanuel. O que é o Iluminismo? *Humanidades*. Brasília, Editora da UnB, v. 1, n. 1, outubro/dezembro 1982/1784, p. 49-53.

KATZ, Chaim Samuel. Crianceira. O que é a criança. *Cadernos de Subjetividade*. São Paulo: PUC, 1996, p. 90-96.

KIRK, Geoffrey Stephen. Heraclitus contribution to the development of a language for philosophy. *Archiv für Begriffsgeschichte* 9, 1964, p. 73-77.

KIRK, Geoffrey Stephen. *Heraclitus. The Cosmic Fragments*. Cambridge: Cambridge University Press, 1954.

KOHAN, Walter O. *Filosofia para crianças*. Rio de Janeiro: DP&A, 2000.

KOHAN, Walter O. Fundamentos para compreender e pensar a tentativa de Matthew Lipman. In: KOHAN, Walter Omar; WUENSCH, Ana Míriam. (Orgs.). *Filosofia para crianças. A tentativa pioneira de Matthew Lipman*. Petrópolis, RJ: Vozes, 1999, p. 84-134.

LAIN ENTRALGO, Pedro. *La curación por la palabra en la antigüedad clásica*. Madrid: Espasa Calpe, 1958.

LARROSA, Jorge. Tecnologías del yo y educación. In: *Escuela, poder y subjetivación*. Madrid: La Piqueta, 1995, p. 259-329.

LARROSA, Jorge. *La experiencia de la lectura*. Barcelona: Laertes, 1996.

LARROSA, Jorge. Filosofía e Infancia. *Novedades Educativas*. Buenos Aires, a. 12, n. 115, jul. 2000, p. 16-17.

LARROSA, Jorge. O Enigma da Infância. In: *Pedagogia Profana*. Belo Horizonte: Autêntica, 1999, p. 183-199.

LIDDELL, H. G. - SCOTT, R. *A Greek English Lexicon*. Revised and augmented by H. S. Jones. 9 ed. Oxford: Oxford University Press, 1966.

LIPMAN, Matthew. Philosophy for Children. Some assumptions and implications. *Ethik und Sozialwissenschaften*. v. 12, n. 4, 2001, p. 405-417; Responses to my critics, p. 465-480.

LIPMAN, Matthew.. An interview with Matthew Lipman. *Cogito*, v. 13, n. 3, 1999a, p. 159-163.

LIPMAN, Matthew.. The Contributions of Philosophy to Deliberative Democracy. In: EVANS, David, KUÇURADI. *Teaching Philosophy on the eve of the twenty-first century*. Ankara: International Federation of Philosophical Societies, 1998, p. 6-29.

LIPMAN, Matthew.. *Philosophy Goes to School*. Philadelphia: Temple University Press, 1988. Tradução: *A Filosofia vai à Escola*. São Paulo: Summus, 1990b.

LIPMAN, Matthew, SHARP, Ann Margaret, OSCANYAN, Fred. S. *Philosophy in the Classroom*. 2 ed. Philadelphia: Temple University Press, 1980. Tradução: *A Filosofia na Sala de Aula*. São Paulo: Nova Alexandria, 1994.

LYOTARD, Jean-François. *Lecturas de Infancia*. Buenos Aires: EUDEBA, 1997/1991.

LYOTARD, Jean-François. Mainmise. *Philosophy Today*, inv. 1992, p. 419-427.

MACHADO, Roberto. *Deleuze e a filosofia*. Rio de Janeiro: Graal, 1990.

MARCOVICH, M., *Heraclitus. Greek Text with a short commentary. Editio Maior*. Mérida: Los Andes Univesity Press, 1967.

MARCOVICH, M. Problemas heraclíteos. *Emerita* 41, 1973, p. 449-472.

MARCOVICH, M. Heraclitus: Some Characteristics. *Illinois Classical Studies* VII, 2, 1982, p 171-188.

MASSCHELEIN, Jan. L'education conme action. A propos de la pluralité et de la naissance. *Orientamenti Pedagogici*. A. Xxxvii, n. 4, 1990, p.760-771.

MATTHEWS, Gareth. Socrates's Children. In: TURNER, Susan, MATTHEWS, Gareth (eds.) *The Philosopher´s Child. Critical Essays in Western Tradition*. Rochester, NY: University of Rochester Press, 1998, p. 11-18.

MONDOLFO, Rodolfo. *Heráclito. Textos y problemas de su interpretación*. Buenos Aires: Siglo XXI, 2da. ed, 1981/1966.

MONTAIGNE, Michel de. *Ensaios.* Trad. Sérgio Milliet. São Paulo: Abril Cultural, 1972. (Coleção "Os Pensadores")

NANDY, Ashis. Reconstructing Childhood: A Critique of the Ideology of Adulthood. In: *Traditions, Tyranny and Utopias. Essays in the Politics of Awareness.* Delhi: Oxford University Press, 1987, p. 56-76.

NARODOWSKI, Mariano. *Infancia y Poder. La conformación de la pedagogía moderna.* Buenos Aires: Aique, 1994.

NOYOLA, Gabriela. *Modernidad, disciplina y educación.* México: Universidad Pedagógica Nacional, 2000.

PLATÃO. *Diálogos.* Vols I-VII. Madrid: Gredos, 1985-1992.

OSTENFELD, Erik. Socratic Argumentation strategies and Aristotle´s *Topics* and *Sophistical Refutations. Méthexis.* IX, 1996, p. 43-57.

PORATTI, Armando. Sobre el lenguaje de Heráclito. *Revista de Filosofía,* Buenos Aires, v. VI, n. 1-2, 1991, p. 23-35.

RAMNOUX, Clemence. *Héraclite ou l'homme entre les choses et les mots.* Paris: Les Belles Lettres. 2da ed., 1968/1959.

RANCIÈRE, Jacques. *Le maître ignorant.* Paris: Fayard, 1987. Trad. Lílian do Valle. Belo Horizonte: Autêntica, 2002.

REINHARDT, Karl. *Parmenides und die Geschichte der griechischen Philosophie.* Bonn: Cohen, 1916.

SANTAS, Gerasimos Xenophon. *Socrates Philosophy in Plato's Early Dialogues.* Boston: Routledge & Kegan, 1979.

SANTOS, Nilton. Filosofia para crianças. Uma proposta democratizante na escola? São Paulo: PUC. Dissertação. (Mestrado).

SARDI, Sérgio. Para filosofar com crianças... *Linhas Críticas.* Brasília, v. 5-6, 1998, p. 31-37.

SARDI, Sérgio. Da Dialética do Admirar e do Perguntar. *Veritas.* Porto Alegre, RS, v. 42, n. 4, p. 923-929, dez. 1997.

SASSEVILLE, Michel (Dir.) *La pratique de la philosophie avec les enfants.* Quebec, Canada: Les Presses de l'Université Laval, 1999.

SHARP. Ann Margaret, The Community of Inquiry: Education for Democracy. *Thinking. The Journal of Philosophy of Children,* 1991, n. 9, n. 2, p. 31-34.

SILVEIRA, Raquel Viviane. Experiência de Filosofia: análise de uma proposta de Ensino da Filosofia no primeiro grau. São Paulo: USP, 1996. Dissertação (Mestrado).

SILVEIRA, René José Trentin. A filosofia vai à Escola? Campinas, SP: UNICAMP, 1998. Tese (Doutorado). Publicada em forma parcial como *A filosofia vai a Escola?*. Campinas, SP: Autores Associados, 2001.

SPIEGELBERG. Herbert (Ed.). *The Socratic Enigma.* Indianapolis: Bobbs-Merrill, 1964.

STONE, Irving F. *The trial of Socrates.* Boston: Routledge & Kegan, 1988.

STRIANO, Maura. *Quando il pensiero se racconta.* Roma: Meltemi, 1999.

TOVAR, Antonio. *Vida de Sócrates.* 2 Ed. Madrid: Revista de Occidente, 1953.

VAAN, Richerd T. The youth of Centuries of Childhood. *History and Theory.* v. XXI, n. 2, Meddletown, CT, 1982, p. 279-297.

VANOIRBEEK, L., Le fr. 12 d' Héraclite. *Revue de Philosophie Ancienne*, v. VII, n. 2, 1989, p. 149-156.

VILHENA, Vasco Manuel de Magalhães. *Le Probleme de Socrate, le Socrate historique et le Socrate de Platon.* Paris: PUF, 1952.

VLASTOS, Gregory. *Socrates. Ironist and Moral Philosopher.* Ithaca/New York: Cornell University Press, 1991.

VLASTOS, Gregory. On Heraclitus. *The American Journal of Philology,* 76, 1955, p. 337-368.

VLASTOS, Gregory (Ed.). *The philosophy of Socrates.* Notre Dame: University of Notre Dame Press, 1971.

WAERDT, Paul A. Wander. Introduction e Socrates in the *Clouds.* In: WAERDT, Paul A Wander (Ed.). *The Socratic Movement.* Ithaca, NY: Cornell, 1994, p. 1-19 e 48-86.

OUTROS TÍTULOS DA COLEÇÃO
Educação: Experiência e Sentido

O mestre ignorante – *Cinco lições sobre a emancipação intelectual*
Autor: Jacques Rancière

Esse livro conta a história de Joseph Jacotot, professor militante ardoroso do Século das Luzes que, confrontado, em 1818, a uma situação pedagógica inaudita, é levado a romper com todos os pressupostos assentes sobre as condições básicas do ensinar. A partir de então, Jacotot transformou radicalmente suas ideias e sua prática, oferecendo uma resposta à altura desse desafio. Mas não se tratou, para ele, apenas de conceber um método, um sistema, ou uma proposta pedagógica revolucionários; Jacotot deu início, a partir daí, a uma aventura intelectual incessante – dessas que bem merecem o título de filosóficas, capazes de pôr em questão os sentidos instituídos do ensinar e do aprender. A igualdade como princípio, a emancipação como método: quem ainda hoje ousaria negar a radicalidade de sua proposição?

Os enigmas da educação – *A* paideia *democrática entre Platão e Castoriadis*
Autor: Lílian do Valle

Desde o título este livro é intrigante: quem, dentre professores e educadores, ousaria dizer que não são importantes os enigmas da educação? Quem ousaria dizer que a educação não é, ela mesma, um enigma? Estabelecendo uma associação entre educação, ética e política, a autora formaliza esse debate e põe em questão as próprias finalidades da formação e, através delas, as da sociedade que a patrocina. Dirigido a todos que os têm a educação no cerne de suas preocupações, este livro não trata de "como fazer" é um convite ao pensar, que não pode estar ausente de qualquer fazer. E essa é a própia ideia de filosofia: compromisso com o que há para ser pensado. Para aqueles que ainda não conhecem a filosofia antiga, suas informações não assustam, sua linguagem não é embolada ou difícil. Para os que estão acostumados aos seus temas, é uma deliciosa e instigante viagem às questões e aos seus comentários. Em nenhum momento a autora "deixa por menos" e põe o dedo na ferida: afinal, em nome de que ética, de que política e de que cidadania trabalham os professores e os educadores?

Qualquer livro do nosso catálogo não encontrado nas livrarias pode ser pedido por carta, telefone ou pela internet.

Rua Aimorés, 981, 8º andar – Funcionários
Belo Horizonte-MG – CEP 30140-071

Tel: (31) 3222 6819
Fax: (31) 3224 6087
Televendas (gratuito): 0800 2831322

vendas@autenticaeditora.com.br
www.autenticaeditora.com.br

Este livro foi composto com tipografia Garamond e impresso
em papel Off Set 75 g na Formato Artes Gráficas.